互联网金融的法律透视及法律风险防范实务研究

王晓萌◎著

中国纺织出版社

内容提要

本书对互联网金融的法律及法律风险防范进行了系统深入地研究。该书在综合国内外已有的研究成果基础上，阐述了互联网金融的概念、业态分析、发展现状，同时对P2P网贷、众筹、第三方支付、互联网保险、互联网金融法律监管制度等知识作出系统介绍，并针对互联网金融的法律透视及法律风险防范提出一些独特的见解，同时配有相应的数据、案例分析。本书集理论与实务与一体，论述严谨，条理清晰，内容丰富新颖，可读性强，是一本值得学习研究的著作。

图书在版编目(CIP)数据

互联网金融的法律透视及法律风险防范实务研究 / 王晓萌著. -- 北京 : 中国纺织出版社，2018.3(2025.5重印)

ISBN 978-7-5180-4068-1

Ⅰ. ①互… Ⅱ. ①王… Ⅲ. ①互联网络—金融法—研究—中国 Ⅳ. ①D922.280.4

中国版本图书馆CIP数据核字(2017)第231796号

责任编辑：姚 君　　责任印制：储志伟

中国纺织出版社出版发行

地址：北京市朝阳区百子湾东里A407号楼　邮政编码：100124

销售电话：010—67004422　传真：010—87155801

http://www.c-textilep.com

E-mail:faxing@e-textilep.com

中国纺织出版社天猫旗舰店

官方微博 http://www.weibo.com/2119887771

河北晔盛亚印刷有限公司印刷　各地新华书店经销

2018年3月第1版　2025年5月第10次印刷

开本：710×1000　1/16　印张：16.5

字数：215千字　定价：98.00元

前　言

互联网金融通常是指利用互联网技术及平等、协作、开放、分享的互联网精神提供的金融产品和服务。互联网金融利用网络技术降低服务成本，降低信息不对称，提高服务效率和服务覆盖面，使偏远地区居民、中小微企业和低收入人群能获得价格合理和便利的金融服务。

经过近几年发展，互联网金融在中国成为经济发展的重要潮流。连曾经备受欢迎的“人人网”也转型互联网金融，且在2016年第一至第四季度，该业务分别实现了470万美元、680万美元、830万美元和1070万美元的营收，并几乎占据当季净营收的一半。所以，互联网大潮，已经到来。

但是近年来，以e租宝、中晋340亿元兑付危机、鑫琦资产19亿兑付危机等为代表的互联网金融风险事件接连发生，严重危害了金融管理秩序和社会稳定，公安机关打击处置了一批违法经营金额巨大、涉及面广、社会危害大的互联网金融风险案件。由此可见，互联网金融的法律透视及法律风险防范成为当务之急。

本书共八章，第一章是对互联网金融的概述，对互联网金融的概念、互联网金融业态与互联网金融发展现状进行了分析；第二章对互联网金融的法律风险及违法犯罪样态进行了介绍，涉及法律风险的特征及种类、违法犯罪的类型与趋势；第三章对中国互联网金融的法律规范与治理框架进行了研究；第四章对P2P网贷的法律透视及法律风险防范给予了分析；第五章介绍了众筹的法律透视及法律风险防范；第六章对第三方支付的法律透视及法律风险防范进行了探讨；第七章探讨的是互联网保险的法律透视及法律风险防范；第八章对互联网金融法律监管制度探索进行了阐述。

本书的主要内容基本涵盖了互联网金融的所有重要领域，如P2P网贷、众筹、第三方支付、互联网保险、互联网金融法律监管制度等，同时从法律的角度对各种交易模式所涉及的法律和防范知识做了系统分析。全书结构完整、逻辑清晰、内容翔实、体系完整，同时其中涉及的互联网金融违法犯罪、互联网金融的若干基础性制度、众筹模式分析等针对性、应用性、时代性都很强，具有重要的学术价值和现实意义。

本书在撰写过程中，参考了国内外众多学者的相关著作、论文，并借鉴、吸取了诸多有益的研究成果，在此致以最真诚的感谢。由于水平有限，加之互联网金融涉及面非常广，研究成果众多，书中难免有不尽完善之处，并可能存在一些疏漏和错误，恳请专家、学者和广大读者批评、指正，以利于本书不断完善。

编　者

2017年7月

目 录

第一章　互联网金融概述

当下，互联网金融正在成为一股不可阻挡的潮流，涌入人们的生活之中，并潜移默化地构造出一个全新的金融格局。互联网金融在对传统金融业造成冲击、迫使其改变的同时，更以其多种业态对人们的生活产生极大的影响。

第一节　互联网金融的概念

一、互联网金融的含义

究竟什么是互联网金融？对于互联网金融的定义，可以说是众说纷纭。互联网金融，是传统金融行业与互联网行业有机结合的新兴领域。

从广义上来说，只要是涉及广义金融的互联网应用，都属于互联网金融，如网络投融资、互联网支付、金融中介、信用收集及评价、风险控制等；从狭义上来说，互联网金融，专指依托互联网实现货币的信用化流通。

目前，互联网金融主要分为两种格局，传统金融机构的互联网化和新兴互联网公司的金融化。传统金融机构的互联网化，主要指代传统的金融机构，如银行、保险、证券、基金的互联网产品服务创新及电商化等；而新兴互联网公司的金融化，主要是指代通过使用互联网的技术向金融业进军的公司。

二、互联网金融兴起的原因

（一）互联网的普及与技术支持

由于受到移动网络的大范围覆盖以及智能手机持续的下降价格趋势，手机网民数量的增长速度远远大于总的网民数量增长速度，成为目前互联网用户增长的一个主要来源。以移动互联网为首的互联网，普及范围越来越广，为互联网金融的进一步发展奠定了相关的用户基础。

随着互联网的不断普及，互联网的技术也在进行相应发展，社交网络、搜索引擎把人类社会带入了一个新时代，一个由庞大的结构化与非结构数据信息构成的新时代。

互联网数据的产生、发送速度和频率飞速增长，数据源的数目和种类不断增加，海量的数据资源使得大数据越来越多地受到企业重视。越来越多的企业注意到大数据资产的重要性，大数据也逐步成为互联网金融的重要工具。

（二）新兴商业模式带来互联网金融服务需求

从一开始的简单化信息浏览、发送电子邮件，逐步发展到信息搜索、视频会议、电子银行、影音娱乐、购物、社交等，用户的行为习惯越来越趋向于“互联网化”。生活中，互联网的应用越来越频繁，几乎所有的信息流和资金流都通过这种形式完成。用户习惯的“互联网化”促使互联网及相关技术在一定的程度上必须加快与商业、金融业的相互紧密结合，从而更好地让用户的需求得到满足。

此外，互联网行业本身的连接功能，顺利地摆脱了时空、地域的束缚，开启了以融合为特征的产业革命，使得产业技术和产品服务之间的交叉渗透对原有的产业界限进行了相关模糊，一种产品往往是来自多个产业成果的彼此结合，最终所生成的金融创新产品。

这些都足以表明，科学技术的发展，对原有的产业格局和商业模式进行了相关的颠覆，为了更好地让消费者的需求得到满足、增强客户体验，新的金融产品和服务应运而生。

同时，面对互联网浪潮所带来的新兴商业模式的冲击，在传统金融体系中没有得到满足的金融需求会在互联网中一并爆发。长期以来，由于政府针对金融领域的管制政策过于严格，导致了严重的金融压抑和金融资源垄断现象出现。

如今，中小微融资需求、个人小额融资及理财需求，在借助互联网的情况下，实现点对点配对，使资金供求平衡进一步得到实现，并逐步摆脱传统金融的中介，成为互联网金融的主要拥护者。

同时，传统金融企业为了更好地生存，必须进行相应的变革，针对金融产品不断地创新。这样以非金融企业的主动涉入与传统金融企业的被迫改变，使得互联网金融的发展不断扩大。

三、互联网金融的特点

（一）互联网金融以浩如烟海的信息数据为基础

互联网金融企业相较于实体型金融公司而言，它们最大的优势在于有海量的信息数据做支撑。这些信息数据不仅覆盖面极为广阔，而且更新速率高。阿里巴巴网络科技有限公司平均每天处理的信息数据相当于五千多个规模较大的图书馆，天猫购物网每天的在线成交金额高达571亿元，腾讯网络技术有限公司旗下的微信平台的注册用户已经突破了5个亿。值得注意的是，BAT等Internet应用上的信息包含用户特性、消费偏好等，对这些数据进行深入挖掘，一方面能够为互联网金融机构个性化金融产品的推出奠定良好基础，另一方面有助于互联网金融公司信贷业务决策的科学化。大数据能够提高金融业务活动的运作效率，拓宽对信贷业务之中存在的不确定因素的分析渠道。[①] 互联网金融的

① 雷曜，陈维.大数据在互联网金融发展中的作用[J].中国改革，2013(7).

各业务领域都体现了对大数据的合理开发和应用。

（二）互联网金融体现了四个集聚

互联网金融体现了人才的集聚、科技的集聚、资金的集聚、风险的集聚。人才的集聚，是指各行各业的精英都汇聚于互联网金融；科技的集聚，是指无论是大数据的挖掘，还是平台的升级等都需要各种技术的相互支持；资金的集聚，是指在互联网投资的人会越来越多，数额巨大的资金集聚在互联网上；在现代多元化发展的网络世界中，各种形式的网络金融发展模式和网络操作模式，导致风险水平不同、风险程度复杂的资金在互联网急剧汇集。同时我国宏观调控政策对市场的干预，也会在一定程度上给互联网金融的发展造成不确定性影响以及客户信息被高度滥用的风险。上述风险会随着互联网金融的飞速发展而更突出地展现。不过，风险与机会是并存的，互联网金融追求试错升级、激进发展的同时，也要充分揭示风险并加大对风险的管控。

（三）互联网金融更侧重小微客户

银行更倾向于资金雄厚的大客户，互联网金融更倾向于小微客户。一般而言，银行的大量资金多向具有实力的大企业开放，而一些中小企业在与银行打交道的过程中，由于贷款的金额较小且不能提供有力的担保，往往被银行拒之门外。而在这种情况下，新型的互联网融资模式应运而生，为中小企业解决了这一贷款难题。虚拟世界中，全新金融发展模式的出现，可以高效率地解决小微客户的资金需求。同时，随着这一新型发展模式的兴起，它不但满足了个人和中小型企业的融资需要，还迎合了市场上一部分中小投资者的理财欲望。

中国电子商务研究中心的监测数据显示，2013 年中国电商小贷累计贷款规模超过 2000 亿元。其中，截至 2013 年上半年，在全国主要电商平台中，阿里巴巴累计贷出 1000 亿元，京东供应链融资累计放贷80亿元。[1] 截至2013年中,“余额宝”的用户数累计约250多万,其用户数量庞大。但是,其用户人均投资额仅为千余元,满足了“小白”用户的小额理财需求。[2] 阿里小贷是全国首家面向电子商务领域小微企业融资的小贷公司,已在市场上取得了一定的先发优势。根据其相关数据显示,截至2014年2月,阿里小贷发放贷款总额累计逾1700亿元,户均贷款余额接近4万元,服务小微企业逾70万家,不良贷款率低于1%。

(四)互联网金融更注重客户的体验度和自身的服务质量

互联网金融带来了全新的客户体验和操作效率,旨在为客户提供更优质、更便捷的服务,更良好的客户体验。例如,阿里巴巴推出了流程简便、手续简单、操作简易的小型贷款模式。有小额资金需求的企业或个人,只需在网上注册账号,成为其会员,便可与小型投资人进行交流和沟通,协商贷款的各项事宜。而这一过程中发生的所有交易和手续,均通过阿里巴巴搭建的网络平台进行。上述客户在申请小额贷时无须提供担保,即可轻松获得贷款,通过互联网媒介操作,整个贷款过程有效缩短。除此之外,客户在贷款的过程中,阿里巴巴还提供了相应的资金安全保障措施来维护双方的合法利益,在支付的环节还加入了二者之外的第三方,有效地保障了资金在网络流转中的安全。

四、互联网金融的发展历程

当下,各种论坛如果不讨论关于互联网金融的话题,好像就跟不上时髦的潮流步伐。互联网金融的到来是有历史阶段的。

(一)第一阶段

2000年的时候,支付网关(Payment Gateway)出现了,这是

---

① 2013年互联网金融十大“关键词”盘点[EB/OL].http://www.100ec.cn/detail-6146698.html.

② 刘薇.手机支付宝钱包也能管理余额宝[N].羊城晚报,2013-7-2.

一种不同于银行、非金融机构的模式。它通过特定的一套系统，连接各家银行的信用卡系统、借记卡系统以及储蓄系统，最后，把所有的有关银行的支付服务集中起来向用户提供。

支付网关主要处理两件事。

(1)进行掌管连接交易的事项，当用户进行刷卡支付时，网关需要和银行进行相关的连接，通过银行再授权支付。

(2)进行在网上相关结算的事项，把交易过程中的金额，从银行转结到商户。

支付网关的出现，对中国的电子商务产生了重大的意义。

(二)第二阶段

2000 年前后，大量的电子商务公司开始在中国相继出现。由于每家电子商务公司，在去联系各家银行的过程中，花费大量的时间与精力，所以，对于电子商务这一部分来说，势必会影响到它的运行效率。

但是，伴着出现了网关这种通用的服务之后，电子商务就可以省下很多的时间，把精力集中致力于自己的商业模式发展之中。只要他们进行一些相应的支付结算、清算相关的事情，支付机构可以全权包揽。

也是在 2000 年前后，北京出现了首信易，上海出现了 ChinaPay。这些专业机构开始经营相应的支付网关，对于当代的金融来说，是一次很大的飞跃。

(三)第三阶段

2003 年，第一个支付账户在中国产生。支付账户的产生，有非比寻常的意义。

在 2003 年以前，像提供账户，给大家做资金存管与登记这样的工作，除了商业银行有权行使，其他的机构，如证券公司曾经开放过资金存管权限外(已被叫停多年)，连保险公司或信托公司都不允许行使这个权力。所以，归根结底来说，这些非银行金融机构，在不能存放资金的前提下，只能做一些简单的登记金融资产或者证券份额，资金仍然得回到商业银行的账户中去。

所以，支付账户的出现，很好地缓解了这种情形，它在中国是第一个可以在银行体系之外出现的可以存放、记录资金的账户，这是一件具有里程碑意义的事件。与此同时，需要注意的是，当时没有任何监管机构的牌照，支付账户的经营完全是一种自发的商业行为。

当然，2004 年出现的支付账户，是模仿美国 PayPal 的模式；而 2000 年的支付网关，是模仿美国 CyberCash 的商业模式。但是，这确实在银行体系之外产生了一个非常不同的功能：汇，即转账、支付和结算的功能。

支付网关，长期充当着一个资金的搬运工的角色：从某个银行发卡人的个人账户，到一个商户的结算账户，但这并不属于其真正的金融业务。在中外，支付成为一项金融业务，也需要历经很长的演进历程。

运通，就是美国以前有着大约 100 多年历史的 American Express。在美国的伊利运河修好之后，快递业务主要通过走水路的形式进行。之后，他们发现了帮人运钱是一项很好的快递业务，就接着有了后来的 American Express——现在已经进化为全球最大的信用卡公司之一。

中国也是如此，在 100 多年前有了汇通天下，汇通天下的前身是钱庄，就是进行票据支付。钱庄再往前，大多是镖局，就是带有武装功能的快运公司。今天，支付成了金融领域中的一个新名词。

但是，在 2007 年之后，支付网关的角色发生了相应的改变。汇付，是行业中进行发生改变的第一个。当时，汇付在为航空行业做支付业务时发现：如果仅仅帮航空公司代理人跟乘客之间做简单的支付结算的话，过程不是特别顺畅。因为，代理商负责从航空公司拿到机票卖给个人，再从个人手中收取相关的费用传递到航空公司，期间会产生较大的时间差。

2007 年的时候，机票基本上实现电子化，一张票从航空公司到代理商平台再转递到个人手上，几乎是立刻到达的。但是，票款的整个收取过程却是存在一些弊端的，因为从个人手中到代理人再到航空公司，这阶段间大概要花 23 天的时间，才能很好地对票款进行一个完整的收取。这意味着航空公司期间处于赊销状态，如果航空公司不承担赊销，代理人就得负责垫钱的任务。

所以，汇付在 2007 年的时候，连接了航空公司与代理商所有的系统，把之前的垫款业务很好地做了相关的巧妙处理，通过借助互联网的手段，把垫钱的时间差做了一个整体的调整，具体从原来的 23 天压缩到 3 天。

因此，在这个行业里，只要能够找来资金先垫付，整个行业就能灵活变动，业务也就自然而然地产生了。

这种信用支付的功能，事实上是对赊销或短期放贷的另一种支持手段。由此，支付的功能和作用显而易见，它不再仅仅是帮助别人搬运钱，而是支付公司自己投入了相应的资金，承担了其中的信用风险。当时每笔只收了 6‰的手续费(因为支付公司不是银行，不能放贷)，年化就是 72%。从 2007 年 12 月开始，支付公司就正式进入金融行业。

(四)第四阶段

2010 年 5 月，证监会将第一张基金支付牌照交给了汇付。在 2010 年之前，凡是有关于基金、信托等各类金融产品的销售，都是借助商业银行的渠道来得以实现，这个比例一般都不低于 80%。但是，2010 年证监会开放授权后，汇付接任这个业务，在今天看来已经是一件很寻常的事情。值得一提的是，正因为有了这个基础，余额宝才能顺利地诞生。

2011 年，在支付公司从事了十几年的业务之后，人民银行颁发了支付牌照，对大家的身份也表示了认同。在 2011 年之前，这些公司都很紧张，因为当时不能注册叫支付公司，于是为了让支付功能和汇款功能更好地体现在商标里面，汇付天下的名字就由此而得了。

2012 年，证监会进一步降低了相应的门槛：规定注册资金达到 2500 万元，带有支付系统，并通过相关的验收，就可以到证监会获得一张基金的代销牌照。这张牌照，有着巨大的意义，也是中国首次允许非金融机构进行相关的销售金融产品，同时是一件非常具有划时代的事情。

之后，很多的金融产品，如信托产品、证券公司的资管产品以及基金子公司的产品，都可以依托这张牌照进行相关的销售。这样一来，各类金融产品的发行方就视同获牌公司获得了一个销售准入证。于是，理财市场进入空前繁荣的发展阶段。

在今天，东方财富与蚂蚁金服等机构，除了销售基金和余额宝之外，还销售很多其他的产品，而进行种种行为的法律依据就是凭借这张牌照。

（五）第五阶段

2013 年，互联网金融开始红遍中国，在美国叫 Fintech（Financial Technology）。刚开始是互联网保险与余额理财，然后在 2014 年，P2P、众筹等金融业态也迅速爆发。这个概念只产生了一年多时间，就被写进了总理 2014 年的政府工作报告，并在 2015 年的报告中继续提及。当大家还没太搞清楚互联网金融是什么的时候，它就已经被列入政府的鼓励支持的范畴。

到了 2015 年，相关政策更是层出不穷。人民银行、保监会、证监会等十部委，接二连三地推出了大量关于鼓励互联网金融健康发展的政策。大家感觉到，互联网金融是一夜之间冒出来的事物。但是，在业界人士看来，他们已经付出了超过 15 年甚至更长时间的努力。所以，互联网金融这部车是厚积薄发，发动起来之后，势不可挡。

第二节　互联网金融业态分析

一、传统金融网络化

（一）银行业互联网化

随着电子商务的迅猛发展，电子支付的需求越来越大。许多非金融企业参与互联网金融，逐渐改变了银行独占资金支付的格局，传统中间业务收入不断受到分流挑战。为此，各大银行开始适应互联网潮流定制新兴发展战略，发展特色业务，创立自己的品牌。当初银行巨头垄断资金流的现象开始在互联网金融的冲击下瓦解。

一方面，银行的业务渠道不断创新，除手机银行之外，还积极发展电话银行、微信银行等多种电子渠道。例如，建设银行的“摇一摇”账户余额查询、招商银行的“微信支行”以及农业银行的“三农金融服务车”等，都体现出各银行在业务渠道方面的扩展与深化。通过多种渠道的多样化业务开发，银行客户规模得以扩大，客户体验度得以提升。同时，部分银行开始尝试建立网上商城，直销金融产品与服务，获取客户的第一手数据信息，进入电子商务核心产业链的内部。例如，交通银行在天猫设立旗舰店，销售保险、基金、黄金等产品。为了充分顺应潮流，互联网与银行业务已经跨过外部技术运用的初级阶段，开始了核心业务的渗透与融合。例如，浦发银行与腾讯公司签订《战略合作协议》，共同拓展互联网金融及电子商务业务；民生银行联手阿里巴巴筹备直销银行，通过共享数据资源完成金融产品与客户的对接。至此，传统商业银行试图全方位涉足互联网，力争打造更完备的互联网金融服务体系。

在此次互联网金融冲击中，大型商业银行凭借客户规模优势在市场份额中居于领先地位，但它们应对冲击的反应相对迟缓，其互联网增速要低于创新型中小银行。中小银行在产品与服务创新方面速度更快，反应更加灵敏，市场份额不断提高，在蚕食大银行客户的同时又在不断扩大新增客户市场。

为了在互联网金融浪潮中巩固自身地位，银行不断扩展信息技术的投入和运用，挺进电商、移动支付等非传统银行业务领域，巩固并拓展银行与客户之间存、贷、汇等业务关系，使得整个社会经济活动的效率迅速提高。同时，传统银行丰富的风险管理经验，可以使互联网化的银行稳健运行及风险可控。

（二）证券业互联网化

证券行业是互联网的天然适应者，证券公司的产品主要以数据交换的形式存在于后台数据库中，不存在货物配送、物流运输等环节，其业务属性使其天生具有便于电子化、虚拟化和远程化的特征。同时，券商多年来累积的第一手客户买卖金融产品的资料，聚合成丰厚的数据资产，对后期的数据挖掘和制定相对应的客户服务具有很好的参考价值。证券公司专业人员可以高效快捷地处理海量的市场信息，建立并管理由不同市场、不同品种、不同数量的证券所构成的投资组合，编写复杂的交易策略来捕捉短暂的市场异常波动，并且做到实时监测市场和投资组合的各项风险度量指标，使风险管理更加高效和准确，为客户的证券投资提供更加多元化的服务。这都表明证券行业与互联网有相似的基因，传统证券在应对互联网冲击时，相对于其他金融行业可以更快做出回应。

（三）保险业互联网化

随着互联网时代的到来，保险公司纷纷加入互联网金融的创新浪潮中，积极开展互联网保险业务。互联网保险是指保险公司或新型的互联网保险中介机构通过互联网为客户提供有关保险产品和服务的信息，并实现网上投保、承保等保险业务，完成保险产品的销售和服务全过程。值得注意的是,互联网保险并不等于保险电子化,互联网保险强调互联网的创新精神,利用互联网技术革新服务模式、销售模式,而保险电子化只是单纯地把保险搬上互联网。

成本低、方便、快捷是网络保险的亮点,降低成本是传统保险公司进行网络销售的内在驱动力,成本的降低有利于保险公司下调保险产品价格,从而获得价格上的竞争优势。同时,社交网络、大数据和云计算等技术的革新与创新,为保险公司产品的设计提供数据支持,使个性化服务、私人订制成为可能。基于对客户数据的分析,保险公司对成本的管理以及风险的控制更加精细化与数字化,为保险行业的长期发展奠定了基础。

二、资金筹集网络化

众筹是对正规投融资行业的有效补充,传统上缺乏有效融资渠道的个人和小型企业,可借助众筹平台以较低成本获得资金,支撑其创新行为;同时,众筹为广大普通民众获得了直接参与创新业务投资的权利,共享创新收益。二者相结合,具有金融普惠和金融平等价值,由此形成的市场机制、信用机制和技术机制对促进整个社会的创新氛围、解决小型企业融资难问题和金融改革具有实验价值。

P2P(Peer to Peer)是互联网 Web2.0 时代的代表性技术。相比较 Web1.0 时代客户通过银行或资本市场单向获取数据,P2P 是借贷双方个体之间通过网络实现资金融通,拥有资金并有投资理财意愿的个人,通过互联网平台获取信息和进行交易操作,使用信用贷款方式直接将资金贷给有借款需求者,使信息从一对多变成了多对多的真正网络,数据资源开始呈爆炸性增长。在互联网金融模式下,P2P 客户绕开银行或资本市场直接交易,实现真正的金融脱媒。

网络借贷依赖于互联网技术,而互联网呈现出扁平化、社区化的特点,强调每个人的参与性,这就十分便利地实现了多对多的信息整合与审查。由于网络借贷的参与者非常广泛，借贷关系密集复杂，与现有民间借款不同的是，互联网可以有效降低审查的成本并且通过大数据与云计算控制风险，实现透明化运作，使小额贷款成为可能。同时，网络借贷为借贷双方提供直接公开的交易平台，避开申请困难、程序复杂的银行借款路径，使得参与者极其广泛和分散，借贷双方呈现网格状的多对多形式。网络借贷为一般中低收入以及中小企业提供投融资服务，这些客户多为小额短期资金周转需求，使现有传统银行体系覆盖不到的部分得到有效补充。

在电子商务平台的生态圈内，如阿里巴巴、京东等企业拥有大量的用户群，企业可以根据多年累积的平台交易数据结合相关技术分析出用户的信用状况，使得在金融市场中由于资金量、企业规模等因素而处于资金链条中弱势地位的小微型企业得到融资。相对于传统资金融通方式，大数据下的网络微贷扩大了信用贷款在资金融通方式中的使用范围，并且通过大数据分析、整理、归纳，使贷款审查与发放更加迅速，贷款的过程更加灵活。

三、第三方支付

随着电子商务的蓬勃发展，网上购物、在线交易已从一个鲜为人知的事物变成消费者生活中的一部分，而其背后的第三方支付方式也逐渐改变社会大众的生活方式，在消费者不知情的情况下，已成为支付公司的资深客户。

从价值链角度看，第三方支付的前端是网络消费者，中间为第三方支付平台，而后端是以银行为代表的金融机构。对于消费者而言，第三方支付平台提供统一的支付界面，不需要在各家银行的网上银行界面中来回操作；对于商家而言，第三方支付的即时到账服务，可加快资金流动，提高商家资金的使用效率。同时，第三方支付平台独立于交易双方，起着资金托管代付的作用，并且保留商户和消费者的有效交易信息，其公正性、便捷性、保障性使得交易双方可以安全、放心地进行网上交易。第三方支付平台建立了商家和消费者之间的信任桥梁,满足了交易双方对信誉和安全的要求。

支付是基础的金融业务,第三方支付的出现使银行从支付链条的前端逐渐走向幕后,也迫使银行不断探索金融改革与服务产品创新,同时当第三支付应用场景更加丰富时,支付平台就可以成为金融产品的重要的营销渠道。随着第三方支付机构从支付迈向融资,将进一步推动金融脱媒,挑战传统金融服务的方式方法。第三方支付对金融业的影响不仅仅是将信息技术嫁接到金融服务上,还推动金融业务格局和服务理念的变化,弥补了传统银行服务的空白,提高了社会资金的使用效率,完善了整个社会的金融功能。

四、虚拟货币

伴随着互联网技术的发展,虚拟社区逐渐走入人们的视野,为虚拟世界服务的虚拟货币如影随形地从虚拟世界亦走向了现实世界,并引起人们越来越多的关注。虚拟货币以计算机技术和通信技术为手段,以数字化的形式存储于网络,并通过网络系统传输实现流通和支付功能。虚拟货币最初用于互联网上购买虚拟商品,如网络游戏中的装备、服装等。随着虚拟货币的种类越来越丰富,如 Q 币、盛大点券等,使用范围超出虚拟商品范畴,开始可以用于兑换实际物品,甚至出现专门提供虚拟货币与法定货币双向兑换的网站,虚拟货币大有进入现实世界之势。

2013 年我国的“比特币中国”(BTC China)网站成为全球第一大比特币交易平台,比特币的迅速发展引发了人们对虚拟货币是否能成为真正意义上的货币的思考。不同的人对比特币的价值持有不同的观点,有人认为比特币的出现是对现有银行货币体系的巨大挑战甚至可以称之为“未来的黄金”,而也有人认为比特币不具备货币的价值。2013 年 12 月 5 日,中国人民银行牵头五部委联合发布了《关于防范比特币风险的通知》,明确表示人民币是我国的法定货币,比特币不是由货币当局发行的,并不是真正意义的货币。但是，比特币买卖交易作为一种互联网上的商品买卖行为，普通民众在自担风险的前提下拥有参与的自由。

2014 年 3 月，央行向各分支机构下发《关于进一步加强比特币风险防范工作的通知》，禁止国内银行和第三方支付机构替比特币交易平台提供开户、充值、支付、提现等服务，并要求银行在 4 月 15 日之前，关闭为 15 家最大比特币交易平台开立的银行账户，切断比特币泡沫与金融机构的联系。因此，比特币在全球范围内陷入前所未有的低谷，但随后又在各国的交易平台上有所回升，比特币价格保持着起起伏伏的状态。

（一）比特币介绍

比特币诞生于 2008 年 11 月 1 日，由署名“中本聪”的作者首先提出。诞生至今，其兑换美元的汇率上涨数千倍。2013 年 11 月 19 日，比特币兑换现实货币的比价一度达到 8000 元人民币。由于没有专门的中央发行机构，也没有国家作为担保，比特币在一些国家被完全禁止交易流通，但仍然有部分开明的国家逐渐在接受比特币的存在。2013 年 8 月 8 日，美国德州联邦法庭裁定比特币为合法货币，且受到《联邦证券法》监管。2013 年 8 月 19 日，德国政府从国家层面上认可了比特币的法律地位，比特币第一次正式地获得了一个国家认可的法律身份。

由于比特币通过计算机在特定算法下产生，购入计算机的费用和“开采”时的电耗、时耗等都使比特币的供应机制与金银等贵金属货币的供应机制有一定的相似，因此被形象地称为“挖矿”。用户利用自己的计算机来获得比特币，每人得到的比特币数量与计算机的运算能力成正比。比特币诞生的早期，计算机的运算能力竞争弱，容易获得比特币。但随着越来越多的人参与到“挖掘”比特币中，获得比特币的难度越来越大。比特币的获得方式有三种：挖矿生产，通过在电脑上执行公开的复杂算法生成；进行购买，即通过网上交易平台购买比特币；捐赠获得，许多自由网、互联网、基金会以及其他一些组织都接受比特币捐赠。

（二）比特币的特点

和法定货币相比，比特币有以下几个特点。

1.去中心化

比特币的发行和支付没有中央银行等管理部门充当中央控制中心，其转账支付由网络节点集中管理。可以说，没有实体发行设备，用户在自己的客户端上运行基于特殊算法的软件来获取比特币，任何人都可自由、免费地“挖掘”比特币，得到的比特币以数据代码形式储存和传输。

2.无国界性

比特币是全球网络发展的产物，不属于某个国家。世界上任何一个国家的公民，在一台接入互联网的电脑上都可以管理比特币，挖掘、购买、出售或收取比特币。

3.匿名性

比特币的交易各方可通过随意变化收款地址来隐藏自己的真实身份。比特币不再依赖传统的虚拟货币账号系统提供身份证明，而是通过公开密钥技术完成交易。交易双方可以随意生成自己的私钥，而将与其对应的公钥告知付款人即可收到款项。

每次交易都可以重新生成一对公私钥，这种一次一密的做法可以做到完全匿名交易。同一用户还可以拥有多个比特币地址，而且它们与用户现实生活中的真实身份可以没有任何联系，因此很难知道一个用户持有多少比特币。

4.发行数量有限

按照系统预设算法，每增加 21 万个新数据块，“挖矿”的报酬就将减半，所以比特币系统实际上正在逐步减缓发行速度，全世界比特币的总量到 2140 年将达到上限 2100 万个。

5.唯一性

每一单位比特币的交易记录都被翔实地记录在网络中,无法仿冒、伪造和重复支付。当用户将比特币支付到另一个地址后,系统会将交易记录发送至网络上所有的节点,任何人都不可能对整个网络进行篡改,这保证了比特币的安全性,避免了“伪币”的产生。

6.完全的信用货币

由于它不与任何事物或法定货币挂钩,本身由算法产生,因而它的价值只取决于人们对它的信任程度和供求关系。如果人们信任它、迫切想拥有它,它的价格就会一路飙升,否则它就可能变得一文不值。

(三)比特币的风险

比特币作为一种新生事物,目前还存在许多问题。价格波动太大,使得其货币价值度得到怀疑。同时比特币在生产、储存和交易环节中还存在诸多技术风险和隐患,使比特币在商品交易过程中不能像主权信用货币那样方便流通。比特币若要成为真正的货币,必须克服法律、网络技术和信息传播等领域的现实问题。

1.法律地位不明确

虽然比特币在世界范围内已作为一种虚拟商品而受到法律保护,但是目前还没有国家能将其作为真正的货币来使用,不具有法律地位。尽管欧洲央行研究报告指出,法国等地已经开始尝试界定比特币的法律地位,但在整个欧盟内其法律地位并不明确。如果比特币不能被法律正式承认,则会给接受比特币交易的商家和个人带来财产安全性的风险。比特币是一种不易被监管的货币,它的设计初衷就包含逃脱监管的色彩,因此各国政府想要对比特币进行监管颇为不易,这也增加了比特币交易的风险。

2.交易平台脆弱

尽管分布式设计可以保证系统的总体安全,但黑客仍有可能窃取个人或交易网站储存的比特币,网站一旦被黑客攻击得手,就会造成巨大损失。2011 年 6 月的一次比特币暴跌,就源于国外交易平台一个大用户钱包被盗并被大甩卖而引发的市场信心不足。另外,由于比特币系统的匿名性,且交易记录为分布式储存,所以已被许多有转移、储存、“洗净”非法资金需求的人士当作金融避风港。2013 年 5 月 28 日,美国国土安全部以涉嫌洗钱和无证经营资金汇划业务取缔了汇兑公司 Liberty Reserve 的虚拟货币服务,成为历史上最大的国际洗钱诉讼案,洗钱规模达到 60 亿美元。如果网络与技术安全得不到保障,比特币发展将面临瓶颈。

3.炒作、套利可能引发泡沫甚至庞氏骗局

比特币在网络乃至实体经济中的用途愈多,吸引大批投资者炒作,导致比特币兑换现金的价格如坐过山车一般。近年来,各国经济的萎靡和比特币的升值预期,导致越来越多的人为了炒作获利而持有比特币,产生泡沫效应。同时,围绕比特币投资是否构成“庞氏骗局”也存在争议。欧洲央行认为,比特币的使用具有“庞氏骗局”的某些特征,但也有和“庞氏骗局”相反的招数。同时,比特币的工作原理和风险情况,用户可能并不清楚,加上法律上没有明确的规定和监管,都导致了比特币的高风险。

比特币是信用货币进化的阶段性产物,反映了信息对称、个体选择、去中心化和权力制衡的货币特征,映射了货币由分散性向单一性回归的进化需求。

第三节　互联网金融发展现状

一、国外互联网金融发展现状

互联网金融在世界各地都已经广泛推广，许多国家和地区也纷纷对此制定了一些规定，其中最具代表性的是美国、日本和欧盟这三个金融领域发展比较迅速的国家和地区。

（一）美国互联网金融发展现状

美国系互联网金融发展的先驱，因此研究美国的互联网金融发展状况是有必要的。在互联网金融领域，美国最具有代表性的模式就是第三方支付、P2P网络信贷和众筹融资领域。

1.第三方支付平台模式

第三方支付是一种交易平台，它是前端联系广大的消费者和商户，后端联系着国内或者国外的各大商业银行。[①] 自1996年全球第一家第三方支付公司在美国诞生以来，随着信息技术的发展，以第三方支付和移动支付为代表的互联网支付方式取得了较快的发展，涉及的交易金额和交易范围迅速扩大，且具有很强的增长潜力。[②]

相较于国内，美国对于第三方支付平台已经有了完整的市场准入制度、客户资金管理制度和消费者权益保护制度。第三方支付服务在美国被视为一种“货币服务”（Money Service）、“货币转移”（Money Transfer）或“货币汇兑”（Money Transmission），提供此类业务的机构称为“货币服务商”（Money Service Business，MSB）。美国对货币服务商实行的是较为宽松的市场准入管理，

---

① 祁砚芩.关于第三方支付平台以及互联网金融发展研究[D].山西财经大学，2014.

② 陶娅娜.互联网金融发展研究[J].金融发展评论，2013(11).

联邦和州都有相关立法，但主要由各州的立法来调整。在州立法层面，美国共有40多个州通过了针对货币服务机构的相关立法，对于货币服务商主要通过发放许可证的形式进行市场准入管理，同时在资本净值、保证金、退出机制等方面作了要求。[①] 除《统一货币服务法》对货币转移许可证规定的要求外，美国有些州还规定了更为严格的许可证条件。如加利福尼亚州2011年1月1日生效的《货币汇兑法》规定，只有股份公司或有限责任公司才可以成为在加州获得许可的货币服务商。华盛顿州的《统一资金服务法》规定，申请人必须提供申请前10年内申请人的执行董事、常任董事或负责人的所有犯罪记录、诉讼案件以及任何与资金服务有关的诉讼记录。[②]

同时，美国为了确保第三方支付企业具有足够的偿债能力，保护消费者的合法权益，防范行业可能产生的金融风险，美国主要通过要求企业达到一定的资本净值、缴纳特别保证金等方式对货币服务商的资金实力提出要求。

与此同时，美国还有非常严格的监管机制。在法律上虽然美国并没有针对第三方支付业务专门立法，通过完善成文法、判例的方式将其纳入货币服务商监管体系。但是各州相继规制电子商务的法律，同时为了推动各州立法加强对第三方支付机构的监管，联邦政府于1997年始相继出台一系列法案。第三方支付业务作为一种典型的货币支付业务，美国政府对其实行联邦与州政府双管齐下的监管体制。美国对第三方支付行业进行全面监管，明确联邦政府及州政府的下列机构均对第三方支付行业进行监管。在联邦政府层面，监管机构包括联邦储备委员会(Federal Reserve Board)、联邦存款保险公司(Federal Deposit Insurance Corporation)、财政部通货监理署及司法部等多个部门。由于美国各州具有高度自治权，各州政府在联邦政府的统一领导下，第

① 李俊平.第三方支付法律制度比较研究[D].湖南师范大学，2012.

② 蔡宗霖.从美国PayPal经验与欧盟支付服务指令论我国第三方支付服务之现状[J].科技法律透析，2009(10).

三方支付监管机构各不相同。

美国对于在第三方支付中消费者的权益进行了相当明确的保护,主要是在交易安全、知情权保护和隐私权的保护三个方面。美国历来重视消费者权益保护,在用户隐私权保护方面,美国对处于弱势地位的消费者采取特殊保护政策,相继颁布了《隐私权法》(1974 年 12 月 31 日)、《美国金融改革法》(2009 年 12 月 12 日)两部法案,明确用户个人信息保护标准,要求货币服务机构妥善保管用户个人信息,确保用户信息安全,严禁以任何非法形式将用户个人信息泄露给第三人。在用户知情权保护方面,《公平信用卡和签账卡信息披露法》《电子资金转移法》及 E 条例以保护用户合法权益为首要目标,明确要求货币服务机构充分、及时披露通过借记卡进行交易的信息;《真实信贷法》和 Z 条例要求货币服务机构应当以公开显著的方式及时向用户披露信用卡交易信息,充分保护处于弱势地位的消费者知情权。另外,《多德-弗兰克华尔街改革与消费者保护法案》高度重视消费者权益的保护,设立消费者金融保护局负责消费者具体保护事项。

2.P2P 网络信贷模式

P2P 即“个人对个人”,以网络为载体的借贷平台。P2P 网络信贷主要涉及以下三方主体:资金提供方(贷款人)、资金需求方(借款人)和中介机构(电子商务公司或 P2P 网络信贷平台)[①],P2P 网络贷款的实质是民间借贷的网络版。

在金融创新过程中,小额信贷与互联网技术相结合,世界第一家网络互贷平台 Zopa 于 2005 年 3 月在英国伦敦诞生,但是美国的 P2P 网络信贷平台发展比英国要发达,规模要大,其著名的网络信贷平台有 Prosper、Lending Club 等,尤其 Prosper 是行业中的佼佼者。

美国政府监管部门对 P2P 网络信贷的发展和监管经历了反复的调整。2008 年金融危机期间,Prosper 借款的违约率高达 33.

① 宋伟锋.P2P 网络信贷法律问题研究[J].法治论坛,2015(1).

33%,美国证券交易委员会曾勒令关闭网站;直至2009年7月,美国证券交易委员会才恢复P2P公司的贷款业务,恢复Prosper的继续运营;再后来Lendstats网站的上线运营显示了P2P行业监管和自律的现象形成。美国将P2P归为一类投资理财产品。Prosper作为一个证券产品交易的平台,有义务遵守证券法的规章制度。证券监管部门有权力对其监管。1933年证券法制定了一项规定:任何人在没有有效注册或获得豁免的情况下禁止要约或出售证券。美国将P2P网络贷款定位于证券法的做法充分发挥了SEC(美国证券交易委员会)的监管作用。美国证券交易委员会主要就是对P2P网络信贷进行审查,并对其发行票据的行为登记备案,重点关注公司是否按要求披露信息,但是并不监控公司的运行情况。[①]

美国对于其P2P网络信贷平台主要实行行为监管的方法,根据各机构的业务而不是按各种机构的性质来采取执行行动。联邦贸易委员只是在P2P网络信贷平台涉及违背消费者权利的行为时,才进行管辖,采取执法行动。在美国,监管机构认为只要金融机构披露了全面、真实又准确的信息并提醒了相关的风险后,消费者就应该对其提供的信息进行衡量,然后根据自身情况进行决策。

3.众筹模式

中小企业融资难是一个全球普遍存在的问题,即使是资本市场最为发达的美国也不例外。近年来,为解决中小企业尤其是初创企业融资困难,美国出现了众筹这一新兴融资模式。美国的JOBS法案中有专门条款以促进众筹融资模式的良性发展。[②] 众筹在很多方面与天使投资、风险投资等融资方式不同。参与众筹的融资者其目标往往是多重的,不仅仅限于简单的融资,还常常通过众筹这一方式获得外部资源在技术和管理经验上的帮助,同

① 刘继兵,夏玲.发达国家P2P网络信贷监管的比较分析[J].武汉金融,2014(4).

② 肖本华.美国众筹融资模式的发展及其对我国的启示[J].南方金融,2013(1).

时还能使产品更好地适应市场需要。而投资者参与众筹的目标也是多种多样的，有的是完全把其当作一种慈善行为，并不要求任何回报；有的是通过与融资者的积极互动，享受参与创新的过程；还有的是为了获得经济上的回报，如以较低价格获得产品，或通过股权方式共享项目成功后的回报。

在众筹中主要存在两个比较突出的问题，一个是股权融资限制问题，一个是投资者保护的问题。2012 年 3 月，美国通过了 JOBS 法案，该法案的第三部分专门对众筹融资模式作出规定。JOBS 法案与众筹融资模式有关的规定有以下方面。

(1)放开众筹股权融资。针对众筹融资中无法采用股权激励机制这一问题，该法案 302(a)条款对美国 1933 年证券法第 4 款进行修改，增加了 4(6)条款，明确了满足以下条件的众筹融资不必到 SEC 注册就可以进行股权融资：由 SEC 注册的经纪人充当中介；筹资者每年通过网络平台募集不超过 100 万美元的资金；前 12 个月内收入不足 10 万美元的投资人所投金额不得超过 2000 美元或其年收入的 5%，前 12 个月内收入超过 10 万美元的投资人可以用其收入的 10%用于此类投资，但上限为 10 万美元。

(2)保护投资者利益。针对众筹融资放松股权融资后可能出现的损害投资者利益的问题，JOBS 法案的 302(b)条款对 1933 年证券法的第 4 款作出修改，增加 r4A 条款，对众筹融资中的筹资者和提供服务的中介机构提出了相应要求，以保护投资者利益。其中，4A(a)条款对中介机构提出相应要求，4A(b)对筹资者提出相应要求。

对于筹资者，法案目前提出四点要求：第一，要求其在 SEC 完成备案，并向投资人及中介机构披露规定的信息。法案根据发行人目标融资金额将其划分为三类，即目标融资不超过 10 万美元、高于 10 万美元但不超过 50 万美元以及高于 50 万美元，并给予了不同的财务信息披露要求。第二，不允许采用做广告来促进发行。当然法案允许筹资者通过中介机构的网络平台向投资者发出通知，但如何使通知内容区别于广告，还需要 SEC 进一步作出详细规定。第三，对筹资者如何补偿促销者作出限制。法案规定，假如促销者无论在过去还是将来在与投资者每一次沟通时没有披露其将会从筹资者处获得的补偿，SEC 则禁止这种促销发行。第四，是筹资者必须向 SEC 和投资者提交关于企业运行和财务情况的年度报告。对于年度报告的具体内容规定，SEC 也将出台详细规定。

基于中介机构对于保护投资者利益的重要性，目前法案对中介机构提出十点要求。一是必须在 SEC 登记为经纪人或集资门户（Funding Portal）。其中，集资门户为该法案首次提出，并将其定义为“任何人作为交易中介涉及为他人账户发行或交易证券时，仅仅依据 1933 年证券法第 4(6)条款”。根据该定义，集资门户不能向投资者提供投资建议或推荐证券，不能给予雇员、代理商或其他人在该网站上促销证券给予补偿。二是必须在被认可的一家自律性协会（Self-regulatory Organization，SRO）进行登记，接受协会组织的约束。因为目前 SEC 对于从事众筹融资的中介机构的监管还没有出台监管细则，因此需要 SRO 在监管中发挥重要作用。三是必须对 SEC 和潜在的投资者揭示众筹融资蕴藏的风险和进行投资者教育。其中投资者教育的内容由 SEC 确定。四是必须向 SEC 和潜在的投资者提供筹资者依据 4A(b)条款所要求的信息，时间要求最少在众筹证券卖出前 21 天。对于提供信息的方式还没有作出具体规定，允许通过中介机构的网站提供。五是必须采取措施减少众筹交易中的欺诈现象。4A(a)(5)条款规定，中介机构要对筹资者的背景进行调查，对筹资者的经理、任何持有筹资者外部股份超过 20%的投资者相关情况进行调查。六是规定当没有达到融资预定目标时，中介机构不得将所筹资金提供给筹资者。4A(a)(7)条款要求通过众筹融资的数量等于或超过其预定融资数量。七是保证投资者没有超过投资额度的限制。4A(a)(8)条款规定，中介机构有义务使投资者按 4(6)条款中所规定的额度进行投资。八是必须采取措施保护投资者的隐私权。4A(a)(8)条款规定，中介机构必须严格保护从投资者处获得的相关信息。九是限制对促销给予补偿。4A(a)(10)条款规定,禁止任何人通过将潜在投资者的个人信息提供给众筹融资的经纪商或门户网站而获得补偿。十是限制中介机构与筹资者有利益关系。4A(a)(11)条款规定,禁止中介机构的经理人、合伙人或同等地位的人与筹资者有利益关系。此外,该法案还规定投资者在一年内不得转售通过众筹所投资的证券。

(二)日本互联网金融发展现状

1.第三方支付

在日本,消费者使用第三方支付的方式主要有三种:第一种是预付票证,即以票证或卡为载体的事先充值可用于今后支付的一种支付工具;第二种是资金转移服务,即通过支付系统完成资金的转账;第三种是网络预付工具,即通过互联网完成商品和服务货款的支付。[①] 根据《资金结算法》,第三方支付机构要想在日本从事资金转移业务,必须申请登记为“资金转移商业经营者”(简称资金转移商)。为了登记成为符合《资金结算法》的资金转移商,申请人应满足以下要求:(1)申请人必须是一家国内的股份有限公司,或者是在其母国进行了类似注册的外国公司,但该外国公司在日本必须具有办公场所和业务代表;(2)申请人必须拥有充足的财务状况,能够适当和妥善地从事业务;(3)申请者必须具有能适当和妥善处理业务的符合要求的组织结构;(4)申请者必须具有确保符合相关法律和法规的审核系统。[②]

对于第三方支付,日本为了保证客户资金的安全,不至于因经营者破产而招致损失,日本《资金结算法》规定资金转移商必须采取措施保障资金的安全。具体要求为:资金转移商需存入一笔等同于最近一周来顾客最大风险敞口的资金(以及退还资金的某些费用),这笔资金无论如何不能少于1000万日元;同时,资金转

① 李俊平.第三方支付法律制度比较研究[D].湖南师范大学,2012.

② 李俊平.第三方支付法律制度比较研究[D].湖南师范大学,2012.

移商还应在基准日后 2 个月内将相当于客户资金余额 1/2 的资金，作为发行保证金委托距离其主营业场所最近的“供托所”（一般为辖区内的法务局）保管，并向主管部门报告，一旦经营者面临经营风险或破产等情形时，客户可在保证金范围内优先受偿。[①]为了确保客户资金不被挪用，《资金结算法》规定了资产只能投资于：储蓄机构的存款；附有某些金融机构如银行签订的保证协议的交易（需向相关主管机构发出通知）；以及其他经相关管理部门同意的具有高安全性的资产。此外，该法还规定，如果支付业务取消时资金转移商有义务为用户提供退款服务。

2.众筹融资

日本学者根据投资回报形式，多数日本学者将众筹融资分为三类：一是捐赠型众筹，指通过网络募集捐赠者，向其发送定时刊物等；二是投资型众筹，指筹资者与投资者通过众筹平台运营者的介入，缔结隐名合伙合同，通过股份的形式进行融资，即股权众筹；三是购入型众筹，指利用预购者的资金进行商品开发，并向其提供完成的商品。目前日本众筹仍以非金钱回报的融资为中心，股权众筹并不是很多。

在日本，股权众筹之所以不多，一个重要原因是：股权众筹情况下，筹资者与众筹平台均需受日本《金融商品交易法》（简称《金商法》）的规制，且《金商法》对众筹平台运营者的规制很严格，而捐赠型众筹与购入型众筹却基本不受限制。具体而言，这些规制包括：

第一，筹资者的相关规制。股权众筹的情况下，当融资对象在 50 人以上时，筹资者原则上须向财务省提交有价证券申报书（《金商法》第 4 条第 1 款）。该申报书专业性较强，若聘请专家则需要花费较高的费用。但是在募集金额未满 1 亿日元的情况下，无需提交有价证券申报书，只需提交较为简单的有价证券通知书即可（《金商法》第 4 条第 6 款），募集金额未满 1000 万日元的，甚

① 李俊平.第三方支付法律制度比较研究[D].湖南师范大学，2012.

至无需提交有价证券通知书。如果需要资金比较大的情况下，众筹的起点就会要求得比较高。

第二，众筹平台的相关规制。在日本，股权众筹情况下，众筹平台需要注册为第一种金融商品交易业者，而《金商法》上第一种金融商品交易业者通常为证券公司，一般来说，对其的规制都比较严格。此外，证券公司为众筹融资提供服务的行为还要受到所加入的日本证券业协会规则的规范。

由于股权众筹需要受《金商法》等相关规制，而该法对捐赠型众筹与购入型众筹却没有特别的规定，对于众筹平台来说后者的难度较低，因此日本的众筹融资主要以捐赠型众筹与购入型众筹为主。[①]

（三）欧盟互联网金融模式

1.第三方支付

欧盟将第三方支付机构界定为电子货币机构，采取机构监管模式，为促进第三方支付行业的健康发展，主张通过对电子货币的监管来规制第三方支付业务。

对于第三方支付业务的监管。为促进第三方支付行业的发展，着力于监管第三方支付机构，制定了一系列法律规范。2000年，欧盟先后公布了《2000/46/EC 指令》和《2000/28/EC 指令》，全面规定了电子货币方面的内容，上述法案的颁布标志着欧盟开启了电子货币监管的进程。《电子签名共同框架指引》(2001)，明确了电子签名的合法效力，用户可以在欧盟成员国内使用电子签名。同年颁布的《电子货币机构指引》，明确了电子货币机构的地位。《2007/64/EC 指令》进一步明确第三方支付机构应当遵守审慎监管原则，欧盟央行负责第三方支付机构的审批，在其获得业务许可、取得执业资格后，才能从事第三方支付业务。《2009/110/EC 指令》在上述规定的基础上更进一步明确电子货币机构

① 毛智琪，杨东.日本众筹融资立法新动态及借鉴[J].证券市场导报，2015(4).

资格,要求第三方支付机构实行重要事项报告制度,加强对交易的监管。欧盟各成员国依据欧盟指令,根据本国情况制定和完善国内相关立法。[①] 同时,欧盟央行是第三方支付行业的监管机构,欧盟各国实行统一业务许可制度,第三方支付机构向欧盟央行取得业务许可资格后,即可在欧盟各国使用,从事第三方支付业务。

对于消费者权利的保护,欧盟也进行了比较详细的规定。在隐私权保护方面,《数据保护指令》(1995)以保护用户个人数据为根本,加强用户信息安全的维护,明确支付机构处理用户个人信息的相关规定。第三方支付机构,除了在维护公共利益征用信息的前提下,禁止将用户信息泄露于第三人。在知情权保护方面,欧盟委员会于 1987 年发布《增进消费者对电子支付手段的信心》通告,规定欧盟央行应加强对电子货币机构的监管,明确电子货币机构披露交易信息的责任,增强消费者通过电子支付的信心,促进电子支付行业的发展。2007 年欧盟颁布《支付服务指令》,将第三方支付服务划分为一次性付款和框架合同两类交易,该法案规定电子货币机构应当对两类交易的信息明确、及时、全面披露,切实保障消费者知情权。[②] 在成员国法国,金融审慎监管局(ACPR)于 2009 年起对支付机构进行监管,并有权对支付中介机构进行控制,从而履行维护法国支付系统稳定的职能。所有开展支付业务的机构,根据具体的支付业务性质和整体业务范围,需事先获得 ACPR 颁发的信贷机构牌照或者支付机构牌照。同时,法国法律也设定了一些豁免条款,允许满足条件的企业在不申请相关牌照的情况下开展支付相关业务。[③]

2.P2P 网络信贷

对于 P2P 网络信贷,这种模式最早出现在英国。英国的 Zopa 于 2005 年 3 月在英国开始运营,是全球第一家 P2P 网贷公

---

① 李俊平.第三方支付法律制度比较研究[D].湖南师范大学,2012.

② 张慧.第三方支付法律制度研究[D].长安大学,2013.

③ 温信祥,叶晓璐.法国互联网金融及启示[J].中国金融,2014(4).

司，到2012年底已经促成了约2.9亿英镑的贷款。一直以来英国在P2P平台初期并未注重监管的问题，它先发展的是行业，通过协会的自律作用来管理P2P平台，等到行业发展成熟后才实行正式监管。在行业发展上，为了便于促进P2P平台的运行和发挥行业的自我约束作用，英国于2011年8月15日成立了一个P2P金融协会，为借款人设立一个保护标准，其初始成员是Zopa、Rate Setter和Funding Circle三家。作为一个非官方、非营利性的行业协会，结合这几年英国P2P的发展情况来看，它还是很好地促进了P2P市场的发展。

同处欧洲的法国与英国也有不同，P2P网络信贷在法国仍处于起步阶段，相关立法仍未建立。法国的P2P网贷平台有营利和非营利两种模式。在法国，P2P网络信贷和众筹都属于"参与融资"的范畴，ACPR对行业中的机构准入、个体行为等进行监管，AMF对行业规范和涉及金融市场和产品的部分进行监管。2013年5月，ACPR和AMF联合发布了业务指引，对于该行业中某类具体的业务是否属于信贷机构的范畴、是否需向ACPR申请信贷机构牌照、是否需遵守AMF的市场规定等，进行了较为详细具体的规定，但部分条款仍有待进一步明确。[①]

二、我国互联网金融发展现状

2014年，"互联网金融"首次写入政府工作报告。2014年3月5日，十二届全国人大二次会议审议的政府工作报告提到，"促进互联网金融健康发展，完善金融监管协调机制"。2014年11月19日，李克强总理在国务院常务会议上提出建立资本市场小额再融资快速机制，开展股权众筹融资试点，鼓励互联网金融要更好地向"小微""三农"提供服务。地方性支持条例也不断出台，上海发布《关于促进本市互联网金融产业健康发展的若干意见》，成为全国首个省级地方政府促进互联网金融发展的意见。

① 温信祥，叶晓璐.法国互联网金融及启示[J].中国金融，2014(4).

政府政策支持使互联网金融发展顺利，互联网金融企业发展更是如火如荼，以深圳前海为例，截至2014年11月，深圳前海管理局数字显示，互联网金融企业总数已超过500家，其中P2P网贷企业超过50家、支付类30家、网上理财35家、众筹类超过30家。

（一）银行的线上化

中国银行业的信息化是随着网络技术不断发展而逐步信息化的过程，并为金融服务的电子化创造了条件。依托于大数据、云计算等技术的兴起，银行业近几年在金融服务电子化的过程中取得很大发展。自1997年招商银行率先推出“一网通”，首次开设网上银行业务，成为对传统渠道的有效补充，随后各大商业银行也陆续推出网上银行业务。2011年，民生银行针对网上银行专门设计收益率高于柜台销售的理财产品并获得可观收益。自此，互联网逐步成为其一、二级低风险理财产品的主要销售渠道。网上银行凭借其费用率低、业务办理便捷等优势，随着互联网的普及获得客户的拥护，网上银行、电话银行、手机银行等产品也逐渐成熟。但是这些都只是传统银行将业务转移到互联网上进行，在面对互联网金融的冲击时，银行不得不做出更多的改变，因此直销银行成为银行业的新试点。

直销银行是典型的互联网金融产品，银行没有营业网点，不需要发放实体银行卡，客户通过电脑、手机等远程渠道即可获取银行产品和服务。2013年9月，北京银行正式推出其与境外战略合作伙伴荷兰ING集团合作研发的直销银行服务。2014年2月，中国首家直销银行民生银行直销银行正式上线。直销银行的不断上线，表明各大银行积极应对互联网金融冲击，并不断促进互联网金融的发展。

2014年9月底，民生直销银行目前客户数突破100万户，金融资产保有量达180亿元；招商银行在小企业e家开展的同时，推出首家“微信银行”；平安银行打造平安网上商城和网络平台，推动应用客服机器人，推广微信服务。

（二）券商的线上化

国内互联网的普及，给易于电子化的证券经纪业带来巨大革命。1990 年，上海证券交易所通过计算机进行了第一笔交易；1992 年，深圳证券交易所复合系统正式启用；1998 年，国内网上证券交易开始起步。2000 年 4 月证监会颁布《网上证券委托暂行管理办法》，规范了网上证券委托业务。投资者使用证券公司提供的交易终端软件，通过互联网足不出户实现证券买卖。同时，随着新型网络媒体的兴起，彻底颠覆了投资者获取信息的方式。继而，互联网以其方便快捷、高效安全等特点，使得证券交易完成了从实体场所到虚拟网络的转移。

在互联网金融时代，券商凭借其大量的一手客户买卖金融产品的数据，充分利用互联网技术，探索为客户提供更优质服务的新发展方向。2012 年，海通证券自主开发“基于数据挖掘算法的证券客户行为特征分析技术”，采用聚类算法，根据客户交易数据进行动态分析。通过对海通 100 多万样本客户半年交易记录的海量分析，建立了客户分类、客户偏好、客户流失概率的模型。同年，国泰君安推出“个人投资者投资景气指数”，数据样本来自券商真实客户的真实交易行为数据。越来越多的券商企业不再单纯地满足于证券买卖的虚拟化，而是在互联网金融浪潮下，不仅要满足客户需求，更要挖掘客户需求。

（三）保险公司的线上化

1997 年，第一份通过互联网促成的保单在新华人寿保险公司诞生，标志着保险业在互联网方面的探索取得了初步成果。早在 2002 年，中国人保电子商务平台（e-PICC）就正式上线，随着 2005 年《电子签名法》的颁布，互联网保险步入快速发展渠道。随着太平洋保险电子商务网站的上线，各大保险公司网络平台在 2008 年至 2013 年间相继上线，建立起了自家的网络销售平台，依托互联网提供保险产品和服务信息，实现网上投保、承保等业务。2013 年，阿里巴巴的马云、中国平安的马明哲、腾讯的马化腾“三马”联手设立众安在线财产保险股份有限公司，突破国内现有的保险营销模式，不设分支机构，完全通过互联网进行销售和理赔，主攻责任险、保证险两大险种。“三马”联手保险业是互联网和保险两大行业在互联网金融的重要尝试，同时也开启了一个全新的互联网保险时代。

（四）P2P 网络贷款

中国的第一家网贷平台是成立于 2007 年的拍拍贷，它效仿美国 Prosper 模式，在引入中国后并没有引起大的影响。直到 2009 年 3 月，红岭创投推出本金保障制度后，凭借其强大的拓展和业务能力，发展迅猛。2010 年开始，P2P 公司如雨后春笋般迅速增多，如人人贷、E 速贷等。2011 年，随着平安投资四个亿成立陆金所，一定程度上打消了很多创业者和投资者的顾虑，P2P 网贷平台在全国各地迅速扩张。截至 2013 年 9 月，网贷平台更是以每天 3～4 家上线的速度快速增长，网络贷款额达到 1058 亿元，超过 2012 年增长的 4 倍。

2014 年，P2P 继续吸引无数投资人进入，P2P 平台也获得各大资本青睐。2014 年 7 月份，8 个 P2P 平台获得千万美元的投资，P2P 平台进入一个月内数家平台同时获投的狂热融资阶段。据不完全统计，从 2014 年 1 月到 10 月，已有 30 余家 P2P 平台获得投资，其中不乏许多刚成立的平台，如短融网从上线到获得融资仅经历三个月时间。

P2P 网贷行业的野蛮生长过程中，因频频出现的企业跑路及倒闭事件，让人们对于该行业的前景担忧。但除民营企业和风投参与 P2P 外，各地具有国有资产背景的企业也逐渐试水 P2P，众信金融、德众金融、金宝保等平台均获得国资参股。国有资本流入 P2P 行业，表明国家对于该行业的认同及宽松的政策，但由于许多 P2P 平台只是披着 P2P 外衣的金融机构，行业仍然缺乏市场准入门槛，政策有待进一步规范和完善。

（五）众筹

国内的众筹大致可以分为两种模式：一类是非股权众筹，主要以产品预售为主；另一类是股权众筹。非股权型众筹目前有十几家，总募集资金规模超过 1000 万元。2011 年开始陆续出现点名时间、积木、JUE.SO、淘梦网等各种侧重不同方向和特色的 10 余家众筹平台。如上线于 2011 年 5 月的点名时间，截至 2011 年底，点名时间已经为 57 个项目募集到资金，数额从几千元到几十万元不等，并获得来自中国台湾的 50 万美元的天使投资。国内目前没有严格意义的股权众筹，但已有一些平台设计股权融资，主要以红岭创投和天使汇为代表。此外，2013 年 6 月上线的大家投网站也在探索股权众筹的新模式。尽管在我国法律环境和市场环境的影响下，我国的股权众筹和国外的股权众筹有着显著不同，但这是众筹模式在我国资本市场应用的有益尝试。

2014 年，众筹网站的发展进入新阶段。点名时间从众筹网站转型到职能硬件预售平台，追梦网等平台则更偏向于文化、科技、公益等领域，百度及阿里巴巴等互联网巨头开始从影视作品涉入众筹。但非股权众筹平台的项目展示及体验、筛选等方面还存在诸多问题，股权众筹依然徘徊在法律边缘，国内众筹平台还有待完善。

（六）第三方支付

1999 年，随着易趣网、当当网相继成立，为了满足用户网上支付需求，我国第一家第三方支付公司即首易信支付诞生，但它仅限于指令传递功能，把用户的支付需求告知银行，从而转接到银行的网上支付页面。2003 年网络购物处于萌芽期，支付形式单一，买卖双方互不信任的问题使得网络购物停滞不前。为了吸引更多的互联网购物人群，2003 年 10 月，淘宝网设立支付宝业务部，开始推行“担保交易”。2004 年 12 月，支付宝正式独立上线运营，标志着在阿里巴巴的电子商务圈中，信息流、资金流和物流开始明晰。随后腾讯旗下的支付公司“财付通”成立，全球最大的支付公司 PayPal 进入中国，第三方支付平台在我国逐渐起步。2010 年央行颁布《非金融机构支付服务管理办法》，确定了通过申请、审核、发放支付牌照的方式把第 i 方支付企业正式纳入国家的监管体系下。2011 年 9 月开始，非金融机构如果没有取得第三方支付牌照，将被禁止继续从事支付业务，至 2014 年 7 月，央行已经陆续发放 269 张第三方支付牌照。自此，我国第三方支付运营模式经历了从支付网管模式到第三方担保模式再到行业支付应用三个阶段，第三方支付行业进入从量变到质变的突破，也日渐成为互联网金融行业发展的一种重要形态。

第三方支付的市场规模近年来迅速扩大，2012 年我国第二三方支付整体市场交易规模突破 10 万亿元，达到 10.88 万亿元，同比增长 50%以上。伴随着现代网络技术发展以及企业信息化进程的推进，第三方支付已经从网上购物、航空旅行、网络游戏等传统领域，逐步向基金、理财、保险、医疗等行业领域渗透，第三方支付工具从单纯的网络购物走向更多领域。特别是通过量身订制行业支付解决方案，第三方支付不断向各个产业链纵深渗透，拓展了传统支付服务的内涵和外延，推动着支付服务产业化、市场化和多样化发展。

第二章　互联网金融的法律风险及违法犯罪样态

随着互联网金融的产生及发展，不可避免地就要考虑和研究互联网金融的风险问题。尤其是随着互联网金融不断创新，带来了更多样化的互联网金融法律风险，并且这也同互联网金融相关的犯罪之间存在着一定逻辑关系。

第一节　互联网金融法律风险的特征及种类

互联网金融的法律风险是指在互联网金融过程中相关主体作为或不作为而产生的承担不利法律后果的可能性和不确定性。随着互联网金融的产生和发展，对互联网金融进行研究有必要对其存在的法律风险进行一定探讨。而这就需要对互联网金融法律风险的特征和类型进行一定了解和掌握。

一、互联网金融法律风险的特征

（一）风险因素的不易控制性

互联网金融法律风险的发生以及其造成实际风险损失，是法律风险的各相关因素共同作用，从而引起的一种结果。引起法律风险的因素有很多，当事人可在一定程度上对主体、环境、行为这类风险因素有一定控制或闪避，但是确实客观存在一些当事人无法依靠其主观意志所控制或不可避免的因素。正因为存在这些不易控制的风险因素，才使得法律风险是否发生以及发生后的损失程度存在一定的不确定性。导致这些因素不易控制的原因也不尽相同，一些是因为是鞭长莫及而无法控制；一些是因为当事人在行为能力、知识储备、认识能力等方面有所限制，从而导致无法对法律风险进行准确识别。当前处于互联网时代，互联网金融随着互联网的发展而发展，但是该领域还没有建立起健全的法律法规，并且互联网金融混合了互联网及金融的多种风险环境，此外从事互联网金融的经营管理者来自各行各业，一些经营者甚至从未接触或从事过与互联网或者金融相关的行业，各种因素的相互叠加导致互联网金融法律风险不易控制的特点更加突出。

（二）法律风险预见的复杂性

风险，是指发生危险的可能性。互联网金融法律风险也是指一种发生危险的可能性，即使是确实存在的互联网金融法律风险，但是因为风险的发生与结果之间并没有必然的直接性，所以也不一定会演变为现实的损失。即使是那些当事人不能完全控制的，对互联网金融法律风险的爆发具有决定性作用的因素，只要还没有发生风险因素转化为风险结果的过程，那么风险还只是一种可能性，并不会转变成现实的风险损失。这类情况也会发生在互联网金融领域，例如，在P2P网络借贷过程中，如果出借人发现借款人存在着明显的违约行为，并且出借人也掌握了一定的事实证据，但是只要借款人并没有放弃自己的债权，那么在当前的情形下这种违约行为只是一种可能无法实现债权的风险，并没有从风险转化为确定的现实损失，直到借款人确实放弃了该笔债权或确定该笔债款最终无法收回时，该风险才确实转化为现实的损失。

（三）法律风险后果的不确定性

一般情况下，并不能确定单一的风险能引起多大规模的损害后果，行为人通常只能对可能发生的损失进行一定预测，只有在少数情况下，才能确定该风险的损失。风险引起的损失结果是由多重因素共同作用的结果。首先，在立法层面上就存在一定不确定性，因为很多法律规范本身只对法律后果进行了一个范围化的规定，而且有一些法律后果可以是多种方式同时并用，只要是在这一选择范围内选出一种和风险事件相对比较平衡的处理方式，就属于正常的法律后果。当前在互联网金融领域，立法相对较慢，这也增加了立法层面上法律风险的不确定性。其次，除立法原因以外，因为在执法过程中存在对法律的不同理解以及在具体的执行方式上存在一定差异，也会导致大量的不确定性因素的存在，尤其是在一些地方，存在一些对当地经济具有十分重要作用的企业，这些企业很可能会干扰所在地方政府部门的正常执法行为，这也会造成法律风险的不确定。目前，在互联网金融领域，的确存在执法层面的较大差异，尤其是从 2015 年开始，P2P 平台遭遇“跑路潮”，一些地方执法部门将这种行为归为刑事犯罪，但也有一些地方执法部门则认为这种行为是民事犯罪，因为 P2P 平台和互联网金融消费者之间属于民事法律关系，这就能反映出互联网金融法律风险的不确定性。

二、互联网金融法律风险类型

（一）刑事责任风险

刑事法律规范涉及国家安全、公共安全、公民的人身及民主权利、合法的财产权等各个方面，《刑法修正案》也在随着时代的变化而不断变化，《刑法》会根据当前的形势对自身进行优化和调整，对刑事犯罪的内涵与外延作出符合形势要求的调整，以此通过法律对经济、社会的健康发展提供基本秩序方面的保障。随着互联网金融的高速发展，P2P、众筹等平台也在不断发展，而这些新兴金融平台也开始引发一系列刑事犯罪问题，尤其是 P2P 网贷平台出现了“跑路潮”，这一现象也将互联网金融犯罪推到了刑事犯罪的高发领域。如果互联网金融平台的行为违反了刑事法律的相关规定，则必然会产生一定刑事责任风险。刑事责任风险是指违反刑事法律规定的个人或者单位所应当承担的法律责任的可能性。

刑事责任风险的表现形式是当事人被处以刑事处罚,根据我国相关法律规定,现行的刑事处罚有五种主刑,即管制、拘役、有期徒刑、无期徒刑和死刑,但在这五种主刑外还有三种附加刑,即剥夺政治权利、罚金和没收财产。附加刑可以单独适用,但也可以根据情况与主刑合并适用。刑事责任的主要特征有以下几个方面。

第一,犯罪行为是刑事责任产生的前提,所以刑事责任和行为人的犯罪行为具有必然的联系;第二,只可以由犯罪主体承担相应的刑事责任;第三,刑事责任直接体现着国家对犯罪人及其犯罪行为的否定性评价,所以犯罪人对国家承担刑事责任;第四,对已经构成犯罪的人予以刑事处罚是刑事责任最基本、最主要的实现形式,但也可以免除犯罪人的刑事处罚,按照刑法中规定的非刑事处罚方法对犯罪人行为予以处罚;第五,对于犯罪人需要承担的刑事责任的判断,只可以通过国家审判机关的刑事诉讼程序才可以予以确定。

刑事责任的承担主体主要包括自然人和单位。我国现行法律对单位犯罪的处罚实行两罚制,这是指如果构成单位犯罪,则不仅对单位判处罚金的处罚,还会对相关案件有直接责任的主管人员和其他直接责任人员判处具体刑期等方面的刑罚。通常企业都是由企业管理人员经营管理的,所以一旦构成单位犯罪,企业和其主要管理人员按照规定处以刑罚,对于该企业来说无疑是十分沉重的打击,会直接影响该企业的正常运营,因此,正确地处理刑事处罚风险对于企业生存和发展起着至关重要的作用。

对目前互联网金融涉嫌刑事犯罪的事件进行概括总结,可以将互联网金融犯罪主要体现分为三种犯罪类型。一是专门成立用于犯罪的互联网金融企业,例如,一些 P2P 网站建立之后会迅速敛财,之后便会卷款逃跑,这类 P2P 公司就是专门用于犯罪而成立的公司;二是其他犯罪分子通过互联网金融企业平台开展一系列活动，例如，一些不法分子通过互联网金融平台对普通消费者进行网络金融诈骗的行为就属于该类犯罪；三是犯罪分子针对互联网金融企业实施各种犯罪行为，如通过电脑病毒等手段攻击互联网金融企业，从而窃取该企业的财产、信息等犯罪行为。对于第二种、第三种犯罪类型，互联网金融企业并不负有刑事责任，但是一旦发生该类事件就会严重影响消费者对企业的信心，从而对互联网金融企业的正常经营产生不良影响。因此，为了避免这些情况为互联网金融企业带来的不良后果，企业经营者应该避免不必要的风险，这就要求他们提高自身的安全意识，防止被犯罪分子利用或遭受犯罪分子侵害。

我国现行《刑法》中相关罪名已经基本能满足规制涉及互联网金融犯罪的需要，可以适用这类犯罪的主要罪名包括：擅自设立金融机构罪；非法经营罪；非法吸收公众存款罪；擅自发行股票、公司、企业债券罪；集资诈骗罪；洗钱罪；非法经营罪；出售、非法提供公民信息罪。例如，一些 P2P 网贷平台并没有专门设立第三方资金托管，或者表面上资金交由第三方托管但实际上掌控资金的仍然是平台本身，从而形成庞大的资金池，这些 P2P 平台可以自行随意转移、挪用客户的资金；一些平台会通过虚构借款人的方式进行融资，这属于自融行为，这些行为很可能涉嫌非法吸收公众存款罪。在众筹模式中也存在一定犯罪行为，一些众筹平台在没有设立具体明确的投资项目的情况下便开始进行先行融资，将归集的投资者资金形成资金池，之后再公开宣传吸引项目上线，项目上线后会再次进行投资；一些众筹平台直接通过平台向普通投资者发行股份，这种行为涉嫌非法发行股票罪。

2017 年 6 月，上海市人民检察院发布《2016 年度上海金融检察白皮书》（以下简称《白皮书》）。据《白皮书》显示，2016 年上海全市检察机关共受理金融犯罪审查逮捕案件 1238 件，逮捕犯罪分子 1921 人；金融犯罪审查起诉案件 1683 件，起诉人数 2895 人。这些案件总共涉及 7 类 28 个罪名，包括金融诈骗类犯罪、破坏金融管理秩序类犯罪、扰乱市场秩序类犯罪、金融从业人员犯罪等。需要注意的是,在这些金融犯罪中涉互联网金融领域的刑事风险上升,打着互联网金融的旗号实施的非法集资犯罪情况出现日益严重趋势。2014 年上海发生首起 P2P 网贷平台非法集资案,该类案件在 2015 年达到 11 件,而在 2016 年这类案件陡升至 105 件,增幅高达 855%,占全年受理的非法集资案件总数的 30%。互联网金融下的非法集资犯罪主要是假借互联网金融名义,在线下非法集资。绝大部分的涉 P2P 刑事案件采用线上线下相结合的销售模式,也就是说除了开展线上业务,在线下也会相应的开设实体网点,通常会采取拨打电话、在人流密集区发布小广告等传统犯罪手法进行非法集资。

(二)行政责任风险

了解和掌握行政责任风险,首先应该明确区别行政处罚和行政责任的概念。行政处罚是指行政机关或其他行政主体按照相关法律规定的职权和程序对违反行政法规还没有构成犯罪的相对人给予行政制裁的具体行政行为。行政责任有广义和狭义的区别,广义的行政责任包括行政处罚和行政处分,行政处分是指国家行政机关内部的一种管理制裁措施,也就是行政主体以及行政主体内部的相应责任;狭义的行政责任的概念和行政处罚的概念相同,在这种概念下行政责任仅指行政主体对行政相对人进行的相应制裁,并不包含行政主体内部的相关责任问题。

行政责任风险包括警告;罚款;没收违法所得、没收非法财物;责令停产停业;暂扣或者吊销许可证、暂扣或者吊销执照;行政拘留;法律、行政法规规定的其他行政处罚七种形式。行政责任风险主要有以下几个特征。第一,行政责任的目的是对违法行为人予以相应的惩戒,而并不是实现行为人义务;第二,行政责任的适用主体为行政机关或法律、法规授权的组织;第三,作为行政相对方的公民、法人或其他组织是行政责任的适用对象,行政责任是外部行政行为;第四,只有相对方确实实施了违反相关法律规范的行为才会产生行政责任,而并不包括相对方违反刑法、民法等其他法律规范的行为。

相较于刑事责任风险，互联网金融企业行政责任风险的发生概率要高很多。这是因为互联网金融经营者在其经营过程中会涉及各个方面的行政法规、地方性法规、规章的强制性规定，互联网金融融合了互联网和金融两方面的因素，而这两个领域都是行政监管的重点区域，经营者稍有不慎就可能实施一些违反这些领域地相关规定的行为，从而受到行政处罚。例如，企业设立必须到工商管理部门进行合法的设立登记；一般情况下，开展互联网经营业务需要获取ICP许可证或进行ICP备案；互联网金融企业想开展第三方支付业务，必须按照规定获取第三方支付牌照等。如果企业在没有取得相关资格的情况下擅自开展相关业务，则很可能遭受行政责任风险。

虽然行政责任风险通常没有刑事责任风险严重，但是对于互联网金融企业来说，行政责任风险可能具有更大的现实意义。一些不恰当的经营行为很可能引起严重的后果，如直接导致经营资格被取消，甚至在一些比较极端的情况下，互联网金融企业的行为已经严重触犯了禁止性的法律，行政处罚很可能和刑事处罚共同实施，企业的主体经营资格也可能被单独取消。在一些严厉的行政处罚下，企业的经营资格或许可即使没有遭到取消，但是企业也会遭受沉重的打击，很难再继续生存，甚至会对企业产生“蝴蝶效应”。有时即使只是一个行政警告，也可能对违规企业造成十分严重的影响。对互联网金融企业来说这种影响更为明显，因为这类企业主要依靠口碑宣传、网络推广等方式进行营销，在互联网模式下，信息的传播速度十分的快，不利信息一旦产生那么很快就会在大范围内扩散开来，这种不利信息传播带来的影响对企业造成的影响程度将难以预测。

（三）民事责任风险

民事责任是指民事主体因为违反民事法律规范而需要承担的相应的法律责任。民事责任主要包括缔约过失责任、违约责任和侵权责任等。缔约过失责任是指在合同订立过程中，一方当事人因为违背其依据的诚实信用原则所产生的义务，从而导致另一方当事人产生信赖利益的损失，需要承担的损害赔偿责任。违约责任是指合同的一方当事人不履行其合同义务或者不按照约定履行其合同义务，这种行为所要不承担的责任。侵权责任是指民事主体因为侵犯他人的人身权、财产权而需要承担的相应的责任。

民事责任的责任形式包括财产责任和非财产责任两种，具体包括赔偿损失、返还财产、支付违约金、支付精神损害赔偿金、消除影响、停止侵害、恢复原状以及恢复名誉、排除妨碍、消除危险、赔礼道歉等。以上各类责任形式可以单独适用，同时也可以几种形式合并适用。民事责任主要有以下几个特征。

第一，只有当事人违反民事义务才会产生民事责任，因此民事责任与民事主体违反民事义务的行为存在必然的联系；第二，必须由违反民事义务的行为人承担相应的民事责任；第三，民事责任主体只需要对被侵害人承担责任，所以由被侵害人的意志决定是否追究民事责任主体的民事责任；第四，一般情况下，民事责任由国家审判机关通过民事诉讼来确认，如果在某一侵害事实下同时存在民事责任与刑事责任，则可以通过刑事附带民事诉讼来解决。

民事责任风险是比较常见的法律风险，该类风险并不涉及对人身自由权的限制或剥夺，承担民事责任与承担刑事责任或承担行政处罚的结果相对，在各种责任类型中属于最“温和”的一类。需要注意的是，在某些情况下，民事责任与行政责任或刑事责任可能同时发生。例如，如果某 P2P 平台已经成立集资诈骗罪，该平台不仅需要承担其刑事责任，同时需要对相对的受害人承担民事赔偿责任。

互联网金融行业的民事责任风险，主要表现在以下几个方面。第一，是最常见的合同方面的民事责任风险；第二，在公司股权方面的体现，如股权众筹交易、股权纠纷；第三，在知识产权方面的体现，如侵犯专利权等；第四，在不正当竞争方面的体现，如企业垄断经营、侵犯公司商业秘密；第五，在人格权方面的体现，如侵犯公民隐私权、肖像权等。

（四）程序法领域面临的法律风险

程序法，在法律分类中，是指实体法以外，法院或是行政机关如何进行各种司法程序或行政程序的实证法。在我国的现行法律中，程序法包括民事诉讼法、刑事程序法和行政程序法。互联网金融的发展，不仅对实体法的立法、执法等方面产生了重大影响，根据互联网金融活动的各种特征也会对程序法产生一定影响，主要体现在程序法的理解和运用方面，由此产生了一定的法律争议，从而形成这方面的法律风险。

1.司法管辖权规定在互联网金融实践中所引发的法律风险

司法管辖权是指法院对案件进行审理和裁判的权力或权限。法院对案件具有管辖权需要具备两项前提条件。第一，法院需要拥有对所涉案件的“司法管辖权”，也就说法院需要具备审理此类案件的权利；第二，法院需要对所涉案件当事人具有“个人管辖权”，也就是法院应该具有对诉讼中涉及的当事人作出裁决的权力，也就是影响当事人权利与义务的权利。例如，在民事管辖方面我国《民事诉讼法》有以下规定，第二十三条规定，一般情况下合同纠纷案件的管辖法院为被告住所地或合同履行地法院；第三十四条规定，合同的双方当事人有权在书面合同中共同协商规定由被告住所地、合同履行地、合同签订地、原告住所地、标的物所在地法院管辖；第二十八条规定，对于侵权纠纷案件，通常由侵权行为地或被告所在地法院对此进行管辖。对于民事纠纷的管辖来说，这些规定具有十分重要的意义。

互联网金融的全部信息和数据交换活动都是在线上完成的，其与互联网货物电子商务不同，这种商业活动不涉及线下实物的转移和交割，并且通常会有多个法律主体共同参与同一金融活动。例如,一名上海投资者通过手机终端上“微信支付”绑定的“兴业银行借记卡”在香港购买了“财付通”链接的“华夏财富宝”货币市场基金,兴业银行注册地为福州,财付通注册地为深圳,华夏财富宝的基金管理人华夏基金公司的注册地为北京。所以在这笔交易中包含了三个法律关系,一是投资者与兴业银行之间的法律关系,是投资者和银行卡支付之间的法律关系,其中,财付通是兴业银行进行支付的第三方支付委托机构;二是投资者与华夏基金之间的法律关系,相应的行为是购买“华夏财富宝”基金,其中财付通充当的是交易中介人的角色;三是投资者与财付通之间法律关系,该关系中包含的是服务协议内容。所以对于该笔交易来说,一旦发生纠纷,则需要根据对应的法律关系确定管辖法院。

2.证据效力和举证责任规定在互联网金融实践中所引发的法律风险

在互联网金融活动中,涉及的信息至少有两个以上的信息终端连接,所以网络证据实际上就是从一个信息终端通过互联网传递到另一个终端的电子信息的载体,按照这种定义其属于电子证据的范围。电子证据和传统证据相同,其认定同样需要符合真实性、关联性和合法性原则。尽管如此,电子证据的获取和真实性的判断仍然存在一定困难,因为电子证据储存在计算机内,这些数据有可能遭到销毁、改变,即使对数据加密也可能会遭到解密,所以如果在发生争议后,当事人将原始数据进行改变,就可能造成原始文件的改变,也就失去了证据的真实性。

我国《民事诉讼法》明确规定“谁主张,谁举证”的原则,但在互联网环境下,电子证据在获取难度、证明力等方面的特性造成了举证难的现象。除此以外,电子证据具有无形性、高科技性的特点,当事人并不能得知电子证据的获取途径。因此,在网络环境中举证责任的分配对于电子证据的认定具有十分重要的作用。我国《最高人民法院关于民事诉讼证据的若干规定》第七条规定,法院应根据公平原则和诚实信用原则,综合当事人举证能力等因素确定举证责任的承担。结合相关法律法规以及实际情况,在互联网金融领域发生的纠纷，对于电子证据的举证责任分配的事项，通常都是由互联网金融经营者承担举证责任为主。

第二节　互联网金融违法犯罪的类型

互联网金融违法犯罪类型化，是指按照不同的标准对互联网金融违法犯罪进行的归类。对互联网金融违法的分类，主要是从涉及的罪名和内在关系的角度进行的，通过对互联网金融违法犯罪进行科学合理的分类，保证刑事法律对该领域内的犯罪进行科学评价，以此为基础实现刑事法律控制犯罪的目的。此外，根据不同犯罪类型进行针对性分析，可以在预防犯罪方面，提供在各个阶段、各个环节以及各个重点领域等方面的经验支持。

从互联网金融的刑事法律风险角度来说，主要可以将互联网金融犯罪分为三类。第一类是经营正当互联网金融业务的犯罪化风险，这类犯罪包括涉嫌擅自设立金融机构犯罪、非法吸收公众存款犯罪、非法经营犯罪、集资诈骗犯罪等；第二类是利用互联网金融实施违法犯罪行为的犯罪化风险，如挪用资金犯罪、诈骗犯罪、职务侵占犯罪、盗窃犯罪、涉嫌洗钱犯罪等；第三类是利用第三方网络平台进行资金转移、网络赌博、非法集资、网络炒汇等违法犯罪行为，如银行卡犯罪、网络赌博犯罪、网络传销犯罪等。

从网络金融犯罪与金融创新的相关性角度来说，可以将互联网金融犯罪分为两大类。第一类是利用互联网实施的金融犯罪；第二类是关于金融创新产品是否涉嫌犯罪。在金融犯罪的过程中，这类犯罪的行为边界比较模糊，对于金融产品的定性也还存在一定争议。

从互联网的角度来说，可以将网络金融犯罪分成三大类，即将网络信息技术当作简单的存储和传输手段，以此为基础实施的金融犯罪；将网络信息技术作为其重要传播手段而实施的犯罪；

相对较为纯粹的网络金融犯罪[①]。

从在该领域可能产生的犯罪的角度来说，可以将互联网金融犯罪分为三类。第一类是由互联网金融平台提供者作为犯罪主体的犯罪行为，如洗钱、非法集资、非法吸收公众存款等；第二类是互联网金融行业的普通参与者作为犯罪实体实施的犯罪行为，如诈骗、侵犯商业秘密等；第三类是将互联网作为实施对象的扰乱金融秩序犯罪[②]。

从参与主体的角度来说，可以将互联网金融犯罪分为两类。第一类是将互联网金融平台作为工具实施的犯罪，如网上制假售假、证券期货违法犯罪活动、网络炒汇等犯罪行为；第二类是将互联网作为平台实施的金融犯罪，如侵犯商业秘密、诈骗等犯罪行为，产生这类犯罪的根本原因在于个人在网络活动中泄露了个人信息，甚至是个人信息被买卖[③]。

我国互联网金融犯罪类型化的问题，在规模、种类方面都随着实际情况的变化而不断变化，根据互联网金融犯罪对互联网的依赖程度，不同类型的犯罪也具有不同的特点，但是在区分互联网金融犯罪上需要将金融的本质作为重点，应该关注互联网金融犯罪考察期或观察期的表征特殊性。一般来说，可以将互联网金融犯罪分为互联网金融作为犯罪主体的犯罪、互联网金融作为犯罪对象的犯罪、互联网金融作为犯罪工具的犯罪三种类型，下面就按照这种分类方法进行分析。

一、互联网金融作为犯罪主体的犯罪

犯罪主体，是指实施犯罪行为的自然人和单位，具体来讲就是实施危害金融秩序的行为、按照法律规定应该负有刑事责任的自然人和单位。互联网金融作为犯罪主体的犯罪，也称为互联网金融企业本身实施的犯罪。该类型的犯罪主要有擅自设立金融

① 李尧.刍议网络金融犯罪的侦查取证[J].陕西警官高等专科学校学报，2014(1).

② 姜涛.互联网金融所涉犯罪的形势政策分析[J].华东政法大学学报，2014(5).

③ 付耀建，付俊梅.互联网金融犯罪及刑事救济路径[J].法治研究，2014(11).

机构罪、洗钱罪、非法吸收公众存款罪、挪用资金罪、非法经营罪、集资诈骗罪等。按照当前的情况来说，非法集资类犯罪是比较典型的犯罪类型，以开展 P2P 网络借贷业务为名实施非法集资行为为例，主要存在以下类型。

（一）“理财—资金池”模式引发的涉及资金池的违法犯罪

一些 P2P 网络借贷平台将借款需求设计成理财产品并将此产品出售给放贷人，或者先进行资金的归集之后再寻找借款对象等，通过这类形式 P2P 平台将放贷人资金存储在 P2P 平台的中间账户，从而形成了资金池。在这种模式下，P2P 平台涉嫌非法吸收公众存款违法犯罪。下面以浙江湖州金元宝投资咨询有限公司涉嫌非法吸收公众存款的案件作为实例进行分析。

2013 年 5 月 21 日，湖州金元宝投资咨询有限公司自成立以来直到案发，仅用了 5 个月的时间，通过其设立的“家家贷”民间理财信息平台，吸引了 2500 多人到平台注册会员，非法集资的总金额近 2 亿元。该公司对外吸收投资者投标的年化收益率为 22.4%，再加上公司的投标奖励，总体年化收益率可以达到 30%左右。该公司租用服务器，在互联网上建立名为“家家贷”的民间理财信息平台，对外宣称该平台为新型 P2P 投资模式，投资人通过该平台以投标的方式将自己的投资资金出借给金元宝公司登记的借款人，金元宝公司只从中收取一定手续费。具体的操作方式为，投资人在该平台上注册成为会员，通过线上或线下的方式进行充值，之后便可以使用其账户内的金额在平台上进行投标。

金元宝公司每天都会在其平台上发标，包括“秒标”“天标”“月标”“约标”等，以此吸引会员投标。当标满后，金元宝公司按照投资比例向投标人发放奖励，奖励的金额按照不同项目不等。根据调查人员的调查结果显示，金元宝公司在其平台上发布的几乎都为虚假标。投资人如果有投资意向，首先需要和金元宝公司谈好投资金额，也就是约标，之后金元宝公司的相关工作人员会将相应金额的标发布在平台上，再由投资人进行投资。该标投标人数较少，一般仅有 1～2 人，标满后，公司对投资人按 0.7%～9.2%进行奖励。当标到期限后，公司会将相应的本金和利息一起打到投资人在该平台的账户内，年利率可以达到 22.4%。投资人可以提现，也可以将该资金继续投资，继续投资会有一定奖励金额。

（二）不合格借款人导致非法集资风险而引起的违法犯罪问题

不合格借款人，一般是指虚假项目或虚假借款人。2013 年 8 月，徐某通过郑某设立的德赛财富网贷平台吸收公众存款。德赛财富网贷平台是由温州某电子商务有限公司负责运营的，该平台主要业务是为客户提供民间借贷信息服务，其中涉及中小微企业保证、过桥业务、承兑保证金、汽车抵押、房产抵押等方面的业务。该平台设立空壳公司，设立虚假的第三方作为担保人，发布虚假的借款项目以及借款人，并且将高额利息作为吸引人的噱头，面向社会大众进行非法融资。该平台对外宣称其担保方为浙江九珠潭酒业有限公司，并承诺客户 24%的年化收益，并保证可以 100%兑付本金，通过这种方式吸纳了 60 余名投资者的 2000 多万元投资资金。在案发时，该平台未能偿还的欠款约为 1200 万元。

在该案中，徐某建立德赛财富 P2P 平台的目的就是非法吸收公众存款。该 P2P 公司注册资金 1000 万元，但是在之后的资金运作中将所有注册资金抽逃，整个公司仅有 5 名客服工作人员以及 1 名财务工作人员，该公司仅是为了集资目的而成立的一家“空壳公司”。浙江九珠潭酒业有限公司为德赛财富网贷平台提供第三方，但是该第三方担保公司的实际经营人就是徐某本人，这明显是为规避第三方担保制度设计的做法，这就形成了平台的运营商、借款人、担保人实际上为同一主体的实际情况。该平台中发布的所谓的投资项目和借款人的相关信息均为郑某虚构，该平台 24%的年化收益以及 100%兑付本息的承诺也均为谎言，所有投资人的资金全部被打到徐某的个人银行账户中。瑞安市人民检察院对犯罪嫌疑人徐某、郑某两人以涉嫌非法吸收公众存款罪批准逮捕。在查处了德赛财富网贷平台后，温州市公安局经侦支队又相继查处了多处非法网贷平台，包括弘昌创投、融益财富、万通财富等，这些网贷平台的犯罪过程和手法和德赛财富网贷平台相类似，都是将开展 P2P 网络借贷作为其吸引投资的名头，以高额利息作为诱饵，通过发布虚假贷款信息的方式面向社会大众吸收资金。

另外，有一些 P2P 网贷平台的经营者并没有对借款人身份进行严格的核查，导致一些借款人使用假身份在平台上借款，甚至默许借款人在平台上以多个虚假借款人的名义发布大量虚假借款信息，面向不特定的多数人募集资金，将这些资金用于投资房地产、股票、期货等市场，甚至有些借款人将非法募集的资金通过高利贷的方式借出，以此赚取利差。这些借款人的行为涉嫌非法吸收公众存款违法犯罪，相关的互联网金融平台有可能涉嫌共犯。

（三）“典型的庞氏骗局”引发的违法犯罪

“庞氏骗局”是对金融领域投资诈骗的一种叫法，这是金字塔骗局的一种变体，有很多非法的传销集团都使用这种方法非法敛财。“庞氏骗局”在我国可以理解为“拆东墙补西墙”或“空手套白狼”，也就是指利用新投资人的钱来向之前的投资者支付利息和短期回报，这样使之前的投资人认为投资有所回报，以此骗取更多投资的行为。

这种骗局是由查尔斯·庞兹首先使用的，该骗局以他的名字命名。1903 年，查尔斯·庞兹曾因伪造罪在加拿大被判刑坐牢，后又因在美国亚特兰大走私人口被判刑，之后他移民到美国，也做过很多不同的工作，但最终他发现赚钱最快的方式是金融。自 1919 年起，庞兹隐瞒自己的过往历史来到波士顿，开始设计一项投资计划，并将该投资项目向美国大众兜售。庞兹故意将其投资计划设计得十分复杂，这样使一般民众根本看不懂该投资计划的实际内容，并且该时期正处于第一次世界大战结束后的经济体系混乱的状态，庞兹对外宣称，购买某种欧洲邮政票据并将其卖给美国，就可以从中赚钱，并且所有投资都在45天内便可以获得50%的回报。该投资计划的确有人响应，并且第一批投资者在规定时间内的确获得了庞兹所承诺的回报，众人看到后便相信了该投资计划的真实性，随后便有大量投资者跟进。仅用了1年左右的时间，庞兹的投资计划就吸纳到了4万名左右的波士顿市民前来投资，并且大多数投资者都是希望以此发财的穷人，在此期间庞兹一共获得约1500万美元的小额投资，每个人平均投资金额为几百美元。之后有金融专家揭露了庞兹的投资骗术，庞兹还通过在报纸上发布文章反驳该金融专家。庞兹最终于1920年8月破产了。实际上他仅买过两张欧洲邮政票据，而他承诺投资者要购买的则是几亿张票据。因为该案件，庞兹被判处5年刑期。

我国也发生过该类型的案件，这类事件也发生在互联网金融领域中。一些P2P网络借贷平台的经营者在其平台上发布虚假的高利借款标的方式募集资金，经营者采取借新贷还旧贷的模式运营网贷平台，在一定时间内募集到大量资金后便携款逃跑，这就是利用了“庞氏骗局”的模式，这种行为涉嫌非法吸收公众存款和集资诈骗。例如，2014年6月4日，有投资者发现“网金宝”网站无法访问，而这也是在北京出现的首个P2P互联网金融平台“跑路”事件，该事件便是即北京善安合投资有限公司涉嫌犯罪案。

北京善安合投资有限公司于2011年11月成立，注册资金1000万元，法定代表人为黄元美，注册地址为北京市大兴区西红门镇福星花园服务楼1幢3层308室。但是实际上该地址为虚假地址，该楼只有两层。善安合财富于2014年6月14日正式上线，其设立的网站在2014年7月27日23时开始便已经无法打开了。此后通过客服电话、客服QQ均无法联系到善安合财富官方，该互联网金融平台从上线到网站无法打开仅经过了44天。

在“网金宝”的网页上曾经显示累计成交金额超过2.6亿元。“网金宝”对外宣传其第三方担保公司为湖北中州投资担保有限公司,但经过调查发现该公司并不是“网金宝”的担保公司,也就是说该公司的担保信息是伪造的。善安合财富在该事件中主要利用了以下两点骗取资金。第一,通过一家真实的公司,也就是北京善安合投资有限公司开设互联网金融平台,通过这种方法骗取投资人的信任,这实际上是利用了北京善安合投资有限公司和投资人之间的信息不对称实施欺诈;第二,该公司利用了投资人的惯性投资思维,其将“收益率超10%,秒杀余额宝”作为噱头对外宣传,以此吸引投资者前来投资,并且投资者的惯性思维并不会认为该平台会出现“跑路”的情况。

虽然“庞氏骗局”称不上多高明,但是在现实生活中仍然有很多人踏入骗局,这些受骗者大多为普通民众。受骗者初期最开始会将朋友、家人等作为其“下线”的发展对象,从中获取佣金,而被成功发展的“下线”会发展新“下线”,这种模式和传销有一定相似之处。这种犯罪形式涉及的受害者多、影响面广、危害程度深、隐蔽性强,并且可能造成更为严重的社会危害性。这类互联网金融作为主体的犯罪类型应当成为目前互联网金融领域犯罪的重点打击对象。

二、互联网金融作为犯罪对象的犯罪

这类犯罪主要是以互联网金融作为犯罪行为侵害对象的犯罪。在这类互联网金融犯罪中,犯罪行为人会将互联网金融企业或者平台作为对象实施盗窃、诈骗等犯罪活动,其中互联网金融企业是刑事案件形式上或者实质上的被害方。这类犯罪主要表现在以下几个方面。

第一,利用非法手段进入互联网金融网络系统,从而盗取资金或者对计算机系统造成损害形成的犯罪。网络虽然十分便捷方便,但是却存在一定固有的技术缺陷,还可能存在一些管理技术方面的疏漏,这就导致犯罪行为人可以通过一定方法侵入网络系统内部，通过篡改数据等方式将互联网金融的在途资金占为已有。

第二，通过非法手段截获互联网金融企业、企业客户以及他们之间交流的信息，非法进入互联网金融企业账户划拨资金或者硬性上账的犯罪。在互联网金融企业与客户之间的交流中，很可能包含一定商业机密或者个人隐私信息，如客户的信用卡账号、口令等。犯罪分子通过计算机技术截取这些信息，并以此实施相关的犯罪行为。

第三，通过伪造或变造金融凭证的方式实施相关的犯罪活动。犯罪分子利用互联网伪造或修改对账单等金融凭证或者设立钓鱼平台或安置链接，实施金融诈骗活动。

第四，犯罪分子攻击互联网金融网络和信息系统，或者向他人提供专门用于侵入、非法控制计算机信息系统的程序、工具，或者在知道他人要实施侵入、非法控制计算机信息系统的违法犯罪行为的情况下依旧为其提供程序、工具，导致互联网金融企业的重要信息系统工程以及重要环境遭到了破坏的。①

根据相关统计显示，百度安全实验室发现的手机病毒样本超过 600 万种，犯罪分子开发各种恶意软件的主要攻击对象就是手机购物、手机金融、手机社交等应用程序。当计算机被黑客侵入对后台数据进行篡改后，可能会对互联网金融企业造成沉重的打击，如果相应的数据没有备份那么可能带来毁灭性的损害。目前有一部分 P2P 网贷平台倒闭的原因就是被黑客侵入后数据遭到篡改，导致其无法继续运营。

目前，黑客对 P2P 平台的攻击手段主要分为两种，即暴力打击和黑客入侵。暴力打击的主要手段是流量攻击，可以分为 DDOS 和 CC 攻击两种。DDOS 攻击，是指黑客通过占用 P2P 平台的带宽堵死该网贷平台的流量；CC 攻击，是指黑客向 P2P 平台放出大量请求，模拟大量用户访问 P2P 网站的现象，从而会引起网络平台瘫痪，其他用户无法正常访问该平台。例如，2013 年

---

① 殷宪龙.我国网络金融犯罪司法认定研究[J].法学杂志，2014(2).

10 月银实贷遭到黑客的攻击，这引起了该平台系统瘫痪，陷入挤兑泥潭无法动弹；2013 年 9 月 19 日广东深圳金海贷公司遭到黑客攻击，平台受到影响无法正常运行，平台投资人陷入恐慌，该公司董事长亲自上阵充当客服人员安慰投资人；2013 年 12 月广东地区多家 P2P 平台遭到黑客攻击，其中包括 e 速贷、通融易贷、融易贷等，使这些公司遭到一定打击。黑客借助系统漏洞攻击了全球最大的比特币交易平台 Mt.Gox，从中盗取 85 万个价值 5 亿美元的比特币，导致全球范围内超过 30 万的投资者遭受严重损失，而该交易平台也惨遭破产；淘宝和支付宝也被爆存在一定安全漏洞，黑客利用这些安全漏洞登录用户的淘宝、支付宝账号，利用他人的身份进行操作。下面以 2013 年 8 月上海警方破获的一起利用木马程序窃取网络用户资金的特大网络犯罪案为例进行分析。

2012 年 11 月 11 日，淘宝网进行网络特卖狂欢节，天猫与淘宝两家的单日网购创下了 191 亿元纪录。但是随后有消费者反映，在其完成购物交易后，其支付的钱款被转入“巨人网络”进行游戏充值。2013 年 1 月 2 日，李某在上海浦东新区的一家酒店内上网，并通过铁路官方订票网站购买了返乡火车票，发现自己银行卡内的 3609 元钱款被转入上海巨人网络科技有限公司进行游戏账号充值。在接到李某的报案后，上海市公安局立即针对本案成立了由网安总队、刑侦总队、浦东分局组成的联合专案组，对本案开展深入调查。通过对案件的梳理侦查人员发现，自 2012 年 10 月起，很多消费者在通过网络进行订机票、订火车票、手机充值、网络购物的活动时，无论付款成功与否，银行卡内或网银上的钱都被悉数转走，并最终被转入“巨人网络”的账号，这些转入的钱款立即就会被用于游戏充值，这就导致被莫名转走的资金不能及时冻结和追回。该案涉及的受害人多达 2000 余人，涉及全国大部分省市，涉案金额高达 3000 余万元。

在调查中侦查人员发现，案件主犯王某精通计算机技术，曾因犯罪被判刑，在出狱后非法逗留在泰国。在此期间，王某在网络上找到两名网络黑客刘某和唐某以及多名网络游戏“装备商”，这些人合作实施网络犯罪活动，从而形成了一个跨境犯罪团伙。自2012年10月开始，该犯罪团伙开始在我国境外通过各种方式向我国境内的一些用户计算机植入最新木马程序，当受害人通过这些被植入木马程序的计算机订票或使用网银支付触发木马病毒时，就可以对该购买活动的收款方进行篡改，从而导致被害人网银中的全部钱款会被转入“巨人网络”这个账户中，并迅速将这些钱款进行网络游戏充值，之后将这些虚拟商品通过网站和网店倒卖套取现金，这就完成了其整个犯罪过程。该案件中木马植入、盗窃资金、销赃洗钱各个步骤环环相扣，形成了一条犯罪链。同时，这些犯罪分子还恶意注册了500余个“巨人网络”的游戏账户，希望通过这个方式隐匿自己的犯罪轨迹。利用境外服务器实施诈骗，通过“四层洗钱”“三级转账”等犯罪手法躲避侦查。最终，经过上海警方的缜密侦查，将隐藏在各地的5名主要犯罪嫌疑人捉拿归案，并追缴涉案赃款约合人民币300余万元。经过警方调查，巨人网络科技有限公司在该案件中并不存在主观故意，其只是被犯罪分子利用当作他们的资金流转平台。这类犯罪会对互联网金融企业的财产权造成损害，同时会对这些受害平台的品牌、声誉和发展造成一定损害。

三、互联网金融作为犯罪工具的犯罪

这类犯罪主要是指利用互联网金融作为犯罪手段实施的犯罪，较为典型的犯罪是洗钱。随着支付方式的不断发展，洗钱犯罪从传统支付工具开始逐渐转移向信息化支付工具、移动支付工具。就目前情况来说，我国网络洗钱犯罪处于高发状态，通过网络交易实施洗钱犯罪已经成为犯罪分子经常采取的方法。互联网金融领域中的洗钱行为主要有以下几类：利用网上银行通过地下钱庄进行洗钱的违法犯罪活动；通过第三方支付平台转移或清算的方式处理网络赌博、非法集资等非法获取资金；通过网络进行炒汇、炒金的犯罪行为；开展网络传销的犯罪行为；通过网络实施证券期货违法犯罪活动；银行卡犯罪；在网络平台上实施制假售假的犯罪行为。随着移动支付手段的推广和普及，移动支付成为犯罪分子的最新犯罪工具。犯罪分子会通过钓鱼网站、木马病毒植入等方式，盗取用户的个人隐私信息，之后从用户的银行卡中转走资金。除此以外，一些不法分子通过第三方支付平台将信用卡金额充入支付账户，随后再从账户中进行提现，或是通过制造虚假交易来实现资金非法转移套现，如浙江东阳的“耿继威等诈骗案”。

2012 年 12 月初，耿继威在网上购买、筹备经营虚假的“smp 英国国际贵金属交易平台”，并自行制作和购买了虚假的印章、授权书、汇款凭证等。2013 年 1 月，该交易平台基本筹备完成，耿继威纠集耿巍、刘六涛和朱某共同参与。耿继威及其犯罪合伙人通过网络宣传、QQ 聊天等方式发布其产品的虚假授权书。对外宣称该网络交易平台是与国际市场接轨的国际贵金属交易平台，通过各种手段骗取他人信任，诱使他人在该网络平台上开户，并告知用户只要向指定的中转平台汇款，就可以在该网站上进行黄金交易。如果被骗的用户要求提现，耿继威等人会适当的允许用户提现，以此骗取被害人的信任，并以诱骗他们继续投资，但有时会通过给被害人发虚假的汇款凭证、拉黑名单、直接删除被害人在该网站的账号等方式不让客户提取现金，从而骗取钱款。2013 年 1 月下旬，耿继威等人开始将其中转平台设立为深圳市快汇宝信息技术有限公司，当被害人的钱款汇至该平台后，该平台会在一定时间内扣除相应的手续费将这些钱款转到户名为“饶荣”的中国光大银行卡，这样耿继威及其犯罪合伙人便可以进行提现。通过这种方法，耿继威等人骗取的资金高达 288160 元。

虽然从理论的角度可以将互联网金融犯罪分为以上三种类型，但从实际上来看，这几种类型在实践中很可能出现交叉与重叠。将互联网金融作为犯罪工具的犯罪很可能也有互联网金融企业的参与，这样就会使二者作为犯罪主体而成为同案犯，如互联网金融企业为犯罪分子的洗钱犯罪行为提供协助；将互联网金融作为犯罪对象的犯罪，可能互联网金融本身就是其犯罪工具。

这些犯罪类型的交叉与重叠，导致定罪上的竞合。虽然这种分类存在一定交叉与重叠，但是从预防犯罪的角度来说，这种分类具有一定价值与意义。按照以上的犯罪分类来说，应该对以互联网金融作为犯罪工具的犯罪和以互联网金融作为犯罪对象的犯罪进行高度的注意和警惕，避免其对互联网金融企业造成损害，而这就需要实现在技术与制度上的内控防范，以此有效地防止互联网金融企业遭到犯罪分子的利用与侵害。从互联网金融犯罪的角度来说，应该重点研究和探讨互联网金融企业本身作为犯罪主体的犯罪类型，因为这种犯罪会直接危及互联网金融的创新与发展，同时会对互联网金融的名声和信任产生严重影响。如果互联网金融自身总出现各种犯罪现象，就会导致社会大众对互联网金融产生不信任，从而影响互联网金融的可持续发展。

第三节　互联网金融违法犯罪的趋势

虽然在政策层面上互联网金融的创新发展得到了鼓励和支持，但是却没有完善的法律法规对其进行科学合理的监督和管理，导致其在不断成长与发展的过程中会不断地制造问题，遭遇到非法从事金融业务活动的犯罪化问题，也不可避免地会闯入犯罪的阈限或者被新型犯罪手段所利用，从而导致一些新的犯罪类型的产生，甚至可能引起该领域的违法犯罪浪潮。

一、随着互联网金融的快速发展，其犯罪有可能呈现高发的态势

互联网金融推进“普惠金融”，在服务层面为更多普通用户带来了更便捷的融资，但是在传统金融犯罪的规定下，互联网金融在一定程度上误入了传统金融犯罪圈。从金融服务业来看，互联网金融从第三方支付发展到 P2P 网贷，从众筹模式发展到“微信红包”，现在甚至出现了所谓的“第四方支付”。虽然互联网金融

服务使人们的生活更便捷，但同时这种创新也为其带来了新风险，而各种风险的不断积累或者无法控制就会导致风险向犯罪发展，目前已经出现了一些打着创新的旗号披着合法形式的外衣实施违反法律规定的行为，并且这类行为还有上升趋势。例如，2014 年上海徐汇区检察院对一起第三方支付平台的内部人员实施合同诈骗的案件提起公诉。李义是上海一家第三方支付公司的销售经理，在其任职期间，他同朋友张荃一同商量和策划赚钱的方法。第三方支付公司享有银行为其提供的专门端口，而李义则有一批成熟的客户资源，一个新客户签约就可以获得一个专门的支付端口。经过商议，张荃与李义利用他人身份注册东海公司，并以千分之四的服务费率向李义公司租借支付端口，张荃对租借的端口进行一定包装，之后便开始通过东海公司经营第三方支付业务，将该第三方支付命名为“悠支付”，并说这是所谓的“第四方”支付平台。在平台搭建成功后，李义通过各种方法拉客户，让他们和东海公司签约，只要让客户支付高于千分之四的费用，李义就可以从中获取差价。按照约定，李义从每笔生意中可以获得 30％的利润。2012 年 11 月初，李义所在的第三方支付公司接到用户对于刘磊公司的投诉，便要求让李义通知刘磊尽快处理该问题。按照规定，刘磊想要继续使用支付端口，就需要追加缴纳 3000 元保证金。但李义却告知刘磊想要使用端口需要支付 3 万元保证金，刘磊对此表示不满。李义借机向刘磊推荐自己创办的“悠支付”，之后二人达成协议，刘磊公司开始使用“悠支付”。但是刘磊在使用“悠支付”后，连续 4 天在该平台上的钱款都没有按照规定时间结算，联系李义也没有得到答复。同年 11 月 16 日，刘磊经过查询发现在这 4 天内产生的 13 万元营业款已被结算，并已经打入东海公司账户，李义也已经于两天前离职。刘磊得知该情况后立即报警，经过警方的调查，将犯罪嫌疑人张荃、李义被抓获归案。调查表明，李义让张荃停止向刘磊结算交易额，两人截留了在“悠支付”平台上 13 万元交易额并分赃。这类所谓“第四方支付”实际上是非法获取资金的犯罪手段，这就是打着创新的名号实施诈骗的犯罪,并不是真正意义上的创新。

二、互联网金融创新,引发犯罪类型与犯罪方式的变化

互联网金融创新在一定程度上会引发犯罪类型或者犯罪方式的变化。例如,一些曾经利用电话等通信工具实施的犯罪向利用互联网进行违法犯罪转移,随着移动支付工具的推广和普及,互联网金融犯罪的阵地也开始发生转移,开始集中出现在移动支付平台,互联网金融是目前十分流行的理财场所,很可能成为金融犯罪的最大的阵地。因为一些新兴技术的产生和发展,互联网金融领域的风险很可能有所提高,如使用手机应用程序就可以获得电子银行服务、手机支付功能等,随着移动支付的不断发展,该领域会成为金融领域未来违法犯罪的重灾区。据相关调查表明,2011 年互联网犯罪事件不断增加,已经成为影响金融服务行业第二严重的经济犯罪活动,仅次于资产挪用案件。《2016 年中国企业家犯罪媒体案例分析报告》显示,在 2016 年 1 月 1 日到 2016 年 12 月 31 日之间,公共媒体报道过的企业家犯罪案例总共有 602 起。根据报告的数据显示,在所有案件中,有 135 例在案发环节上涉及投融资,其中明确提及涉案环节的一共有 423 例,涉及金融的占比 31.9%。民间借贷领域是 2016 年涉案风险最高的领域之一,其中就包括互联网金融,尤其是对民营企业家来说此现象更为严重,在全部提及涉案环节的 225 例民企企业家犯罪案例中,高达 109 例在案发环节上都涉及投融资,占比过半。

随着 P2P 金融业的兴起,缺乏科学合理的风险控制体系、缺乏完备的监管机制等问题开始显露,这些问题导致一些企业出现资金链断裂的情况时,可能产生投资人难以提现、企业家“跑路”等现象。如果 P2P 网贷涉及“自融”或设立资金池,在经过一段时间的运营有一定数量的坏账积累后,如果该平台不能吸引足够超过坏账的资金,资金的流动性就一定会出现问题,进而引起挤兑爆发。其中,赚取利差、投资理财等方面的违法会转化

为犯罪。

三、利用或者攻击互联网金融企业的违法犯罪有可能呈现出多样化、复杂化的特点

互联网金融技术平台的产生和发展带来了更多的风险，对于互联网金融犯罪的侦查难度也随之有所提高，因为这类犯罪具有瞬间性、不露痕迹、便于销毁证据，且犯罪作案时间短、手段隐蔽、专业性强的特点，这就导致很多犯罪不易被及时发现，也就不利于案件的及时侦破。因为以上这些特性，会有更多不法分子想钻空子，刺激了他们利用互联网金融进行犯罪或者通过攻击互联网金融平台进行违法犯罪。正因如此，这类犯罪的犯罪率持续升高，此外还会间接刺激市场参与者通过打“擦边球”或在其他灰色领域内从事交易的行为。这类行为并没有明确的规则对之进行规范，蕴藏着巨大的金融风险，所以被认为是违法犯罪。我国的利用互联网进行的金融犯罪活动明显上升。如网络钓鱼攻击、木马病毒攻击等，这些都是网络金融犯罪的常用手段。

根据《2015年第一季度网络犯罪数据研究报告》显示，2015年第一季度，北京网络安全反诈骗联盟共接到网络诈骗报案4920例，报案涉及总金额达到1772.3万元，人均损失达到3602元。其中，PC用户报案有3773例，报案总金额达到940.5万元，人均损失2493元；360手机用户报案1147例，报案总金额达到831.8万元，人均损失7252元，如下图2-1所示。2015年第一季度，360互联网安全中心的统计数据显示，其总共截获各类新增钓鱼网站344170个，总共拦截钓鱼攻击高达59.6亿次，其中PC端拦截量为56.3亿次，移动端拦截量为3.3亿次。在新增的钓鱼网站中，虚假购物的比重最大，高达55.5％，虚假中奖的比重也较大，达到19.4％，而金融理财也开始成为一项比重较大的钓鱼类型，占比达到6.5％。对于钓鱼网站的拦截量问题，彩票钓鱼的拦截量最大，占比为68.3％，其次为虚假购物占比13.7％，如下图2-2所示。

网络诈骗犯罪分子最常用的几种手段为木马病毒、钓鱼网站、诈骗电话、诈骗短信。而随着网络的普遍使用，个人信息泄漏也成了一个重要的安全隐患，主要通过无良商家盗卖、网站数据窃取、木马病毒攻击、钓鱼网站诈骗、二手手机泄密和新型黑客技术窃取等方式造成个人信息的泄露，如下图 2-3 所示。

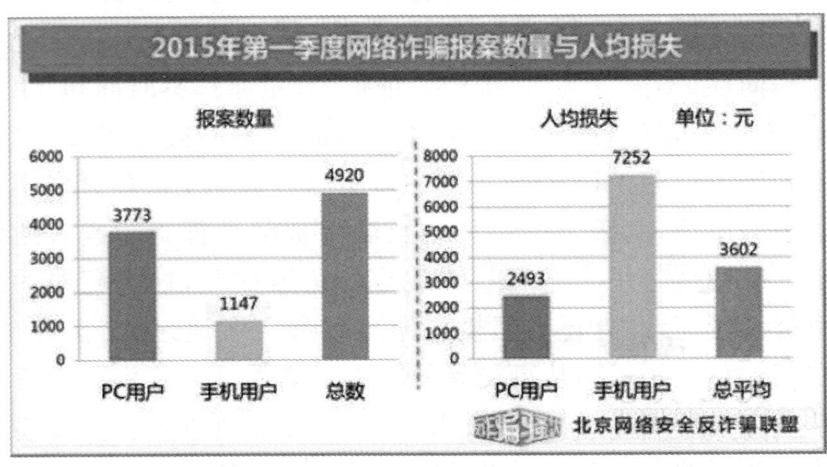

图 2-1　2015 年第一季度网络诈骗报案数量以及人均损失

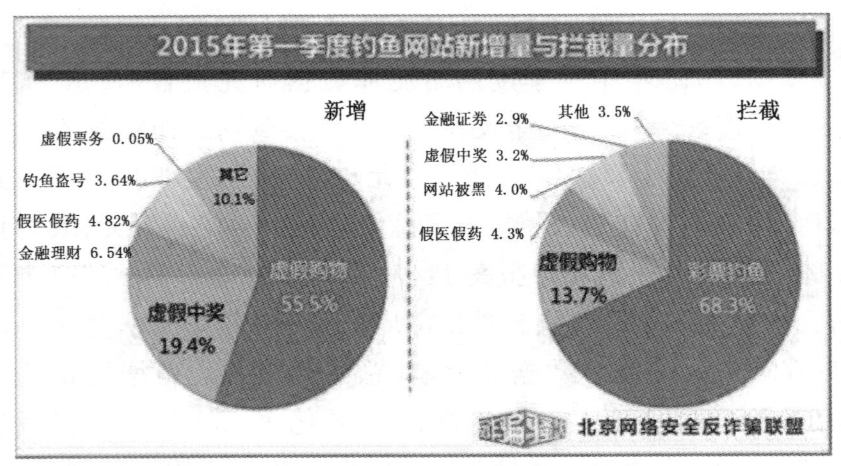

图 2-2　2015 年第一季度钓鱼网站新增量以及拦截量分布

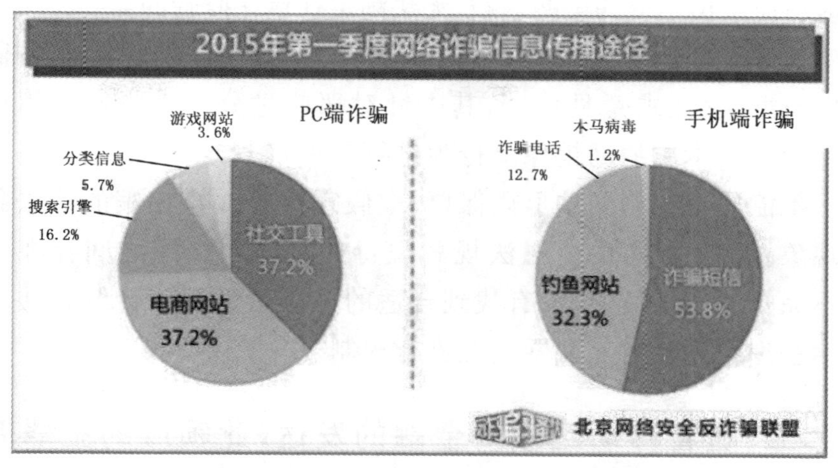

图 2-3　2015 年第一季度网络诈骗信息主要传播途径

随着信息技术的不断发展，以及近年来各种技术的普及与推广，网络金融不法分子借由这种大环境通过多样化、高技术的作案手段开展各种网络金融犯罪。通过入侵互联网金融平台获取信息进行诈骗是一种较为常见的犯罪手法，而随着金融电子化、网络化的不断推广和程度加深，犯罪分子开始创造出各种新型犯罪手段，在犯罪类型上呈现出操作流程网络化、迷惑性高、涉案资金大、周期长的新特点。

四、随着监管部门与立法出现，互联网金融的违法犯罪呈现新的类型

2014 年 1 月 6 日，《关于加强影子银行监管有关问题的通知》发布，将新型网络金融公司作为“影子银行”，规定由央行牵头，各相关部门统一协调，对该类金融公司进行有效监管。该类公司从此开始在中国人民银行、银监会、证监会、保监会的“一行三会”制度下受到金融监管，各监管部门明确各自职责对影子银行进行监管，但是这种监管方式也不能很好地实现对互联网金融的全面监管。因互联网金融本身具有跨界、混业的特性，这就导致了业务交叉重叠以及经营范围模糊不清的情形的出现，并且各监管部门之间进行监管分割导致他们互相推诿职责，这就使“一行三会”的金融监管体制并

不能适应层出不穷的金融创新，无法满足现代化监管的需要。

关于互联网保险的问题，保监会颁布了《互联网保险业务监管暂行办法(征求意见稿)》，其中针对那些过分夸大收益率等偏离保险保障本质的网销保险行为进行了明确规定和管理，但是该办法不能完全控制网站上假保单、虚假宣传等涉嫌诈骗的违法犯罪现象。因为原有的金融法规和现行的互联网金融之间存在一定不完全匹配的情况，没有找到合适的办法借助规制传统金融的法律法规合理地对互联网金融进行规制。

五、随着移动互联网金融的发达，此领域的犯罪有可能出现高发、频发的态势

随着余额宝转入额度受到限制、虚拟信用卡暂停使用等，互联网金融创新业态仍然层出不穷，如“微信红包”的出现就属于一种新业态。随着 4G、Wi-Fi 等移动网络通讯技术的不断发展和推广普及，以及智能手机的普遍使用，在实践中移动互联网诈骗成了符合这种潮流的新犯罪形态，并且该现象越发凸显。例如，一些犯罪分子用设置免费 Wi-Fi 或者“伪正规 Wi-Fi”的方式引诱受害人踏入圈套，通过这些途径获取受害人金融业务方面的信息和密码，从而实现他们盗取钱财的犯罪目的。一些犯罪分子会在正规软件上绑定病毒，当移动用户下载安装这类手机应用程序时就会激活绑定的病毒，从而导致其网银密码、QQ 密码和一些隐私信息被窃，犯罪分子依靠这些信息实施犯罪。据湖南媒体报道，2013 年 2 月 20 日晚，长沙一男子因为“蹭”Wi-Fi 通过手机银行查看账户导致其银行卡被盗刷。在其查看账户后的凌晨 2 点多，收到银行短信提醒，称其银行卡刚从 ATM 取款机上取出人民币 2000 元，然而他并没有采取该行为。最后接连收到提醒短信，在不到 1 小时的时间内，其银行卡内的 3.4 万元被转走[①]。该类型的互联网金融犯罪主要的作案手法包括“以假当真”“半路拦截”“偷

① 李进.男子免费蹭 Wi-Fi，网银密码被盗走，损失 3.4 万元[N].海峡都市报，2013－2－26.

梁换柱”等。这类犯罪的发生时间极短，对互联网金融的发展带来了严重的不利影响。

除此以外，随着商业银行逐步开始顺应互联网时代发展的潮流，积极应对互联网金融的挑战，在其不断创新中出现了区别于面向不同层次客户提供服务的传统电子（网络）银行的“直销银行”。这类业务包括工商银行的“融E行”、平安银行的“橙子银行”等。2015年1月央行下发了《关于银行业金融机构远程开立人民币银行账户的指导意见（征求意见稿）》。这种新型业务模式是通过远程开户进行的，服务80%的长尾客户为其带来了一定新问题。

通过以上论述可以看出，在现行的各类法律法规和监管体制下，网络金融犯罪不仅包括非法从事金融业务类违法犯罪，如非法经营、非法吸收公众存款和非法集资违法犯罪等，除此以外还产生了各种新型犯罪，这些通常都是在互联网金融涉及证券、保险、基金等金融业务过程中出现的，此外还会有一些传统的金融类犯罪手段、方法发生一定变化开始向互联网金融犯罪的相关领域转移。例如，传统金融中的信用卡犯罪、电信诈骗犯罪通过一定改变创新开始进入互联网金融犯罪领域，从而出现了“微信红包”诈骗犯罪、变相期货犯罪等，甚至出现了一些处于现行监管以外的犯罪类型。

随着民间资本投资人和中小微企业借款人的数量增加，以及投资融资规模的不断发展和扩大，如果不能及时有效地将投资人和借款人之间的资金供给和需求进行合理匹配，就很难避免资金池的产生，而这在缺乏监管的环境下无疑会极大地提高违法犯罪率。金融行政监管的目的是维护互联网金融秩序的稳定，所以必须保证监管机制的有效性，这就要求互联网金融监管机制要符合时代要求、不断创新，如果不这么做，在监管缝隙中和法律边缘上很容易产生各类违法犯罪行为，如互联网金融“黄牛标”等。为了预防和应对各类新型犯罪的产生和发展，不仅需要对其进行科学有效的预测，同时还要在观念上对监管机制和犯罪化问题进行更新，以便建立有效的防控机制。

第三章 中国互联网金融的法律规范与治理框架

伴随着互联网金融业的快速发展,高收益、安全性比较低这一相互矛盾的现象时常发生。互联网金融面临着许多区别于传统金融的风险,这也许导致多种危害,甚至会演变成犯罪,从而对整个互联网业金融业的发展造成影响。所以,必须在认真审视互联网金融法律规范基础上,采取科学合理的举措及建设互联网金融的治理框架,来推动互联网金融业态健康发展。

第一节 中国互联网金融的法律规范与基础性合约

我国法律层面并没有明确规定互联网金融主体地位以及权力,这在一定程度上阻碍了互联网金融业的发展。对于互联网金融机构来说,如果明确其权利与义务,则极易引发不正当竞争,触碰法律底线,影响金融秩序,导致行业混乱不堪,对于其行为所必须承担的相关责任,特别是对法律空白地带展开的各种经营行为,造成的不良后果,需在法律当面给予说明,经由法律途径进行解决。

一、三重法律责任

在中国目前的互联网金融环境之下,对于互联网金融的参与人员,包含互联网金融平台以及工作人员,在其违法的时候可能承担三重法律责任,分别是刑事责任、行政责任与民事责任。

（一）刑事责任

所谓刑事责任，是指互联网金融参与人员违反国家有关的金融、刑事法律法规以及有关解释，且构成刑事犯罪行为的时候应当承担的责任。

我国现行证券法第 10 条涉及金融刑事犯罪的一些基础规定，该条有着这样的规定：公开发行证券必须经过审核、批准、公开发行的认定标准且非公开发行不得采取广告、公开劝诱等诸多变相公开方式。以证券法第 10 条为基础，现行刑法中第 176 条、第 192 条分别对于非法吸收公众存款罪、集资诈骗罪等给予规定。互联网金融属于新型的投融资手段，在节约投融资成本的同时，却有着非法集资等诸多违反刑法的风险。例如，中国银行业监督管理委员会在 2011 年颁发的《中国银监会办公厅关于人人贷有关风险提示的通知》中涉及 P2P 网贷平台存在的一些风险和问题，其中之一是极易发展成非法金融机构。因为行业门槛低，且没有强有力的外部监督管理，人人贷中介机构有可能为解决资金不进账户的难题，发展成吸收存款、发放贷款等诸多非法金融机构，甚至发展成非法集资。

除此之外，在实际金融犯罪的认定领域，2010 年《最高人民法院关于审理非法集资刑事案件具体应用法律若干问题的解释》给出了相应的标准，这一解释针对非法吸收公众存款罪、集资诈骗罪等的认定以及除外给予规定，此解释中的第一条这样规定，违反国家金融管理法律法规，向广大社会群众（包括单位和个人）吸收资金的行为，且具备以下四个条件的，将刑法另有规定的排除在外，应该认定是属于刑法第 176 条中所规定的“非法吸收公众存款或者变相吸收公众存款”：其一，没有经过有关部门依法批准或者采取合法经营的手段吸收资金；其二，采取媒体、推介会、宣传单、微博微信等诸多途径向社会公开宣传；其三，承诺在一定期限内采取货币、实物、股权等诸多手段归还本金和利息或者给付回报；其四，向社会公众也就是社会不特定对象吸收资金。没有向社会公开宣传，在亲朋好友或者单位内部对于特定对象吸收资金的，并不属于非法吸收或变相吸收公众存款。除此之外，根据该解释第二条，有着以下行为之一，与本解释第一条第一项提到的条件相关的，应该遵循刑法第 176 条中的规定，凭借非法吸收公众存款罪进行定罪处罚：其一，不具备房产销售的真实信息或者不将房产销售作为主要目标，采取返本销售、售后包租、约定回购、销售房产份额等诸多手段非法吸收资金的；其二，采取转让林权并代为管理保护等诸多手段非法吸收资金的；其三，采取代种植（养殖）、租种植（养殖）、联合种植（养殖）等诸多手段非法吸收资金的；其四，不具备销售产品、提供服务的真实信息或者不将销售商品、提供服务作为主要目的，采取商品回购、寄存代售等诸多方式非法吸收资金的；其五，不具备发行股票、债券的真实信息，采取虚假转让股权、发行出售构债券等诸多手段非法吸收资金的；其六，不具备募集基金的真实信息，采取假借境外基金、发售虚假基金等诸多手段非法吸收资金的；其七，不具备销售保险的真实信息，采取虚构假冒保险公司、提交假保险单据等诸多方式非法吸收资金的；其八，采取投资入股的手段非法吸收资金的；其九，采取委托理财的手段非法吸收资金的；其十，凭借民间"会""社"等诸多组织非法吸收资金的；其十一，其他非法吸收资金的行为。这一解释对于非法吸收公众资金或者变相吸收公众资金的行为表现给予了厘清，与此同时对于非法集资行为里的"社会公众"也给予认定，列举了非常典型的变相非法吸收存款（资金）的行为。

以最高人民法院的以上司法解释为基础，在 2014 年 3 月 25 日，最高人民法院、最高人民检察院、公安部再次颁发了文件《关于办理非法集资刑事案件适用法律若干问题的意见》（以下简称《意见》）。这一文件涉及以下方面的内容：与行政认定相关的问题、与"向社会公众公开宣传"相关的认定问题、与"社会公众"相关的认定问题、与共同犯罪相关的解决问题、与涉案财物相关的追缴和处置问题、与证据相关的收集问题、与涉及民事案件相关的解决问题、与跨区域案件相关的收集问题、与涉及民事案件相关的解决问题、与跨区域案件相关的解决问题等。除此之外，该《意见》还提到《最高人民法院关于审理非法集资刑事案件具体应用法律若干问题的解释》第一条第一款第二项里的“向社会公开宣传”，包含采取各种途径向社会公众宣传吸收资金的信息，以及虽然明知吸收存款的信息朝社会公众宣传却给予放任等诸多情形。以下情形中不归于《最高人民法院关于审理非法集资刑事案件具体应用法律若干问题的解释》第一条第二款中所规定的“针对特定对象吸收存款”的行为，应该判定为向社会公众吸收存款：其一，在向亲朋好友或者单位内部员工吸收存款的过程中，虽然明知亲朋好友或者单位内部员工向不特定对象吸收存款却不管不问的；其二，将吸收资金作为目的，把社会人员纳为单位内部人员，且向其吸收存款的。针对非法集资刑事案件中所存在的同一个犯罪认定问题，这一《意见》文件进一步指出，为其他人员向社会公众违法吸收资金给予帮助，且从中收取代理费、好处费、返点费、佣金、提成等诸多费用，构成非法筹集资金共同犯罪的，需要依法追究其刑事责任。对于可以及时退还缴纳以上费用的，可以依照法律从轻处罚；对于情节轻微的，可以对其免除处罚；对于情节显著轻微、危害小的，不构成犯罪行为。

以上立法和解释属于我国在非法集资方面的相关规定，在某种程度上能够被用来判定互联网金融环境下一些吸收资金行为是否合法。与此同时，实践中已经存在某些互联网金融平台由于触犯以上规定而得到了应有的刑事处罚。典型的例子是深圳市誉东方投资管理有限公司（也就是“东方创投”P2P 网络投资平台）在 2014 年由于在网上平台非法吸收公众资金，被判定犯有非法吸收公众存款罪。

需要注意的是，虽然以上罪名的设立在防范非法融资行为方面、维护金融投资人员权益方面以及维护国家金融秩序方面发挥重要作用，但是以上规定设定的 200 人范围等诸多标准在应用于互联网金融领域的时候，金融平台常常触犯非法集资等诸多罪名，这是否同互联网金融“小额大量”这一理念相违背，是否会对互联网融资功能的发挥带来影响，互联网金融是否可以享有所有豁免，这些均是值得考虑的问题。在 2014 年 12 月 18 日，中国证券业协会颁布的文件《私募股权众筹融资管理办法（征求意见稿）》就由于仍然停留在《证券法》第 10 条中规定的标准而尝尽诟病。不仅如此，这种为了保障金融安全的“金融抑制”的抉择是否依然完全适应目前情况下互联网金融等诸多民间金融发展的需求让人怀疑。与此同时，现实生活中，也有大多数的学者提倡废除非法集资类犯罪的死刑适用。互联网金融并不是不需要监督管理，而是需要适用于互联网金融需求的监督管理，在安全和效率之间有必要寻找一种平衡。这在刑法修正案（九）（草案）针对集资诈骗罪等九大罪名的刑罚废除死刑的决定中也可以略见一斑。

关于刑事责任的承担问题，对于构成刑事犯罪的行为，根据有关规定，其一，个人犯非法吸收公众资金罪，判定三年以下有期徒刑或拘役，同时处或者单处 20000～200000 的罚金；对于数额巨大或者存在其他严重情节的，则处 3～10 的有期徒刑，同时判定 50000～500000 元的罚金。如果单位犯前款罪，则对该单位判处罚金，同时对其直接负责的主管者和其他直接责任者，遵照前款的规定给予处罚；其二，个人构成集资诈骗罪行为的，判定 5 年以下有期徒刑或拘役，同时对其处罚 20000～200000 元的资金；对于数额巨大或者存在其他严重情节，则判定 5～10 年的有期徒刑，同时给予 50000～500000 元的罚金；如果数额巨大或者存在其他特别严重情节的，则判定 10 年以上有期徒刑或无期徒刑，同时判定 50000～500000 的罚金或者没收财产。对于单位构成集资诈骗罪行为的，则需要对单位判处罚金，同时对其直接负责的主管者和其他直接责任者，给予 5 年以下有期徒刑或拘役，并处罚金；如果数额巨大或者存在其他严重情节的，则判定 5～10 年的有期徒刑，并处罚金；如果数额特别巨大或者存在其他特别严重情节，则判定 10 年以上有期徒刑或无期徒刑；其三，个人构成非法经营罪行为的，判定 5 年以下有期徒刑或拘役，同时处或者单处违法所获得一倍以上五倍以下罚金；如果情节特别严重的，则判定五年以上有期徒刑，同时判定违法所获得一倍以上五倍以下罚金或没收财产。对于单位构成非法经营罪的，则需要对单位判处罚金，同时对其直接负责的主管者和其他直接责任者，根据前款的规定处罚。

（二）行政责任

所谓行政责任，则是指互联网金融参与人员违反国家金融监督管理的法律法规同时因此给予罚款、吊销执照等诸多相应行政处罚的情形。针对非法金融活动的界定，在 1998 年 7 月 13 日贯彻落实的《非法金融机构和非法金融业务活动取缔办法》第 4 条给予规定。这一办法提到非法金融业务活动是指没有经过中国人民银行批准，擅自进行以下活动：其一，非法吸收公众资金或者变相吸收公众资金；其二，没有经过依法批准，通过任何名义向社会上不特定对象给予的非法集资；其三，非法发放贷款、办理结算、票据贴现、资金拆借、信托投资、金融租赁、融资担保、外汇买卖；其四，中国人民银行指定的其他非法金融业务活动。所谓非法吸收公众存款，则是指没有经过中国人民银行批准，面向社会上不特定对象吸收存款，出示凭证，承诺在一定期限内归还本金、利息的活动；所谓变相吸收公众存款，则是指没有经过中国人民银行批准，不通过吸收公众资金的名义，面向社会上不明确对象吸收存款，却承诺履行的义务与吸收公众资金性质一样的活动。

针对司法实践过程中非法集资行为的认定问题，在 1999 年 1 月 27 日贯彻落实的文件《关于取缔非法金融机构和非法金融业务活动中有关问题的通知》中第 1 条给予了相应的规定。根据该通知，所谓非法集资，是指单位或者个人没有依照法定程序经过有关部门批准，采取发行股票、债券、彩票、投资基金证券或其他债权凭证的方式面向社会公众筹集资金，同时承诺在一定期限内通过货币、实物及其他方式对出资人员归还本金、利息或予以回报的行为。它有着以下几个方面的特点：其一，没有经过相关部门依法批准，包含没有批准权力的部门批准的筹集资本以及享有审批权限的部门超过权限批准的筹集资本；其二，承诺在一定期限内对出资人员归还本金、利息。还本付息的形式不仅有货币形式，同时包含实物形式或其他形式；其三，面向社会不确定对象也就是社会公众筹集资金；其四，采取合法形式隐藏其非法集资的性质。总而言之，金融机构或金融从业者出现以上金融违法行为的时候，需要承担相应的行政责任，相关的行政责任种类包含没收违法所得货物、处罚资金、吊销执照等。例如，这一通知对于开设非法金融机构或者进行非法金融业务活动、没有构成犯罪的行为，根据中国人民银行要求停止所有业务，没收非法所得货物，同时判定非法所得 1 倍以上 5 倍以下的罚款；如果没有非法所得的，则判定 100000～500000 的罚款。开设非法金融机构或者进行非法金融业务活动欺骗工商行政管理机关给予登记的，一旦发现，则工商行政管理机关应该立即进行注销登记或变更登记。

除此以外，在司法实践过程中，非法集资的违法行为中涉及行政规制和刑法惩罚之间的协调问题，尤其是，如果金融监管机构没有对金融违法行为给予认定或与司法机关的认定出现不一致的时候，该种情形的协调便属于需要解决的问题。对于行政认定方面的问题，依据《关于办理非法集资刑事案件适用法律若干问题的意见》这一文件，行政部门针对非法集资的性质认定，并非非法集资刑事案件走刑事诉讼程序的必须经过的程序。行政部门没有对非法集资给予性质认定的，对于非法集资刑事案件的侦查、起诉和审判并不造成影响。公安机关、人民检察院、人民法院应该依法明确判定案件事实的性质，对于那些案情比较复杂、性质认定困难的案件，可以参照相关部门的认定意见，凭借案件事实和法律规定给予性质认定。通过这一意见的规定，司法实践过程中基本能够解决两者之间的冲突问题。

在中国的互联网金融环境之下(换句话说在整个金融系统之中)，行政规制属于对金融违法人员的主要责任追究方式，由于现行的互联网金融规范通常表现为行政法规、单位部门规章、指导意见（或者通知）等。纵观中国互联网金融的整体状况，我们能够发现各种业态种类：互联网支付业务、互联网基金销售业务、P2P网络贷款业务、互联网众筹业务、互联网保险业务等，与此同时，以上业务形态又可以进一步划分为各个不同的子项目。如果与互联网金融多样化的业态进行比较，则监管层面因为尚未制定健全的规则规范，行政监督管理机关有时候面临无法可依的困境，所以，互联网金融在实践过程中存在监管真空的情况。监督管理机构对于轻微的违法违规行为也较多予以容忍或者酌情给予新业务某一特定的观察期，其监督管理的重点更多地反映在提防抗御互联网洗钱行为、非法筹集资金行为、非法吸收公众资金行为、网络诈骗行为等，所以，在互联网执法实践过程中，我们看到的通常是对互联网金融运营人员“底线”的强调。

不过，在互联网金融企业发生违法违规行为的时候，金融监管部门也大力地进行查处。例如，在 2013 年重庆市地方政府金融服务（工作）办公室、中国银行业监督管理委员会针对 5 家 P2P 公司把债权包装为理财产品，在网络上和实体门店中面向社会公众销售，同时社会公众资金直接划入单位账户或法定代表人个人账户中的行为，判定其超越了 P2P 的性质，且对以上 5 家 P2P 公司给予注销或者逐笔清退现有债权债务的处罚。

（三）民事责任

虽然互联网金融是互联网环境下的投融资行为，不过其本身依然具有金融投资合同的性质，且从本质上进行分析互联网金融是融资人员与投资人员之间的投融合同（比如 P2P 网贷）关系与互联网投融资人员与互联网金融平台之间的公平公正合同关系（比如互联网使用者在使用支付宝服务的时候与支付宝公司签署、投资融资双方与 P2P 平台之间的中介服务合同关系）。有关互联网金融环境之下的民事责任承担问题，本书以实践过程中第三方支付的引领者支付宝为例进行阐述。使用者在下载安装支付宝等诸多软件的时候，往往需要确认《支付宝安全保障规则》《隐私权规则》等诸多支付宝服务协议。根据协议，客户使用支付宝服务便视作同意支付宝服务协议的诸多条款。支付宝中的《隐私权规则》这样规定：支付宝公司可以获取使用者的姓名、身份证号码、邮箱、生物特征、手机号码、IP 地址、交易信息、所在地理位置等，同时支付宝能够对使用者的身份数据、交易信息等给予综合统计、分析或加工，且为了销售、奖励或为了让更多使用者拥有更广泛的社交范围的需求而使用、共享或透漏数据；在支付宝与第三方平台开展联合推广活动过程中，支付宝会与第三方平台分享使用者的数据信息。这里合同权利的行使必须将合同的约定为依据，同时不得滥用权利、违反合同中约定，否则需要承担相应的民事责任。在网络信息时代，虽然信息的分析、加工以及商业化应用均是基于大数据和云计算等比较常见的技术，但是互联网金融使用者的隐私权是否遭到侵犯？互联网金融平台所收集、加工的个人信息及基于此所产生的衍生信息产品，它们所有权归谁，基于此所产生的收益归谁？支付宝把其平台上的使用者信息与第三方平台分享使用且出现隐私权侵权的时候，哪方属于赔偿责任的承担主体(究竟是支付宝，第三方用户，还是支付宝与第三方使用者共同的连带责任)？在中国互联网投融资人员与互联网金融平台之间关系的语境之下，隐私权的侵犯或者使用者信息商业化盗用不仅属于基于平等关系的合同责任，同时属于基于权益保障的侵权责任。不仅存在隐私权保障的风险，在中国互联网金融环境之下同时存在着金融投资人员资金被盗取的事情。无论是微信的理财通还是阿里巴巴的余额宝均曾经出现过使用者资金被盗取的事情。对于使用者资金的被盗取，互联网金融平台是否承担安全交易平台的担保责任同时因此有义务赔偿使用者的损失？这一问题的答案是肯定的。不过在实践过程中，隐私权受到侵犯或者资金被盗取的使用者大部分也面临着举证难、受偿难这一问题，由于互联网金融平台的使用协议中大部分排除了平台对于使用者的责任同时单个的使用者因为信息不对称、专业因素等诸多原因不易进行有效的举证，比如《支付宝服务协议》中有着这样的条款约定：支付宝公司只是对服务协议中明确列出的责任范围负有责任；对于与服务协议有关的或者因为服务协议引发的所有间接的、惩罚性的、特别的、派生的损失不承担任何责任，同时除协议另有规定以外，在任何情况下，支付宝公司对于协议所担负的违约赔偿责任总额不得超过向使用者收取的当次服务费用总额。[①] 互联网金融投资产品以上内容的约定条款中在很大程度上排除了使用者对于互联网金融企业责任的追究问题。

在中国互联网金融环境之下，除了具有互联网金融平台与互联网使用者之间的民事责任问题以外，同时具有互联网金融融资人员与投资人员之间的民事责任承担问题。该层面的民事责任通常是指融资人员按时向投资人员支付投资本金及有关收益的责任，及在融资人员违反融资合同约定的时候所应承担的违约责任。除此之外，在融资人员与投资人员之间的责任承担问题方面还有着第三方的担保责任（如金融平台或者第三方独立担保公司所提供的担保）问题。在 P2P 网络贷款平台之中，融资人员不按时支付投资人员本金及利息的时候，第三方担保机构必须代替融资人员偿还相关债务。

二、监管原则变动不居的风险："底线""红线"思维

监管原则变动不居的风险包含两方面，分别是"底线""红线"思维。互联网金融有着创新性、跨部门性、联动性等诸多特点，与此同时也沿着"创新—监督管理—再创新—再监督管理"这一道路发展。金融监督管理部门对于互联网金融的态度往往表现为提倡创新和防范风险，所以，该表现在监管原则方面就是注重两大思维，分别是"经营底线"和"政策红线"，贯彻负面清单原则。也就是一方面强调创新需要坚持金融服务实体经济，同时遵循宏观调控和金融稳定，维护使用者合法权益，维持公平、公正竞争市

① 北大法宝网.第三方电子支付风险的法律分析[EB/OL].http://www.pkulaw.com/fulltext_form.aspx? Db=qikan&Gid=1510142341.

场秩序，大力发挥行业自律作用等；从另一方面来讲，强调互联网金融企业不准从事非法冲击资金、非法吸收公众资金、洗钱犯罪、网络诈骗、庞氏骗局及P2P资金池模式运作等诸多行为及其变相行为。该“底线”“红线”思维在提倡互联网金融企业创新、提供更多优质互联网金融投资商品或服务的同时，也时刻指引领导互联网金融企业遵循金融规范，尽量减少金融违法违规行为的发生。李克强总理在2014年政府工作报告中首次着重强调“促进互联网金融健康发展”①，该思想是对这种思维的具体体现。针对互联网金融，中国银行业监督管理委员会、证监会和保险监督管理委员会三大监管机构纷纷亮出各自的监督管理思路，要有底线思维或将成为共识。② 底线思维同时是习近平治国理政的非常重要的创造性思维，全面贯穿于其关于全面深化改革的有关论述之中，反映在经济、政治、文化、社会、生态文明和党的建设等各个方面。③ “底线”和“红线”思维不但属于一种思考手段，而且代表着监督管理机构对互联网金融的支持态度。

在底线思维模式之下，互联网金融创新必须要继续遵循金融服务实体经济中本质要求、有效把握创新的界定和力度的原则。互联网金融快速发展的最终目的是处理现实中的投资融资难、渠道少的问题，服务于实体经济，与此同时减少变相资金池模式、庞氏骗局等诸多脱离平台属性的行为。不仅如此，互联网金融创新应该遵循宏观调控和金融稳定方面的要求，互联网金融在加大市场资金、提高资金流动性的同时，还需要增强自身的风险管理控制能力，尤其注意信用风险、流动性风险、使用者信息安全等诸多的防范，从而避免互联网金融风险对于整个金融体系带来影响。真正维护用户的合法权益，无论是互联网金融平台还是投资产品

---

① 新浪财经网.李克强：促进互联网金融健康发展[EB/OL].http://finance.sina.com.cn/money/bank/yhpl/20140305/095518410694.shtml.

② 搜狐财经网.三部门互联网金融监管思路浮现：底线思维或成共识[EB/OL].http://business.sohu.com/20140804/n403072023.shtml.

③ 中道网.习近平国家治理的底线思维[EB/OL].http://www.zhongdaonet.com/NewsInfo.aspx? id=13572.

均应该注重给予恰当的风险提示、信息显现，避免承诺收益、收益诈骗、“跑路”等诸多事情的发生，与此同时，金融平台的各项大数据分析、云计算也应当减少侵犯使用者隐私权、滥用使用者私人信息的事件发生。维持公平公正竞争的市场秩序，各大互联网金融企业创造线上金融产品或者服务的做法依然适用于现行竞争法的约束，各大互联网金融企业不加限制地使用市场支配地位、非法竞争等诸多反竞争行为应该给予制止。合理处理政府监督管理和自律管理之间的关系，大力发挥行业自律的作用，同时互联网金融创新与政府监督管理之间应该属于相互协调的关系，不仅需要避免过度监督管理对于金融创新带来限制，同时需要防止疏于监督管理带来的金融风险。而行业自律组织应该是金融监督管理机构同互联网金融企业之间的一条沟通纽带。在 2014 年中国互联网协会互联网金融工作委员会成立，观察其章程，我们能够看到互联网金融工作委员会的业务范围包含营造推动公平竞争、健康有序持久发展的产业发展环境，且制定和贯彻行业服务规范，面向所有行业发布互联网金融发展的具体指导建议，维护整个互联网金融行业的利益；分析、研究、制定且履行互联网金融行业自律公约，不断地规范互联网金融企业运营和服务行为，协同增强互联网金融的风险防控与管理等。[①] 该“底线”“红线”思维也反映在各大金融行业自律组织的组织规范中，且行业自律组织采取会员资格、等级评定等诸多方式约束各大互联网金融企业遵守各项行业规范，从而避免金融违法违规行为的发生。

---

① 中国互联网协会网.中国互联网协会互联网金融工作委员会章程[EB/OL].http://www.isc.org.cn/zxzx/gzwyh/listinfo－28905.html.

三、零散的规则框架

（一）现行互联网金融规则现状

纵观中国各大互联网金融当前的规则体系，我们能够看到有些传统金融规范适用于互联网金融领域（比如《证券投资基金法》、2010 年《最高人民法院关于审理非法集资刑事案件具体应用法律若干问题的解释》），同时看到针对互联网金融问题而特意制定的规范（比如《非金融机构支付服务管理办法》《关于人人贷有关风险提示的通知》）；还有，针对中国互联网金融目前互联网保险、第三方支付平台、网络基金销售、网络银行等各种业态，在实践过程中，各个监督管理部门也制定了各自相应的规范意见，比如中国人民银行在 2014 年颁布的文件——《中国人民银行关于手机支付业务发展的指导意见》、中华人民共和国保险监督管理委员会在 2011 年颁布的文件——《保险代理、经纪公司互联网保险业务监管办法（试行）》。除此之外，各个地方政府为推动本地互联网金融产业持久健康地发展，也纷纷出台了诸多规范性文件，比如深圳市人民政府颁布了文件——《关于支持互联网金融创新发展的指导意见》，北京市石景山区金融服务办公室颁布了文件——《北京市石景山区支持互联网金融产业发展办法（试行）》、上海市人民政府颁布了文件——《关于促进本市互联网金融产业健康发展若干意见的通知》等。其中，上海市的指导意见中这样提到：互联网金融的发展需要坚持服务实体经济，推动产业升级；坚持提倡金融创新，形成竞争健康发展的格局；坚持营造良好的发展环境，完善各项行业基础设施；坚持规范持续稳定发展，真正防控金融风险的指导思想。不仅如此，该文件还提到采取拓宽融资渠道、提倡企业合理集聚等诸多方式为各大互联网金融企业提供政策红利。其中，在提倡企业合理集聚这一项中，该文件这样提到：要大力支持有条件的区县、园区与自身产业定位紧密地结合在一起，构建有特色的互联网金融产业基地（园区），制定针对性强的政策措施，指引领导互联网金融企业进行合理集聚。针对优秀互联网金融产业基地（园区），市、区县两级政府可以给予一定扶持。[①]

由此可以看到，地方政府采取赋予政策红利、建立相关制度等诸多方式倡导地方互联网金融产业的快速发展，与此同时，推动互联网金融企业增强风险管理，防范区域性金融风险的出现。最后，诸如中国互联网协会互联网金融工作委员会、中国保险业协会、中国证券投资基金业协会等诸多行业协会凭借组织章程、自律规则等进行自治规范，在维护会员利益、推动会员规范运营等诸多方面发挥着重大作用，比如，中国证券投资基金业协会在所制定的文件《基金管理公司风险管理指引（试行）》中这样规定：基金管理公司应该创建大力重视市场风险、信用风险、流动性风险、使用风险、合规风险、名誉风险和子公司管理控制风险等各类重要风险以及与其配套的风险管理措施。换句话说，中国如今的互联网金融规则体系则指将基础法律（刑法、合同法、保险法、证券投资基金法、商业银行法等）作为基础，辅之以各种监督管理机构的专门行为规范、地方特色性规则、行业规范等构成的多层次体系。

（二）互联网金融法规的非体系化表征

对于互联网金融的快速发展来讲，虽然中国人民银行、银行业监督管理委员会、证监会等诸多监督管理机构颁布了相应的通知、规则，旨在推动快速发展的互联网金融逐渐走向规范化，但是纵观互联网金融的整个立法状况，本书认为存在以下方面的问题：其一，互联网金融企业的主体性地位、组织形式、准许进入资格、业务边界、风险防范及互联网金融投资人员等诸多问题均没有相应的法律法规给予系统的规定，这一方面造成金融监督管理机构缺乏行权依据，不能进行行之有效的监管；另一方面也引起

① 新浪财经网.关于促进本市互联网金融产业健康发展的若干意见[EB/OL].http://finance.sina.com.cn/stock/y/20140808/104619953507.shtml.

互联网金融企业纷繁杂乱发展、风险经营以及有效权益无保障等诸多问题。其二，互联网金融领域当前的规范、规则立法层级偏低，大部分是部门规章、指导意见等，一部分规范性文件能否成为法院审判依据还存在争议，同时通知等规范性文件存在不稳定性，无法给互联网金融企业合理的预期。其三，互联网金融法规应当给予体系化的规定，在规范立法宗旨的指导下调整好互联网金融创新与国家金融监督管理之间的关系，避免引起“一放就乱，一管就死”这样的问题的发生。这种体系化的规定不仅需要留意某种金融业态的经营、管理、规范，同时需要留意监督管理机关对各种业态金融产品的了解和掌握。

四、互联网金融产品的合约架构与基础民事关系

互联网金融虽然有着金融与互联网两方面的属性，不过它在本质上属于一种合同关系（比如 P2P 网络贷款不仅是投资人员与融资人员凭借独立的第三方互联网平台签署的民间借贷合同关系，同时是投融资人员与 P2P 平台之间的居间合同关系）。无论是互联网金融产品的供应还是金融服务的供应均是采取缔结合同的方式实现的。下面分析各类互联网金融产品的合约架构及其基础民事关系。

（一）电子合同与会员规则

互联网金融投资人员在投资互联网金融产品、应用互联网金融平台的服务的时候，通常需要先提交注册信息成为互联网金融平台的使用者，当注册信息录入以后，互联网使用者需要点击选项——阅读并同意网站的服务协议，然后互联网使用者成为金融平台的使用者，能够进行各种类型的投资（比如，购买余额宝货币基金）、融资行为（比如，凭借众筹网发起项目，进行筹集资金）；与此同时，互联网金融投资人员投资以上所述产品、接受平台服务的做法视作赞成和认可互联网金融平台提供的服务协议，基于这些原因，互联网金融平台有权对使用者的账户进行监督管理并且

使用使用者的注册信息等。

电子合同有着这样的规定，互联网金融投资人员（平台会员）一般情况下享有以下权利：可以使用互联网金融平台提供的服务（比如互联网金融投资）、确保享有账户资金安全、隐私权、索求赔偿等诸多权利。与此同时，互联网金融投资人员通常应该如实填写个人信息、不得从事洗钱等诸多非法交易活动、不得侵犯其他人各项民事权利、严格遵守金融平台的使用者规则。需要说明的是，在互联网金融平台上签订的电子合同，它通常规定收取一定的服务费用、获取使用者各类必要信息、给予使用者管理、排除有关资金赔偿责任、约定情形使用者交易信息（比如与其他第三方平台分享）等诸多权利，以及保障使用者隐私权、保密、根据合同提供服务、引起争议的时候提供必要协助等诸多义务。我国合同法针对电子合同效力有着这样的规定，互联网金融平台与互联网用户及互联网金融投资人员与融资人员签订的合同的效力心照不宣。不过，因为这一类合同（尤其是互联网金融平台与网络使用者之间的合同）属于提前拟定的格式合同，其中不可避免具有豁免格式合同提供一方责任或者对对方权利的条款给予限制。对于投资风险以及不可抗力等带来的所有损失，互联网金融平台自然不会承担赔偿责任，不过如果是互联网金融平台由于服务（包含技术、咨询等）给使用者带来的损失是否需要进行赔偿、赔偿的数额是否只限于向使用者收取的服务费（也就是互联网金融平台中所涉及的责任边界问题），以及这一类条款是否会构成合同法中第 40 条有关格式合同无效的情形？以上这些问题值得考虑。

总而言之，在互联网金融大环境之下，互联网金融平台的使用者规则是通过平台与使用者之间的电子合同或者服务协议建立起来的，利用这些使用者规则，金融平台能够监督管理使用者行为、提供与约定相符的服务，与此同时，使用者能够获取有关的投融资服务，且在权益受到侵害的时候获得救济。

（二）互联网虚拟货币

所谓互联网虚拟货币，则是指通过私人企业发行，往往用于网上购买虚拟商品（服务）或实物商品（服务）的支付工具，该支付工具与法定货币之间往往存在兑换比例（单项可兑换或者双向可兑换）。

虽然私人企业发行虚拟货币的最初目的或许只是想让它视作购买该企业本身的商品的“代金券”，进而节约交易成本，不过，在现实生活中，这样的虚拟货币往往可以在一定的范围内被人们视作一般等价物使用。将互联网虚拟货币与实际货币、实体经济之间的相互作用作为标准，我们能够将互联网虚拟货币划分成以下三大类。

1.封闭的网络货币

此类通常表现为“游戏币”，使用者做完一定的任务，采取指令的方式获取货币，与此同时，这一类封闭的网络货币通常仅能用于某一特定的网络游戏或网络社区里（比如购买装备、生命值、经验值等），往往无法在网络游戏社区之外进行使用。

2.单向流动的网络货币

这一类互联网虚拟货币能够用法定货币根据一定比例的方式购买获取，在购买成功以后，这一类互联网虚拟货币通常无法兑换回法定货币。与此同时，使用者能够使用网络虚拟货币购买虚拟货币发行商所提供的各种类型的互联网产品或者服务，比如腾讯集团的 Q 币（OQCoin）就是这一类代表，使用者能够采取电话充值、银行卡充值、互联网充值、手机充值卡充值等诸多方式获得 Q 币且把其用于购买腾讯集团开发的各种类型 QQ 游戏、QQ 空间装扮以及 QQ 秀等诸多产品和服务。

3.双向流动的网络货币

这一类货币是近几年非常盛行的网络货币形态，使用者能够使用法定货币根据照一定的比例购买获取这一类虚拟货币，与此同时，这一类虚拟货币也能够根据一定的比例兑换成法定货币，某些甚至能够直接用于购买实体经济里的实物，在实践过程中也出现了一些提供虚拟货币与法定货币双向兑换的网站。这一类网络虚拟货币的典型代表便是比特币（Bitcoin）。所谓比特币，是指一种点对点（也就是 P2P）形式的数字加密货币，这里点对点传输反映出一个去中心化的支付系统，其具备去中心化、全球流通、专属所有权、较低交易费用、没有隐藏成本、跨平台挖掘等诸多特点。与前两者有所不同的是，这一类网络虚拟货币有可能比较多地表现为互联网金融的投资（机），其价格有着比较大的波动。图3-1 所示为三类网络货币图示。

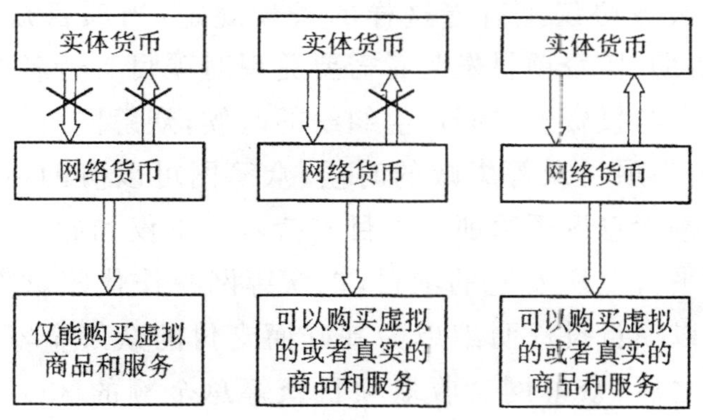

图 3-1　三类网络货币图示

（三）互联网金融产品的基础民事关系

互联网金融产品民事关系的产生是在电子合同上进行的。所谓电子合同，则是指通过 EDI 或 E-mail 等诸多数据电文方式事先拟定的电子合同文本，其实质上是通过可读形式储存在互联网磁性介质中的一组数据信息。可以说，电子合同属于一种民事法律行为，网络金融参与人员签署电子合同，也就是成为合同的各方，既享有合同权利同时需要承担一定的合同任务。① 互联网虽然具备金融与互联网两者的双重性质，不过在互联网金融产品

① 白锐，刘鹏，郭英杰.电子商务法[M].北京：清华大学出版社，北京交通大学出版社，2013，第 104～105 页.

的提供方面存在着一些基础民事关系。本文所阐述的是互联网金融平台与投融资人员之间的民事关系。

互联网金融平台与投融资人员之间的民事关系是通过互联网用户注册为各大金融平台的使用者及签订平台提供的电子合同而设立的。注册为平台的使用者也就是认同电子合同中的每一项条款,且享有平台提供的每一项服务,同时也需要接受平台的约束和管理。由于互联网金融业态各不相同,金融平台与投融资人员之间的民事关系自然也有所不同,比如:众筹网(www.zhongchou.cn)的目标定位是为项目发起人员提供筹集资金、投资、孵化、运营一站式综合众筹融资服务。其中,在众筹网平台的用户注册服务协议里有着这样的条款规定:当项目众筹成功以后,平台协助、监督项目发起者需要兑现对项目支持者的回报,当项目发起者与投资者之间产生纠纷的时候,众筹网可提供一些必要的协助;当项目众筹失败的时候,众筹网可以协助项目发起者把众筹金额无息返还给那些项目支持者。不仅如此,项目发起者在众筹网平台上所发起的项目,把众筹网视作代收款方,收取项目投资者以项目投资明细单为基础而支付的众筹金额。当项目众筹成功之后,众筹网会收取项目众筹总金额的30%视作保证金,在项目发起者兑现对项目投资者的回报承诺以后,众筹网则会把保证金返还给项目发起者。假如项目发起人并没有兑现对项目投资者的回报承诺,那么众筹网有权对于该保证金进行直接支配,从而用于兑现对于项目投资者的回报承诺。在众筹网平台提供上述服务的同时,如果项目成功则该平台会向融资的项目收取某一特定比例的手续费。所以,在该合同关系下,众筹平台通常表现为项目发起者与投资者之间的居间平台,通常负责优秀项目的推广、宣传等,该平台本身并不吸收资金、不具有有任何期限错配或资金池模式运作等行为,因此,众筹平台与投融资者之间主要属于一种居间合同关系。

第二节 中国互联网金融的治理框架

目前,互联网金融的治理工作已经拉开帷幕,从而令近几年勃然兴起、险象环生的互联网金融业态面临着一些变局。在2016年4月14日,国务院组织14个部委召开电视会议,会在全国范围内进行有关互联网金融方面的专项整治工作,时间是一年。伴随着各部委整治要求细节的贯彻落实,地方政府金融服务(工作)办公室对于互联网金融企业进行法律调查、审计调查等工作之后,互联网金融业态有着一些改善。

一、框架的构成与治理原则

(一)互联网金融治理的框架构成

互联网金融治理同互联网金融的监督管理有着类似的内涵和外延。虽然近几年我国互联网金融得到迅猛的发展,但因为我国互联网金融领域立法比较落后,现在推行的金融监督管理在某种程度上还没有跟上互联网金融快速发展的需求。互联网金融治理的框架通常表现为以下几个部分:其一,有关"一行三会"的治理。因为我国当前的金融发展模式为"分业经营、分业监管",且互联网金融领域同样存在中国银行业监督管理委员会、证监会、保险监督管理委员会三足鼎立的分业监督管理模式,与此同时中央银行承担维持金融整体安全的职能。所以,基于此体制,中国银行业监督管理委员会负责统一监管全国所有银行、金融资产管理公司、信托投资公司、P2P网络贷款及其他存款类金融机构,银行业监督管理委员会依法针对全国证券、期货市场和股权众筹给予集中统一监督管理;保险监督管理委员会则统一监督管理包含互联网保险在内的全国各个保险市场,推动保险业的发展,而中央银行则负责第三方支付的牌照发放进而对企业经营行为给予合规监管。[①] 除此之外，以上部门在进行分工的同一时间，还构建起“监管联席会议机制”，每隔一段时间讨论监管事项，换句话说是对现行分业监督管理模式的有效补充。其二，行业协会的治理。因为互联网金融有着金融和互联网两者的双重特点，是由互联网企业、金融机构、国家机构、专家学者等构成的行业组织，针对反映互联网金融企业的需求、给予有效治理等诸多方面发挥着至关重要的作用。比如，实践过程中，中国互联网金融行业协会、中国互联网协会互联网金融工作委员会、中国证券投资基金业协会、中国保险业协会等诸多行业协会均已经成立，它们在制定各自的条例、行业规范、行为准则诸多方面作出非常大努力，能够及时地体现出中国互联网金融企业的真正需求，进而推动对互联网金融的科学治理。其三，互联网金融企业进行自我治理。所谓互联网金融企业自我治理，则指遵守国家金融监管法律法规、行业自治规范的需求。因为互联网金融企业在经营中会遇到主体风险、法律合规风险、技术操作风险、市场流动性风险、资金安全风险、货币政策风险等不同类型的风险，所以，互联网金融企业的自我治理在处理各种类型风险方面发挥着至关重要的作用，比如互联网金融企业采取进行资金第三方平台托管、申请银行授信、引进第三方担保等诸多方式减少以上所述风险给予互联网金融企业的巨大冲击。除此之外，互联网金融平台同时制定各种类型操作指引（比如申购指引、退出指引与隐私权保护指引等），健全金融投资人员保护的渠道。

（二）互联网金融治理的原则

中国互联网金融需要具备统一的治理原则，一方面来讲需要有效地提倡互联网金融企业创新，为它们创造良好的发展环境，同时避免监督管理机构违背经济规律的过分监管；从另一方面来讲，监管机构也需要持续创新监管思路和方法，大力应对互联网

---

① 徐孟洲.金融监管法研究[M].北京：中国法制出版社，2008，第189页.

金融大背景下涌现出的各种新风险、新问题。通常情况下，互联网金融的治理原则最少应该包含以下几个方面的内容。

其一，互联网金融创新务必遵循服务实体经济的本质需求，科学把握创新的界限和力度。同时互联网金融的发展必须将市场需求作为导向，处理实体经济中的融资难等诸多问题，提升金融服务的能力和时效。

其二，互联网金融创新应该体现宏观调控和金融稳定方面的总体要求。同时互联网金融的发展和治理需要有助于提升资源配置效率，有助于保持金融稳定，有助于促进国家利率市场化改革，有助于中央银行对于流动性的调控，节约实体经济的融资成本，不对银行体系流动性转化带来影响。

其三，需要真正维护使用者的合法权益。与传统金融进行比较，互联网金融不仅有相同的地方，同时有创新的地方。互联网金融的治理也有必要强调互联网金融企业、平台能否给予充分的信息披露和风险提示，能否通过直接或间接的方式对使用者承诺收益。

其四，维持公平竞争的市场秩序。公平竞争的市场秩序，同时包括对于互联网金融环境中出现的不正当竞争行为进行防范，在互联网金融大环境下，不允许出现提前支取资金或者提前终止服务而是仍然根据原约定利率计算利息或者收费标准收费等诸多不合理的合同条款。①

其五，解决好政府监管和自律管理之间的关系，大力发挥行业自律的重要作用。政府监督管理与行业自律管理在互联网金融的治理和监督管理方面能够相互配合、相互补充，尤其是是在当前互联网金融立法并不健全、政府监管有着各种不足之处的背景下，允许行业协会进行制定各项行业规范、自治章程，进而成为后续立法的尝试，这对于互联网金融的治理非常有意义。

① 中国经济网.货基规模 1.4 万亿 央行或放慢控制利率市场化节奏[EB/OL]. http://finance.ce.cn/rolling/201403/28/t20140328_2564539.shtml

二、内部治理与风险合规管理

互联网金融内部治理同风险合规管理均来自网络金融企业运行中出现的各类风险，其中包含互联网金融的传统金融风险（比如信用风险、市场风险、流动性风险、操作风险、法律风险等）、互联网金融的经营风险（比如战略风险、操作风险），和互联网金融的技术风险（比如安全风险、计算机病毒和黑客攻击风险等）。恰恰基于各个互联网金融企业在运营过程中面临的上述风险，所以增强企业本身的内部治理及其风险合规管理，无论是对于维护企业自身的不断运营还是对于投资者的资金安全，均发挥着至关重要的作用。

互联网金融企可以从下面几个方面进行互联网金融的内部治理与风险合规管理：其一，企业工作人员的教育和培训。因为互联网金融在产品引荐、风险收益以及交易缔结等诸多方面均与传统金融存在不同之处，互联网金融企业的工作人员在工作过程中不难出现违反金融法律法规等诸多合规问题，所以，增强对于金融工作人员金融法律法规、网络应用操作、网络通信等诸多方面的教育和培训变得特别重要；其二，柜员管理和权限控制。事权人权分离是银行内部掌控的基本制度。开设各个类别、各个岗位、各种权限的柜员，构建网络金融业务领域的纵横制约、逐级审查批准、互为监督的柜员权限控制体系，属于成效好的内部控制机制，该权限掌控在互联网金融投资人员的隐私权保护以及消费者信息使用方面应用非常广泛；其三，使用者注册业务控制。互联网金融企业增强对于使用者开户注册业务的控制，核实使用者提交的身份信息和申请表，要求使用者签署互联网金融的各种类型服务协议和业务条款，进而构建金融机构与使用者之间清晰明了的法律关系，明确双方之间有着怎样的权利义务关系，降低互联网金融企业出现后续诉讼风险的概率；其四，身份识别控制。各大互联网金融平台在使用者进行交易的过程中会采取很多的身份识别技术，确认使用者对注册账户的操作权限，从而保证使用者的信息安全和账户资金安全，例如逻辑码识别（比如动态密码卡）、物理介质识别（比如 USBKey 证书）、生物介质识别（比如指纹）。[①]

需要注意的是，针对互联网企业设立金融业务类的互联网金融来讲，其自身的发展积累了丰富的使用者信息、交易信息等一系列大数据，所以，这一类互联网金融企业在全方位评估使用者信用、更深一步评测业务风险、增强深化服务的供需对接等诸多方面充分利用大数据的优势，比如互联网金融企业以大数据为基础对使用者资信调查、信贷记录、违规违约记录、偿还资金记录以及各种消费信息、购买力调查、资产信息的分析和筛选，能够为贷款业务提供信誉分析的有效支持，完成对使用者信誉的全面评估。[②]

三、外部监管

因为互联网金融属于互联网与金融的结合物，所以，在实践过程中，互联网金融监督管理的主体会包括中央银行、中国银行业监督管理委员会、中国证监会、中国保险监督管理委员会、中国工业和信息化部等诸多部门。与此同时，互联网金融成了当前金融创新的主要领域，具有高频密集的交易手段和分散灵活的交易机构，它对于当前的金融监督管理政策和手段提出了一些新的要求和挑战：其一，在交易技术方面，大量的金融服务表现为网络化、自动化的数据输送和算法处理，针对网络安全等一系列基础设施的保障、针对算法和技术风险的整体性防控有可能成为监督管理的内容。其二，在交易结构方面，在去中心化的交易结构出现以后，互联网金融大环境下，交易方法错综复杂、交易行为既微小又密集。在这样一种信息与资金的广泛互联过程中产生了金融监督管理中最需要认真慎重的公众化利益问题、资金流监管检

① 王龙华.网络金融[M].北京：中国金融出版社，2009，第151～152页.

② 孙宝文.互联网金融元年：跨界、变革与融合[M].北京：经济科学出版社，2014，第131～132页.

测问题以及宏观调控实效问题。其三，在权力契约方面，监督管理机构必须保护、培育且维持合理、公平的竞争秩序，防止出现金融权力过度集中的问题。①

在实践过程中，因为互联网金融领域立法不完善（大部分为部门通知、有关报告、领导者讲话等），互联网金融机构在法律地位、经营领域、监督管理主体等在法律上缺少明确的界定，这就造成互联网金融的监督管理政策始终处于灰色地带中，不难出现模糊业务边界、缺乏监督管理的现象。除此之外，互联网金融涉及面非常广泛，普及银行、证券、基金、保险、信托等诸多领域，互联网金融企业不易纳入某个单一金融监督管理部门进行监管。相关金融业务不易根据分业管理原则纳入相应监督管理体系进行监管，所以出现一些监管真空。将互联网金融的上述特点考虑在内，国内专家学者针对互联网金融监督管理的方式也有各种讨论，有的专家学者比较保守，将中国区域经济发展的差作为出发点，强调地方政府金融服务（工作）办公室对于地方金融活动非常熟悉，所以提倡在建立“一行三会”基础之上将地方政府金融服务（工作）办公室作为主导的地方金融监督管理体系。另外有一些专家学者将机构监督管理、功能监管和目标监管的正反方面作为立足点，从互联网金融的发展过程中看到了“混业监管”的大致方向，且试图分析、研究集中统一的金融监管委员会开设的必要性和可行性。

四、行业自治

对于发展迅速的互联网金融创新来讲，行政监督管理部门通常会给予其某一特定的“等待期”“测试期”，给予其某一特定的发展空间，与此同时让其尽快暴露更多的风险和问题。因为互联网金融属于互联网与金融结合在一起的产物，从而决定了政府监督管理的实施过程中需要各个部门之间的协调，而各个部门之间常

① 李耀东，李钧.互联网金融框架与实践[M].北京：电子工业出版社，2014，第 451～452 页.

常存在信息不畅通、效率不高等诸多问题，所以，单纯的外部监管并不是最有效的方式。开设行业协会，增强行业自律管理能够减少互联网金融界“一管就死，一放就乱”这一尴尬局面。在实践过程中，中国互联网金融行业协会、上海市互联网金融服务协会、广州市互联网金融协会以及济南市互联网金融协会等诸多国家级、地方级的互联网金融行业组织不断成立，它们各自制定出会员章程、自治规范等诸多规则，规定会员单位要合法合规经营，不仅如此，互联网金融行业协会也会开展各种类型评级或评选，引进社会舆论监督，促使互联网金融企业合法经营。

互联网金融行业所制定的行业自治规范属于互联网金融企业会员的认可或自愿接受而产生，它属于在行业成员协商一致前提下创制的，而且，有许多内容属于对于市场活动中一贯的商业做法的归纳和定型化，基于相关行业团体从业人员的认同而订立，且为行业从业人员普遍接受，对行业从业人员有着一定的约束力，所以行业自治规范发挥着习惯法的效力。该效力在互联网金融界并没有成文立法的情况下有着特别的意义。不过，在促进行业自治、增强行业规范制定过程的时候，相关部门应当构建和健全对于行业自治规范的效力审核和认定机制，有效避免自治规范非法提升行业的门槛，减少行业之间的竞争，甚至成为一部分人谋取利益的手段，所以，相关部门务必构建行业规范的备案、行政审核以及司法审查制度，判定行业规范是否与现在推行的行法律法规、产业策略、宏观调控及竞争政策等有着矛盾性。

第三节　若干基础性制度

中国互联网金融的治理同样离不开一些基础性制度的建立。建立互联网金融行业的基础性制度，从一方面来讲可以为互联网金融的创新性与发展营造一个良好的制度环境，降低互联网金融企业在发展中针对政府政策、监督管理手段的不确定性预期；从另一方面来讲，互联网基础性制度的建立在政府监督管理机构放权于市场的时候，减少了由于政府放权引起的金融市场的系统性风险。本书认为，健全互联网金融的治理，需要建立以下互联网金融基础制度。

一、互联网金融合格投资人员

所谓合格投资人员，则指有着大量净资产，针对金融事务有着投资经验与知识的投资人员，在应用豁免注册制度的发行行为当中，合格投资人员，无论是个人还是机构，均不受证券法有关信息披露条款的保护，不过对于证券欺诈行为来讲，投资人员仍然可以采取证券法中的一些救济措施。我国现在推行的法律法规对合格投资人员制度的规定散见于各个金融产品的规范中，比如《中华人民共和国证券投资基金法》中第 88 条规定合格投资人员是指达到规定资产规模或者收入水平，同时具备对应的风险识别能力以及风险承担能力、他们的基金份额认购金额高于或等于规定限额的单位和个人。由于社会公众向特定投资人员转化的途径并没有实质限制。因此，在规定定向委托投资的委托人员范围的时候，可以增强深化"特定化"，在这一基础上制定"合格投资人员"标准。合格投资人员与社会公众有着不同之处，体现在金融产品投资人员需要具有比较强的信息识别、风险判别以及风险承受能力的需求，从而增强深化"私募性"以及买者自己负担投资风险的原则，减少对于社会"公开募集"的成分。

考虑到互联网金融业务具有非法集资、互联网诈骗以及高风险性等诸多特点，互联网金融合格投资人员的概念被提出，从而能够针对各种互联网金融产品设置各不相同的准入机制，便于监督管理。然而，虽然合格投资人员的规定已经体现在我国一系列行政规章之中，但是我国现行的合格投资者制度依然比较粗疏且不统一。本书认为应当将互联网金融的各种产品结合起来制定相应的认定合格投资人员的标准，在标准的具体制定过程中，应当做好以下几点内容：其一，合格投资人员的认定标准应该包含主观和客观两方面内容。判定合格投资人员的主观标准应当包含对其是否有着充足的金融经验、智慧、风险承担能力等诸多方面进行主观判定。对于自然人投资人员来讲，通常会从学历、从事该行业经历及工作岗位性质进行判定其是否具备相应的能力；而对于机构投资人员来讲，通常把从事金融业务的机构（比如银行、基金等）判定为合格投资人员。在合格投资人员的客观认定标准方面，通常依据是投资人员拥有的财产数额，如果拥有的财产越多，则表明投资人员的风险承受能力越强，能够投资的互联网金融产品类型也就越多。其二，合格投资人员制度可以适当增加对于合格投资人员的数量限制。虽然经过主观和客观标准选取以后，与条件相符的合格投资人员具备非常高的风险承受和独立自主投资判定能力，不过为了降低某些金融产品对于社会的影响程度及降低这一类金融产品对于整个金融体系所发挥的作用，合格投资人员制度可以增加对参与人员人数的限制。其三，在互联网金融合格投资人员标准的制定中，有关机构应该将以往的互联网金融产品的投资信息结合起来，采取风险测试判定互联网金融投资产品风险水平，从而针对各种风险评级的金融产品设立各种资金门槛，只有达到了资金门槛且与相应标准相符的投资人员才属于互联网金融合格投资人员。

二、信息披露规范与信用评级制度

金融市场有着天然的信息不对称性，同时金融机构与金融消费人员之间有着不可避免的利益冲突，该问题在互联网金融行业中表现得非常明显。为了扩大企业规模、提升盈利水平，各大互联网金融企业在金融产品制定、交易机制、投资方向、风险提示等诸多方面常常出现不恰当的信息披露行为，比如信息过多、过度专业化、选择性披露、弄虚作假披露、夸张披露等，比如百度理财产品曾经由于宣布8%的七天年化收益率而被证监会约谈。为了防止互联网金融行业的信息披露，有关部门务必修改或者健全信息披露方面的有关规范。本书认为，健全互联网金融行业，可以参照《欧盟金融工具市场法规》(The Markets in Financial Instrument Directives)(下文简称为“MiFID”)里的有关规定。MiFID把投资人员划分成散户、专业投资人员以及适格的交易对方,而且规定可能为散户接收到的信息务必清晰明了、公平公正、不存在误导性,以上所述信息务必可以被“平均水平的普通人员”所理解,也就是金融机构信息披露义务能够适当落实的标准在于普通金融用户的获知效果,从而在某种程度上增加了金融企业的注意事项,有效保护了散户们的金融投资人员。

所谓信用评级制度,通常指通过专业的信用评级机构针对特别规定有价证券的信用风险,也就是针对本金、利息按期支付的可靠程度以及违反条约概率给予评估,或针对发行有关有价证券的企业、机构或一系列实体的资信情况和偿付能力给予评估,同时明确对应的信用等级的行为。需要说明的是,我国现行征信行业制定了对应的规则规范,与此同时在 2014 年 8 月 29 日中国第一家互联网金融信用评级机构,也就是大公互联网金融信用信息平台正式上线,这表明无论是互联网金融企业还是投资产品均已经进行信用评级。即便如此,我国信用评级依然存在公正性和独立性弱、信用评级活动过于主观性、信用评级的准确性偏低、可信度不高等等问题,尤其是实践中采取人付费的商业模式、被评人员与信用评级机构有着利益关系或冲突的时候更加重了以上问题。所以,根据“人民银行属于信用评级机构行业主管部门,而相关部门需要依法实施具体监督管理”的职责分配,分析制定统一的、合理的评级市场管理办法,尽量提升评级的质量和透明度,防控利益冲突才是健全信用评级行业的行之有效的措施,这对于互联网金融使用者的保护也特别重要。

三、黑名单机制与征信机构的互联互通机制

近年来,我国征信制度体系建设取得了非常大的进步:一方面来讲,《征信业管理条例》《征信机构管理办法》的制定弥补了我国征信机构正式法律法规的空白,它们对于征信机构的开设标

准、征信业务准则、信息主体的异议和申报、金融信用信息基础数据库以及非法进行金融信用信息基础数据库诸多内容给予了规定，进而在很大程度上健全了我国征信行业的法律法规；从另一方面来讲，我国已经基本形成了一个多层次、覆盖面广泛、功能不断完善的征信体系，其不但包含中央银行等诸多官方的征信系统，而且包含行业组织、专业征信机构以及自发诚信联盟等，这在很大程度上补充了我国的征信制度系统建设，推动了信用制度建设，增加了失信风险。虽然中国征信制度体系建设取得了重大进步，但是考虑到现实中纷繁复杂的征信业问题，中国《征信业管理条例》《征信机构管理办法》的贯彻落实还需要相关配套规范的扶持，完善征信行业的相关立法；除此之外，虽然我国在目前情况下已经形成多层次的征信体系，不过各个征信体系或系统之间仍然相互独立、数据分离，完善的信息共享机制还没有建立，这不但浪费了大量的人力物力，而且对征信体系的形成造成影响；最后，即使中国互联网金融诚信联盟属于国内第一家关注互联网金融诚信体系建设的行业自律组织已经设立，且尝试与 11315 全国企业征信系统开展合作，不过其在实践过程中似乎并没有发挥明显的作用，在 2014 年 4 月 2 日与 2014 年 12 月 13 日期间，它的网站上公布的联盟成员仅仅有满满贷、冠群驰骋、阿朋贷、人人贷这四家成员单位。不仅如此，这类互联网金融诚信体系建设的行业自律组织是否有着实际意义上征信行业协会的性质以及作用值得讨论，而且征信业协会的建立能够处理上述问题依然是个未知数。

虽然互联网金融属于互联网与金融的结合物，不过互联网金融依然有着传统金融的特点：互联网金融致力于处理投融资信息的不对称、完成信用的线上借入出。正是因为互联网金融的此特点，在具体实践中，投融资人员实际协商、融资人员信用状况考察、资金用途监督管理等诸多问题便中途停止，最终，信用违约事情常常发生于互联网金融之中。给予信用信息共享、纳入统一的征信系统则是处理上述问题的关键所在。在 2013

年出台的《征信业管理条例》中第 29 条明确标明：从事信贷业务的机构应该根据规定向金融信用信息基础数据库提供相关信贷信息。在实践过程中，阿里小贷等诸多小额贷款企业的信贷合同信息和贷款之后还款信息已经纳入中央银行征信系统中，通过该系统，小额贷款公司能够对企业和个人的征信报告给予查询，从而判定企业和个人有着怎样的信用状况。除此之外，为了处理 P2P 行业“征信难”这一问题，中国人民银行征信中心旗下的上海资信有限公司也创建了全国第一个以互联网为基础的专业化信息系统，也就是“网络金融征信系统（NFCS）”，其可以收集 P2P 网贷业务中出现的贷款和偿还等各种信用交易信息，同时向 P2P 机构提供查询服务。这一系统收集且整理了 P2P 平台借贷两端顾客的个人基本内容、贷款申请内容、贷款开立内容、贷款还款内容和特殊交易内容，通过有效的内容共享，帮助相关机构全方位了解授信对象，提防借款人恶意欺诈、超额负债等诸多信用风险。

恰恰以上述统一征信系统的构建为基础，互联网金融界黑名单机制也被更深一步提出来。纳入征信体系的互联网金融企业能够与其他互联网金融企业共同分享存在诚信问题的借贷人员，各大互联网金融企业也能够查询相关借贷人员的信用状况和资信报告，进而避免向恶意诈骗、超额负债的对象放款。除了以上统一的征信平台之外，现实生活中同样有着互联网金融企业自发组织的征信团体，比如在 2014 年 11 月 28 日，由宝驾租车、小猪短租、你我贷等几乎 30 家来源于网贷、租车和房屋短租等诸多领域的 P2P 平台联合在一起成立了“P2P 诚信联盟”，它们的主要功能就是采取联盟成员范围内共同分享彼此的诚信黑名单查询权限的措施全面提升风控体系，共同应对逐渐增多的骗贷、骗租行为。不仅如此，国内第一家关注互联网金融诚信体系建设的行业自律组织，也就是中国互联网金融诚信联盟同样尝试与 11315 全国企业征信系统进行合作，共同建设了“互联网金融行业企业征信系统”，这一系统主要用来关注互联网金融企业的征信信息，提供各种类型企业的信用信息查看咨询服务。所以，实践过程中，征信体制的建设反映在政府部门、行业组织及企业联盟等一系列多方主体的努力。图 3-2 所示为中国互联网金融征信互联层级。

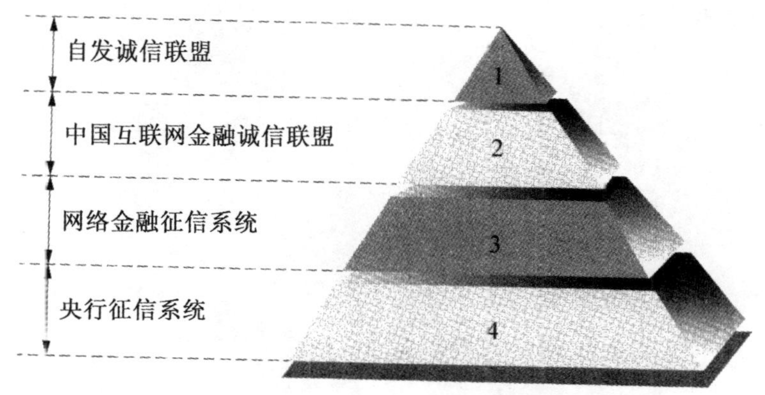

图 3-2 中国互联网金融征信互联层级

综上所述，互联网金融在完成行业颠覆、引起金融行业重大变革的时候，同样在沿着“创新—监督管理—再创新—监督管理”的方向发展着。在支付结算、互联网融资、虚拟货币、渠道业务以及周边产业五个细分市场方面，互联网金融已经展现出非常强大的竞争力和创新力，所以未来互联网金融行业在大数据开发运用、长尾市场开发、线上与线下市场融合在一起，供应链金融、共同分享经济等诸多方面也必然将会发挥出重大的影响力。①

互联网金融行业在推动金融行业变革、活跃资金流动的同时，同样对现行的金融监督管理体制、监督管理手段、监督管理思维等提出了一系列的挑战。在未来的互联网金融行业发展中，怎样构建不仅能推动金融创新同时有着不断纠错功能的金融发展体制成了行业发展的关键点。在该体制下，互联网金融企业可以对国家的监督管理政策给予合理的预期规

① 刘伟毅.互联网金融——大数据时代的金融革命[M].北京：中国经济出版社，2014，第171～173页.

划，具有充足的动力参与创新，与此同时，该体制同样能够及时分析互联网金融发展过程中出现的一些新业态、新风险，化解潜藏在行业内部的危机，成功避免风险在传统的金融行业同创新的互联网金融行业两者之间的传导，且防控系统性风险的出现。

第四章　P2P 网贷的法律透视及法律风险防范

P2P 借贷是指脱离传统的资金媒介，个体和个体之间进行的直接借贷，国内通常称其为“人人贷”。

P2P 借贷并非互联网金融背景下新生的产物，民间借贷早已存在且得到了我国法律和司法判决的认可。在传统技术下，受制于气候地理、专业能力和物质成本等因素，大范围的个人对个人的信息流动和关系发生难以实现，P2P 借贷在规模和风险上都难以出现“爆炸式增长”。随着互联网技术的发展，信息的流通突破了地域的限制，P2P 借贷中的个体之间得以通过网络实现信息获取和资金交换，P2P 网络借贷依托互联网技术得到规模化的发展，同时一个专业化的中间服务商——P2P 网贷平台亦随之出现。

相比于传统民间借贷，P2P 网络借贷的最大不同点即为 P2P 平台的存在。P2P 借贷平台不是借贷的债权债务方，而仅作为服务机构，为 P2P 网络借贷的双方提供信息公布、法律手续、贷款追偿等促成交易的服务，法律将此类角色明确为“居间人”，即为交易双方进行交易报告信息机会或提供媒介联系的中间人（图 4-1）。

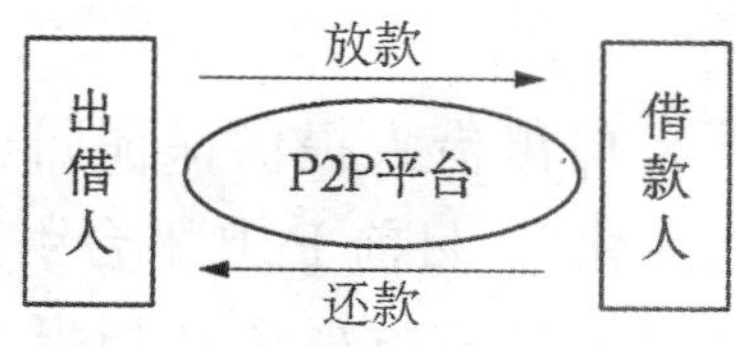

图 4-1　P2P 概念图

第一节 P2P网贷产品与运行模式

一、模式概要

由于金融管制严格、个人征信系统缺失、完善的投资环境缺乏、融资活动对金融中介的依赖较大等因素，P2P在进入中国后遇到新的问题：(1)投资者更喜欢保本的产品；(2)中国没有广泛的信用记录；(3)中国人贷款用于做生意。于是，中国的P2P产品在单纯的中介平台的基础上产生异化，演变成多种复杂模式共存的产品体系。按照平台性质及参与交易的机构的不同，中国的P2P在现有的法律制度和监管框架下衍生出了以下四种商业模式：纯平台模式、保本保息模式、标准产品模式和债权转让模式。

(一)纯平台模式

类似于Prosper和Lending Club，纯平台模式坚持了P2P平台的中介性质，平台仅作为贷款服务机构为借贷双方提供信息交互的平台及配合资金的结算等工作。平台不对贷款进行担保，仅从贷款服务中收取服务费，不因承担贷款违约风险而收取费用。纯平台模式是P2P网络借贷的原生模式，最符合金融脱媒浪潮里互联网金融"去金融中介化"的直接金融形式。

(二)保本保息模式

保本保息是指平台向出借人提供保证归还本金和利息的模式，即所称的"平台担保化"。目前P2P平台引入担保的通行做法有收取风险准备金和引入第三方融资性担保公司两种模式。收取风险准备金是指在贷款发放后，平台向借款人收取一定比例的费用建立风险准备金，类似于商业银行的风险备付金，当借款违约时，以此作为出借人收回本金和利息的保障。其中，如果平台明示以风险准备金为限向出借人提供本金和利息的保障，则此模式仍可被视为纯平台模式，此部分准备金可看作借款人融资成本的增加；[①]然而，如果平台没有明确说明风险准备金的资金来源、使用情况及是否以此为限对贷款提供本息保障，平台自身的资金与风险准备金界限不清，承担风险的责任主体不明确，则平台的行为构成对贷款提供担保。

（三）标准产品模式

一些小额贷款公司和担保机构将自己的债权或自己担保的债权打包成为标准理财产品，通过P2P平台在线上转让给出借人（投资人），出借人受让的债权依然可以在二级市场进行流通。标准产品模式运用P2P平台规避了法律对理财产品销售的规定，是一种监管套利。

（四）债权转让模式

宜信公司独创了P2P的债权转让模式，即借款人在宜信公司网站上发布的借款需求获准后，由与宜信公司密切关联的第三方发放贷款，并向出借人（投资人）转让债权。这一模式并非严格意义上的P2P模式，因为宜信公司并不是在借款人和投资人之间提供了一个信息匹配平台，甚至可以说宜信公司仅仅通过网络寻找到了"潜在借款人"，此后贷款的发放、管理、还款以及债权的转让等核心流程都在线下进行。

以上四种商业模式并非完全孤立地存在，大多数平台推出P2P产品可能会涉及不同模式的交叉，比如陆金所，既发行标准化产品，又具有担保；又如宜信，既有担保，又有债权转让。此处的划分，仅仅是从某类P2P平台在运营中最显著的特点进行分析和讨论。

---

① 叶湘蓉.P2P借贷的模式风险与监管研究[J].金融监管研究，2014(3).

二、P2P 网贷具体产品及运行模式

(一)拍拍贷

拍拍贷是国内首家 P2P 小额无担保网络借贷平台，于 2007 年在上海成立。与美国的平台相似，拍拍贷的最大特点在于纯线上模式运作，平台本身不参与借款，只承担信息匹配、工具支持和服务等功能，保持平台的“中介性”。

1.拍拍贷的产品

(1)借款产品

通过对处于不同群体的借款人进行划分，在借款利率、额度和投标时间上给予区别对待，拍拍贷推出以下不同的借款标。

普通借款标面向 21—55 周岁、有稳定收入来源的中国大陆公民。申请人在绑定手机号并提交身份证、居住证、银行对账单、央行征信记录等证明性文件后，可以不高于 24%的利率获得 3000 元至 50 万元的三个月到一年期贷款，借款人可通过银行或第三方支付按月等额进行还本付息。其中，对于投标成功的借款，收取 2%(借款期限不超过 6 个月)或 4%(借款期限超过 6 个月)的手续费。

网购达人标面向 21—55 周岁、有稳定收入来源且最近三个月中至少两个月支付宝购物支出分别不少于 500 元的中国大陆公民。申请人需将拍拍贷账号与支付宝进行实名关联，并提交支付宝基本账户信息、支付宝上一年度个人年度对账单截图及银行对账单、央行征信记录等其他证明性文件。网购达人标的借款额度、期限、利率、费率和还款方式与普通借款标相同。

应收安全标是针对拍拍贷出借人推出的产品，额度与申请人的出借金额及出借人信誉挂钩。借款额度的确定方式为：

A＝(待收－待还－坏账计提)×0.6－已担保－正在担保，且借出信誉达到 20 分以下

B＝未逾期待收×0.9，且借出信誉达到 20 分以上

最终借款额度在 A 与 B 中取其低且不低于 3000 元。

网商用户标是专门为网商卖家提供的用于网店进货、参加活动以及资金周转的借款标。相对于其他标，网商标的借款手续简单便捷，也享有优先审核。网商店铺等级 2 钻以上或商城经营时间≥6 个月的网店经营者都可以根据店铺经营情况申请借款额度。

私营企业主标适用于能够提交包括央行征信报告在内的相关资质证明，并且持有期满一年的有效营业执照的私营企业经营者。

莘莘学子标是拍拍贷为在校大学生量身定做的助学产品，19—25 周岁的中国大陆大学生在通过手机绑定、学籍认证和视频认证后，提交学生证、身份证等证明材料，即可申请年利率为 23%、贷款金额为 1000 元、贷款期限为 7 个月的贷款。莘莘学子标需还清既存贷款后才能申请续借，并且首次申请全额还款后拍拍贷将全额退还 4%的服务费。

(2)投资产品

对于出借人(投资者)而言，既可以逐一选择单个项目进行投资，也可以使用拍拍贷平台提供的多样化自动投资产品。其中，“拍拍宝”和“拍小宝”是 2014 年上线的两个主打产品，也属于互联网新生的“宝宝军团”成员。

“拍拍宝”是拍拍贷推出的自动投资工具，投资人可以按照事先确定的预期收益率自动投资拍拍贷平台上的借款标的。通过自动投资所产生的每月回款(含本金和利息)将在使用期内继续自动投资，直至使用期结束。使用期结束后，拍拍宝将帮助用户对其所持有的债权通过债权转让平台进行转让。转让成功后，用户收回全部投资本金和相应的收益(图 4-2)。

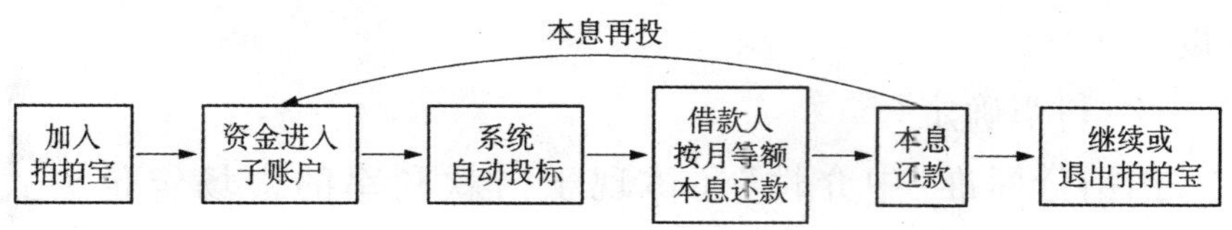

图 4-2　拍拍宝的运行模式

“拍小宝”也是拍拍贷推出的自动投资工具，投资人可以按照事先确定的预期收益率自动投资拍拍贷平台上的借款标的。通过自动投资所产生的每月回款（含本金和利息）将每月返还给用户，直至使用期结束（图 4-3）。

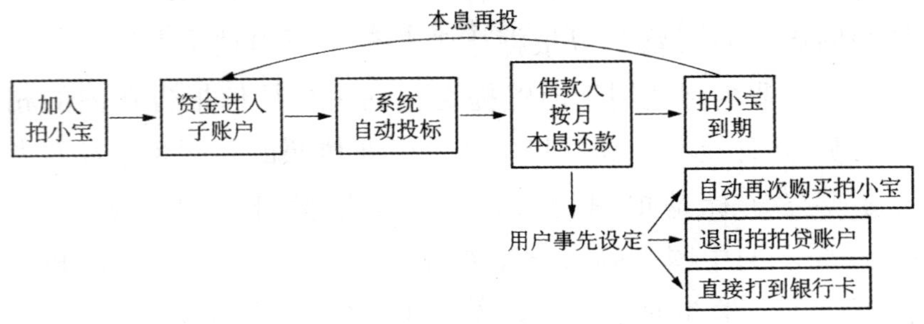

图 4-3　拍小宝的运行模式

2.运行模式

（1）竞标

拍拍贷采用竞标方式，借款人在平台发布借款信息，列出借款原因、金额、利率和借款期限，出借人参与竞标，利率低者中标。投标期在 3～15 天之间，因借款产品不同而有差异。若在规定时间内投标金额达到借款人的需求，则此次借款成功；若未满足所需资金，该借款标就算作流标。借款成功后，拍拍贷平台在 3 个工作日内对交易进行审核并通过借贷双方的第三方支付账户进行结算。与 Lending Club 最初作为 Facebook 应用上线相似，拍拍贷的最大特色便是“网络社区化”，用户信用等级随网站好友人数及个人出借数的增加而提高，因此借款人为了更容易获得贷款必须经常在拍拍贷网站上和投资人联络感情，有很强的用户黏度。

（2）利率确定

拍拍贷标准“中介性”还体现于借款利率的市场定价模式。与 Prosper 的最初做法相同，拍拍贷平台的借款利率由市场决定，借款人在平台发布可接受的最高利率，出借人进行投标，利率低者中标。拍拍贷尽可能减少对于交易的介入，仅仅根据法律对交易规定利率上限。

(3)风险控制

拍拍贷不介入交易本身，没有严格的贷款审批要求，仅仅对申请人提交的证明材料进行表面性审核。同时，借贷双方的资金结算都通过支付宝等第三方支付机构进行，并且拍拍贷已于2014年10月与长沙银行合作，实现资金的第三方托管，在拍拍贷层面没有形成资金沉淀。此外，拍拍贷平台专项拨款建立“风险备用金”，用于偿付投资人的投资损失，以实现100%本金保障，但其官网上并未出现“以风险备用金赔付为限”的声明。

(4)收费(表4-1)

表4-1 拍拍贷的收费标准

借款类型	收费标准
借款期限6个月(含)以下	借款成功后，本金的2%
借款期限6个月以上	借款成功后，本金的4%
首次借款信用服务费	借款成功后，一次收取199元
二次增值服务费	借款成功后，本金的7%

(二)宜信

宜信集团于2005年创建于北京，定位于运用互联网平台为个人及小微企业提供贷款等金融服务。相比于其他P2P平台，宜信在P2P本土化领域迈出了更大的一步，创造了一种独具特色的商业模式——线下债权转让模式。

1.运行模式

在线下转让模式下，借款人通过宜信平台提出贷款申请，由宜信的创始人唐宁或其他高管作为债权人从个人账户放款给借款人，再将债权进行拆分和组合，打包成固定收益类产品，通过宜信的销售团队销售给投资人(图4-4)。

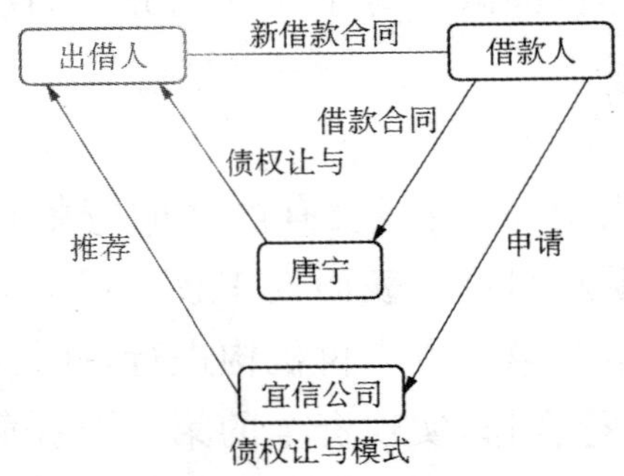

图 4-4　宜信的模式

对于宜信模式而言,借款人和最终出资人并未直接进行交易,双方之间不存在信息匹配,也不存在契约关系。宜信提供了一个固定的出借人,将自有资金借出,再将债权打包成标准化产品销售给投资者。通过这样的流程设计,传统 P2P 平台上那些五花八门的债权便被包装成了数额不大且具有固定收益的理财产品,省去了借款人和投资人之间投标竞标、信息匹配的过程,交易更具效率。

与纯线上模式不同,互联网平台在这个模式下处于交易的前端与末端,仅仅起到信息的提供作用,借款人通过平台发布借款需求,宜信销售团队通过平台向投资人销售标准化产品,而投资人与借款人不通过宜信平台进行信息匹配。交易的核心放贷流程,则由宜信所设计的固定的资金提供方通过线下进行。

宜信集团对于传统 P2P 模型的本土化创新,通过对交易两端的标准化设计,减少了达成交易所需的信息匹配时间,提高了交易效率。从借款人端看,宜信提供唐宁等人作为固定贷款方,用自有资金满足借款人的资金需求,这就省去了借款人在平台发标后等待投资人竞标的时间;从投资人端看,宜信将原本千变万化的借款类型打包成标准化产品,省去投资人逐一筛选单个借款的时间,使得投资更为便捷。

2.风险控制模式

宜信模式将债权按期限和金额搭配成标准收益产品出售给

投资人，投资人与借款人之间不产生直接契约关系，同时投资人也不对借款人的资质进行审查，因此相对于自己逐一挑选的借款需求，宜信模式下投资人对于借出资金的安全感会降低。针对此问题，宜信平台通过两方面对借款人的信用风险进行缓释。

(1)风险补偿基金

宜信在其服务费中抽取贷款金额的2%作为风险补偿基金，当借款人发生违约时，由此基金向投资人还款以保障投资人的利益。

(2)线下放贷

与大部分P2P平台不设门店不同，宜信在全国40多个城市设立实体门店，雇用信贷员对每一位借款人进行面对面的资质审核，以保障借款人所提供信息的真实性。

(三)陆金所

陆金所全称陆家嘴金融资产交易市场股份有限公司，是平安集团的第16家子公司，成立于2011年。正如其名，陆金所并不是一个单纯的P2P平台，而是希望服务于整个金融资产交易领域。

1.陆金所P2P产品——稳盈-安e

稳盈-安e是陆金所面向个人借款人和个人出借人推出的个人借贷中介服务产品，通过发布借款需求、管理借贷双方和担保公司之间的借贷及担保活动、借款资金的划拨等中介服务促进借贷交易的进行。

(1)交易流程

第一步，借款人和出借人分别在陆金所网站注册，提供身份证认证并绑定银行卡。

第二步，完成了网站注册认证的借款人需要到门店申请贷款担保，担保公司会对借款人的担保申请进行审核。一旦担保公司同意为借款人的借款提供担保，借款人将可以通过“稳盈-安e”服务，将借款人的借款请求在陆金所网站平台上发布。

第三步，陆金所平台发布借款信息。

第四步，当借款人和出借人签订《个人借款及担保协议》后，陆金所会根据出借人的授权将借款资金由出借人的陆金所账户转入借款人的陆金所账户中完成放款。另外，陆金所将根据借款人的授权将该笔资金提现至借款人绑定的银行账户。陆金所不对该类资金转账服务收取费用。受银行业仅在工作日进行资金代扣及划转的现状等各种原因所限，陆金所不对此项服务的时间作任何承诺，亦不对此承担任何责任。

第五步，借款人授权陆金所按照等额本息方式按月还款。

(2)交易结构(图 4-5)

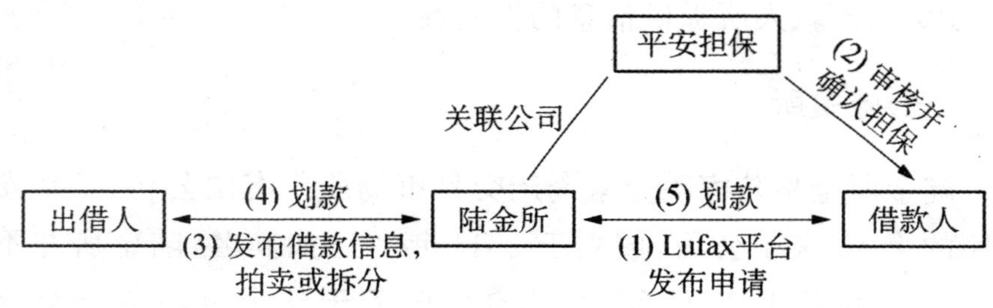

图 4-5　稳盈-安 e 的模式

(3)交易要素

第一，借贷期限。借款人可根据自身需求选择一年期、二年期或三年期借款。

第二，金额。借款人的借款额度为 1 万～15 万元，出借人最小出借金额为 1 万元。

第三，利率。借款利率按照人民银行同期贷款基准利率上浮 40％计算，比如一年期借款基准利率为 6％，上浮 40％为 8.4％；收益率与投资期限挂钩。

第四，还款方式。借款人按照等额本息按月还款。

第五，逾期担保。对于逾期 80 天的借款，由平安融资担保对出借人还本付息。

2.陆金所稳盈-安e产品特点

(1)引入平安集团内部融资担保公司

稳盈-安e产品1万元起投、年化收益率8.4%，与同业相比并无特别的竞争力，而陆金所最大的卖点是安全——依托平安集团平台，引入体系内另外一家机构(平安融资担保)参与到交易中对借款进行保本保息，这构成了陆金所与其他P2P平台最大的优势。

首先，稳盈-安e项目并没有在网页上对每一个借款申请的详细信息进行披露，投资者仅仅能从网页上获得本金、利率、期限和起息日信息，而项目详情中也只介绍了收益方式、担保情况和收益预测。可见，在该业务中陆金所力图保证纯中介角色。

其次，平安担保对借款人进行了调查审核，而陆金所将借款信息做成产品向投资者销售。

这一模式的诞生和成长，符合当前中国的信用环境，对于风险控制和投资人保护确实有益，是金融控股公司内部资源整合配置所做的金融创新，在P2P网贷进入中国的早期能够适应市场需求。但是稳盈-安e的交易结构不利于平台纯中介地位的确立，并且由平安担保对借款进行保本保息，实质上是将风险集中于集团内部，长远看来不利于平台交易规模的扩大。所以近来“去平安化”“去担保化”的呼声也越来越高。2014年6月平安股东会上平安董事长马明哲也公开表示会逐步取消平安对陆金所的担保。

(2)已投债权可通过Lufax平台进行转让

Lufax转让平台是陆金所首创的稳盈-安e产品转让流通平台。合格债权出让人通过Lufax平台提供的转让信息发布和资金划转服务，以一定的价格向债权受让人转让所持债权。大致流程为：

第一，出借人持有存续期届满60日、还款期限还剩3个月以上且不存在逾期还款情况时，出借人可在Lufax平台申请以本金等额价格转让债权并在线点击同意转让协议等相关法律文书。

第二，出借人提交申请后，陆金所向出借人发送手机动态码，出借人输入正确的手机动态码进行确认后，陆金所平台将在线上发布转让信息。

第三，信息发布成功后，若 72 小时内有其他会员选择受让此债权，则交易成功，受让人成为新债权人，并能收到陆金所发送的借款协议；若 72 小时内无人受让，则债权依旧由出借人享有，出借人可再次申请转让债权。

第四，转让成功的债权收益和担保不变，并且只要再次满足 Lufax 平台的转让条件，可以继续进行转让。

第五，债权转让成功后，借款人不会立刻收到债权转让的通知，还款方式不变；仅在逾期还款超过 60 天时，借款人才会收到债权转让通知。

Lufax 平台的债权转让分为“竞拍”和“一口价”两种模式。当出让人采用竞拍模式时，债权转让价格通过受让人竞拍确定，加价区间为本金至当期利息；采用一口价模式时，债权转让价格通常为转让金额减去当日利息，折价金额以本息和的 3% 为上限。图 4-6 为 2014 年 11 月 9 日平台发布的部分转让信息截屏。

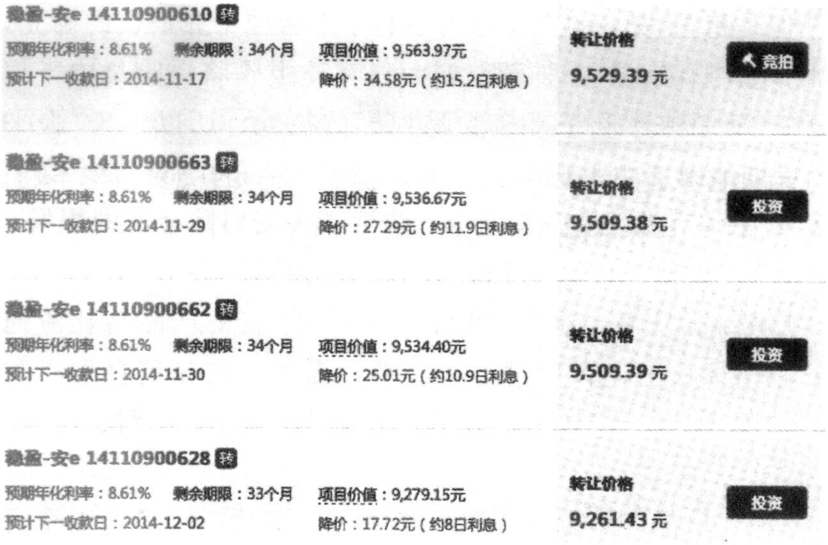

图 4-6　稳赢-安 e 部分转让信息

（四）微额移动P2P

3G、4G网络技术的发展和智能手机、平板电脑等电子产品的诞生引领移动互联网时代的到来，P2P等互联网金融产品也开启了“移动”模式。手机贷、闪银等P2P平台提供短期、小额信用贷款，借款人只需通过手机客户端进行申请，系统完成评估后即给予授信额度，借款人可在额度内提取现金。

1.发薪日贷款

在有移动互联网技术和P2P网络借贷之前，微额短期信用贷款并非没有先例。在英美等国家存在着一种备受争议的信贷产品，由于贷款用途在于维持下一个发薪日之前的生活开支，并且在发薪日还款，这种贷款被形象地称作“发薪日贷款”（Payday Loan）。发薪日贷款以小额、短期、无担保为显著特点，额度通常在100～1500美元，期限不超过2周，借款人通常是不太富裕且难以从主流银行获得信贷支持的消费者。

发薪日贷款通常需要审核工资单或银行流水等收入证明，同时，在传统的发薪日贷款操作中，借款人需向放贷人提供一份包括本金和利息的远期支票，放贷人通过对此支票的折价兑现向借款人放款及收取利息和费用。若借款人到期未能偿还贷款，放贷人可申请支票兑现。若因账户资金不足导致兑现失败的情况发生，则借款人可能面临极高的逾期罚息以及银行账户收取的退票费等其他额外费用。

发薪日贷款自20世纪80年代末诞生以来，颇受争议。支持方将其视为“信贷民主化”运动的产物，认为发薪日贷款能够服务于得不到正规金融支持的贫困者，使其拥有获得贷款的正规渠道，很大程度上减少由于欠费而断水断电断粮等问题，增加了家庭福利。而反对方将其看作“掠夺性贷款”，指责其定价结构不合理、缺少法律约束、催收行为粗暴，是从低收入群体榨取钱财的行为。在反对者眼中，发薪日贷款更大的弊端在于利用借款人的应急偏好性，重复长久地发放贷款，使借款人陷入“财务螺旋”，出现债务飞涨、财务状况不断恶化的局面。

不仅学术界和舆论界褒贬不一，美国的金融监管部门也未对发薪日贷款问题达成统一观点，各州在“发薪日贷款的合法性”“发薪日贷款利率的管制”和“发薪日贷款信息披露”等问题的立法上存在很大差异。监管宽松的州（如伊利诺伊州）要求发薪日贷款需遵守《真实信贷法》（Truth in Lending Act），并明确披露条款；严格的州（如弗罗里达州）对利率上限（如 60%）有明确规定；再严格者（如纽约州）甚至禁止了发薪日贷款。

2.美国首家移动 P2P 平台——LendUp

LendUp 利用移动互联网技术，为急需现金的借款人提供便捷的新型借贷服务。借款人通过智能手机提交借款申请，LendUp 可在 15 分钟内给予授信并完成存款交易，因此使其成为唯一一家可随时随地提供即时借贷服务的公司。

LendUp 公司提供 100～250 美元的贷款，期限为 7～30 天。利率的高低与贷款本金的大小及贷款期限的长短呈正相关，在借款人对金额和期限做出选择之后，系统自动确认此笔交易所适用的利率（图 4-7、图 4-8）。

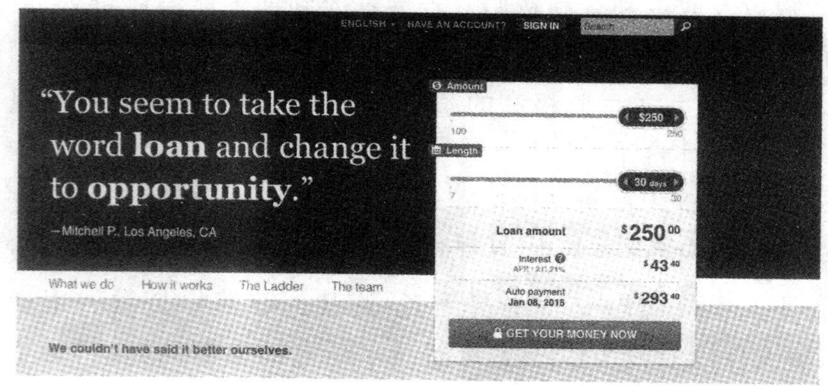

图 4-7 “250 美元，30 天”的本金、利息及还款日测算

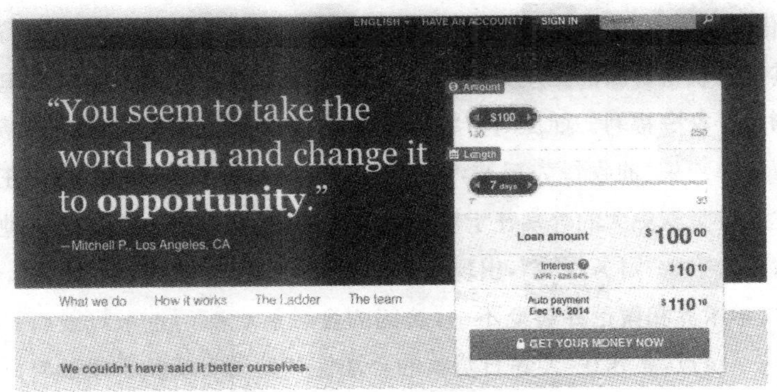

图 4-8 "100 美元，7 天"的本金、利息及还款日测算

与 Prosper 和 Lending Club 依赖 FICO 评分和征信所报告判断借款人信用度不同，LendUp 将借款人可靠度与 Facebook、Twitter、LinkedIn、Yelp！等社交媒体数据挂钩。在接受 TIME 采访时，LendUp 的首席执行官 Sasha Orloff 表示，诸如社交账户年龄、与朋友地理位置亲密度以及好友数量等因素都会被当作贷款审核评判依据。

3.中国微额移动 P2P 平台

(1)闪银

闪银是中国具有代表性的微额移动 P2P 平台，它基于互联网的海量信息，通过大数据分析技术，聚合形成个人信用码以评估借款人信用情况。完成评估后，系统授予借款人信用额度，用户可在额度内提取现金，随借随还，2～12 个月自主分期付款。

闪银的交易流程简单便捷：客户通过手机客户端或者微信公众号提交姓名、身份证号、手机号、工作单位等信息，并从微博、人人网等社交网站中至少选择一个进行账号绑定，系统便会在 10 分钟以内测算出不超过 50 万元的授信额度；获得授信额度后，借款人需上传身份证正面照片及借款人本人手持身份证正面的照片，并绑定银行卡，完成提现申请。

以下图片为初次申请闪银额度的流程及所需提交的资料（图 4-9～图 4-13）。

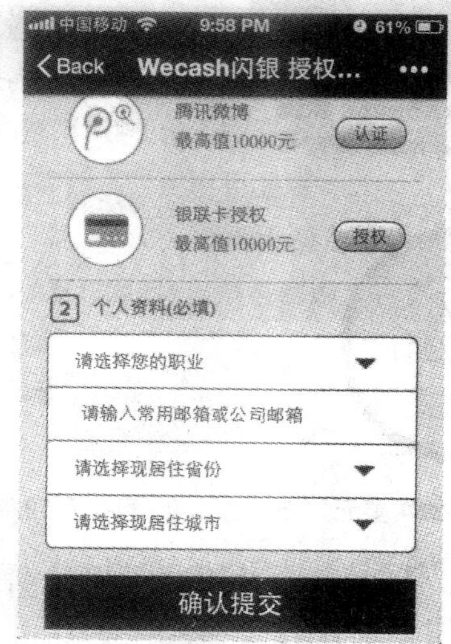

图 4-9 初次申请闪银额度的流程及所需提交的资料 a

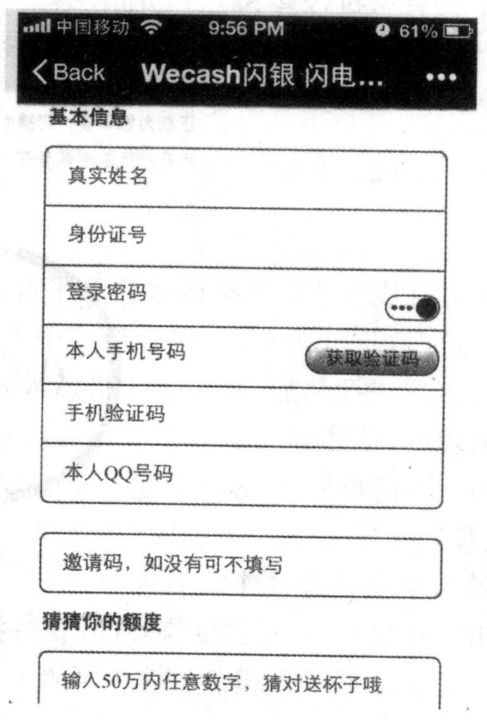

图 4-10 初次申请闪银额度的流程及所需提交的资料 b

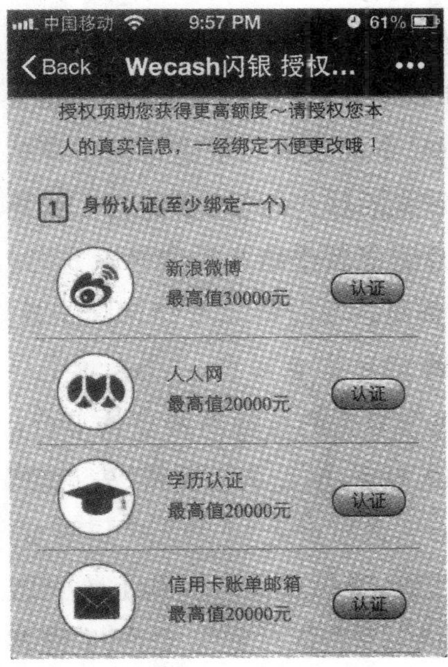

图 4-11 初次申请闪银额度的流程及所需提交的资料 c

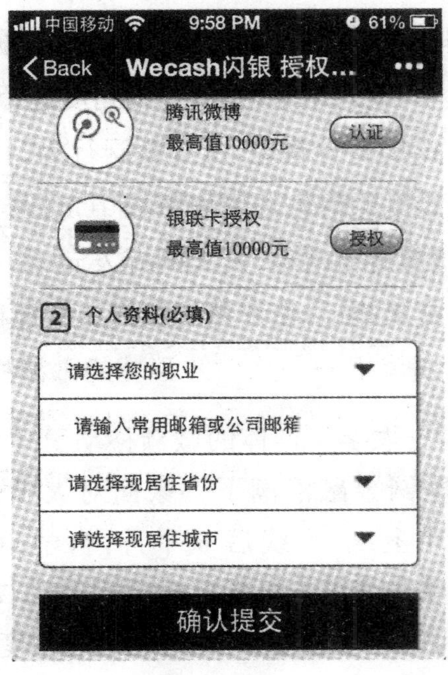

图 4-12 初次申请闪银额度的流程及所需提交的资料 d

图 4-13 初次申请闪银额度的流程及所需提交的资料 e

闪银推出个人信用码评分体系，以“人人有信用，有码便可贷”为目标，依托互联网技术推广个人信用标签。与传统信贷技术着重从个体维度，即个人的资产负债率、收入水平、抵质押物角度进行审核不同，信用码采用 3R（Rules、Rank、Regression）评分模型，从互联网行为、行业、个人三个维度进行资质评估。行业和个人维度的信息是授信审核中定性与定量的静态因素，而借款人的互联网行为（如微博更新内容、人人网好友记录），则能提供借款人的实时动态，对已有信息进行交叉验证，使评判结果更加综合和全面。

(2)先花花——大学生群体的微额移动 P2P

先花花是互联网金融浪潮下一家面对大学生的金融消费贷款平台，于 2014 年上线，上线后 6 个月内，学生用户突破 10 万人，学校周边支持“先花花”的商铺也达数千家。

大学生通过手机客户端在网站进行注册，提供相关资料和上传学生证等证件照片，在审核通过后，即可在一定额度内“先消费后付款”。大学生借款人可以从先花花平台获得支付宝代付、充值缴费、实体消费代付、专享优惠打折、先花花分期代付等高频次的日常小额消费服务。其中，线上主要支持移动端的分期付款购物，而线下则主要针对学校周边的各种小商铺，由平台直接与商家进行结算。长期来看，先花花类似于大学生的信用管理公司，大学生通过先花花进行消费的信用记录会纳入大学生信用成长体系，为其步入社会提供可量化的信用数据。

“先花花”面向无固定收入来源的大学生群体，信用度的考察与风险控制方式比起其他平台更值得关注。

渠道铺设：面向无稳定还款来源的学生群体，是“先花花”风险控制中的不利因素，也是有利因素。渠道的固定，使平台客户群体单一，信用分析的环境相对单纯，平台的团队可以将这一客户群体的信用度进行专业分析。此外，除了利用互联网数据进行信用分析，“先花花”平台还招募了一批大学生落地团队，与借款人面对面交流，对证件进行人工审核，辅助完成贷前审查和贷后管理工作。落地团队的工作人员与借款人同属学生团体，交流障碍少，沟通便捷，能够降低互联网交易中的信息不对称风险。

小额度高频率：与其他分期付款平台不同，“先花花”着眼于学生群体的经济实力，推出主要针对日常小额消费的产品，如一定额度内的支付宝代付和学校周边小商铺实体店代付。这一模式能有效防止学生因购买不符合收入水平的高消费物品而背负较大的经济压力，减少贷款到期不能偿付的风险。

(3)微额速达旗下的“现金巴士”产品

“现金巴士”(Cash Bus)产品是微额速达(上海)金融信息服务有限公司旗下的移动 P2P 网贷产品。该产品系基于大数据分析，通过手机客户端为个人提供小额贷款的创新型 P2P 网贷业务。微额速达公司通过微信公众号(微额速达-现金巴士)开展该业务，有资金需求的用户通过微额速达公司的微信公众号，可申请 500 元和 1000 元两种金额的借款，借款期限分为 7 天和 14 天供客户选择。

“现金巴士”产品定位于工资尚未发放但又有短期微额资金

需求的用户,产品的借款期限 7 天和 14 天也恰恰迎合了“周薪”“月薪”的考虑。

微额速达公司的催收程序充分考虑了用户体验,尤其是“现金巴士”产品设置“容时期”的概念,即借款到期后,若用户仍无能力偿还借款本息,则用户享有 7 天的“容时期”。“容时期”内不视为用户违约,微额速达公司亦不采取任何债权催收等法律程序。

第二节　P2P 网贷法律关系及法律风险分析

一、P2P 网络借贷法律关系分析

(一)P2P 网络借贷平台与借款人、出借人(投资人)的法律关系

在纯中介平台模式中,P2P 网络借贷平台根据借款人的委托要求,将其发布的借款标公布在平台,为借款人的资金需求提供宣传并寻找出借人,再由出借人根据投资需求浏览平台选择投资对象,从而促成双方交易完成。而 P2P 网络借贷平台同时也接受出借人委托为其提供出借(理财)的机会与相关咨询服务,并促成借贷关系确立完成。

根据《合同法》第四百二十四条的规定:“居间合同是居间人向委托人报告订立合同的机会或者提供订立合同的媒介服务,委托人支付报酬的合同。”

P2P 网络借贷平台在不经手资金的前提下,为委托人即借款人提供订立合同机会并促成合同签订,且从借款标额度中收取一定比例服务费用。由此可知,P2P 网络借贷平台与借款人、出借人之间为居间法律关系。

(二)担保法律关系

《最高人民法院关于适用〈中华人民共和国担保法〉若干问题的解释》(以下简称《担保法解释》)第八十五条规定:“债务人或者第三人将其金钱以特户、封金、保证金等形式特定化后,移交债权人占有作为债权的担保,债务人不履行债务时,债权人可以该金钱优先受偿。”

在P2P网络借贷平台自己担保的模式下,无论是自有资金还是从借款人处提取一定比例的资金作为“本金保证金”,其目的都是为借款人的借贷做担保,都是为了保证出借人债权顺利实现;其形式完全符合《担保法解释》第八十五条规定的“金钱特定化”担保形式。故本书认为:“本金保证金”是P2P网贷平台提供的一种合法担保形式,其与借款人之间存在担保法律关系。

(三)P2P网络借贷平台与流转人的法律关系

流转人产生于债权转让模式中,其基于后续债权的转让行为而称之为“流转人”。在债权转让模式中,流转人一般与平台具有特殊关系,其不单单由不特定的第三人担任,大多数为P2P平台的内部员工或其他与平台相关联的自然人。从法律表象看,在债权转让模式中,流转人是受P2P网络借贷平台指派或委托进行一系列借贷活动的,其实质只是为了规避民间借贷中出借人不能是企业的规定而生的。流转人所产生的利润最终归平台所有,其行为后果最终应由平台来承担。

《民法通则》第六十三条第一款的规定:“公民、法人可以通过代理人实施民事法律行为。”第六十四条第二款规定:“委托代理人按照被代理人的委托行使代理权……”

《合同法》第三百九十六条规定:“委托合同是委托人和受托人约定,由受托人处理委托人事务的合同。”第四百零二条:“受托人以自己的名义,在委托人的授权范围内与第三人订立的合同,第三人在订立合同时知道受托人与委托人之间的代理关系的,该合同直接约束委托人和第三人，但有确切证据证明该合同只约束受托人和第三人的除外。”

根据以上法律的规定结合债权转让模式中实际操作流程，本书认为：此模式中的“网贷平台”与“流转人”之间应为委托代理关系。“网贷平台”为了规避民间借贷中的出借人只能为自然人的规定，委托“流转人”代“网贷平台”进行业务往来。虽实践中因双方关系特殊，未必会以签署委托合同的形式明确法律关系，但基于双方事实行为同样可以确定为委托代理关系。

（四）借款人与出借人法律关系的认定

《合同法》第一百九十六条规定：“借款合同是借款人向贷款人借款，到期返还借款并支付利息的合同。”

出借人作为提供方将资金提供给需求方，即借款人。双方通过在 P2P 平台上投标，来满足资金的需求与供给，从而完成借款交易并签订借款合同。双方须依据借款标发布的借款数额、借款时段、承诺利息等约定内容履行各自的权利和义务。因此，借款人与出借人之间属于民间借贷法律关系。

（五）流转人与借款人、流转人与出借人（投资人）的法律关系

流转人作为资金提供者，将资金提供给有需求的借款人，并签订借款合同，双方依据约定对借款数额、借款时段、借款利息等履行各自的权利义务。

虽然流转人在取得债权后，会进行二次拆分，并将债权转让给一个或多个投资人，但在债权转让生效之前，流转人与借款人同样会进行资金供需交易，其后续的债权转让并不影响双方已形成的法律关系的认定。因此，借款人与流转人在债权转让之前两者间属于民间借贷关系。

流转人以个人身份将资金借给借款人从而取得债权，然后经 P2P 平台将这些债权转让给一个或多个投资人，即新债权人。

《合同法》第七十九条规定:“债权人可以将合同的权利全部或者部分转让给第三人,但有下列情形之一的除外:(一)根据合同性质不得转让;(二)按照当事人约定不得转让;(三)依照法律规定不得转让。”第八十条规定:“债权人转让权利的,应当通知债务人。未经通知,该转让对债务人不发生效力。债权人转让权利的通知不得撤销,但经受让人同意的除外。”

根据上述法律规定,流转人作为债权人其可以通过 P2P 借贷平台依法将合同的权利全部或部分转让给第三人,但应当保证在债权转让前履行向债务人的通知义务,并且该转让不违反上述第七十九条的除外情况。在债权转让不违反法律强制性规定且生效的前提下,流转人与投资人依法可形成债权让与关系。债权转让生效后,流转人因合同转让而丧失债权人权利,该债权即由流转人移转于投资人,从而使流转人脱离原合同关系,由投资人取代其位置而成为借款合同关系的新债权人,同时权利义务随之转移。债务到期后,借款人应按借款合同约定向投资人履行还款的义务。基于流转人的债权转让行为,从而使得受让债权的投资人与借款人形成新的借贷关系。

(六)借款人与担保方法律关系

《担保法》第六条规定:“本法所称保证,是指保证人和债权人约定,当债务人不履行债务时,保证人按照约定履行债务或者承担责任的行为。”

平台通过以引进担保公司的方式来保障债权人的权益,并且通常会选择与具有较高信誉度的担保公司合作,由担保公司为借款人提供担保,当借款人未能偿还到期款项时,由担保公司将未还本金支付给出借人,以此来保障债权人的利益。双方基于担保合同而形成担保法律关系。

二、P2P 网络借贷法律风险分析

（一）P2P 网络借贷的民事法律风险

1.合同无效的法律风险

（1）电子合同认定风险

电子合同是又称电子商务合同，主要是指在网络条件下当事人为了实现一定的目的，通过数据电文、电子邮件等形式签订的明确双方权利义务关系的一种电子协议，而电子签名则是通过密码技术形成于电子合同之上的电子形式的签名。

《电子签名法》第二条规定："本法所称电子签名，是指数据电文中以电子形式所含、所附用于识别签名人身份并表明签名人认可其中内容的数据。本法所称数据电文，是指以电子、光学、磁或者类似手段生成、发送、接收或者储存的信息。"第三条规定："民事活动中的合同或者其他文件、单证等文书，当事人可以约定使用或者不使用电子签名、数据电文。当事人约定使用电子签名、数据电文的文书，不得仅因为其采用电子签名、数据电文的形式而否定其法律效力。前款规定不适用下列文书：（一）涉及婚姻、收养、继承等人身关系的；（二）涉及土地、房屋等不动产权益转让的；（三）涉及停止供水、供热、供气、供电等公用事业服务的；（四）法律、行政法规规定的不适用电子文书的其他情形。"《合同法》第十一条规定："书面形式是指合同书、信件和数据电文（包括电报、电传、传真、电子数据交换和电子邮件）等可以有形地表现所载内容的形式。"

通过上述法律规定可以看出，电子合同及电子签名并不因其形式而否定其法律效力，双方可以依法通过电子信息网络以电子的形式达成协议，确立双方民事权利义务关系，而这样的方式在目前我国 P2P 平台中是比较普遍的，它能够使双方在互联网条件下完成合同的签订，具备了方便、快捷的优势，但在便捷的基础上，我们仍然不能忽视电子合同所存在的弊端和法律风险。首先，电子数据具有易消失性。电子数据以计算机储存为条件，是无形物，一旦操作不当可能抹掉所有数据。其次，电子数据具有易改动性。计算机信息是用二进制数据表示的，数据或信息被人为地篡改后，如果没有可对照的副本、映像文件则难以查清、难以判断。

中国人民银行发布《支付机构网络支付业务管理办法（征求意见稿）》规定："支付机构采用电子签名方式进行客户身份认证和交易授权的，应当优先由合法的第三方认证机构提供认证服务。"该规定目前尚处于草案阶段，若得以实施，在采用电子签名方式的同时能够由第三方认证机构有效介入，便可以进一步弥补电子签名所存在的弊端。

因此，保证电子数据的原始性与真实性成为 P2P 平台技术的重中之重，如果电子数据消失或被篡改，电子合同的有效性则很可能受到挑战，一旦发生纠纷，债权人证明借贷关系的证据则无法提供或提供不实，则借贷关系就会有被认定不存在或借贷合同效力不能认定的法律风险。

（2）出借主体不适格或出借款来源不合法

在 P2P 平台中，如果出借主体为未成年人或限制民事行为能力人，借款合同则有可能被认定为效力待定的合同；如所出借款项被认定为赃款等来路不明的非法之财，则出借合同有可能被认定为无效之风险。

2.个人（企业）信息安全风险

目前 P2P 的最突出问题是"三无"，即无准入门槛、无行业标准、无机构监管，仅作为普通企业要求。而为了确保交易双方身份的真实性，P2P 平台需要储存大量的个人信息，如姓名、年龄、住址等，在降低交易成本的同时，也就带来了信息安全的道德风险。如果平台没有对客户的个人信息做好保密工作，或者网站的保密技术被破解，将极容易导致泄露。

另外，由于纯线上平台业务主体无法现场确认各方的合法身份，交易信息均通过互联网进行传输，无法进行传统的盖章和签字，存在可能被非法盗取、篡改的风险。

3.违约风险

在P2P网络借贷平台进行交易撮合时，主要根据借款人提供的身份证明、财产证明、缴费记录等信息评价借款人的信用。一方面，此种证明信息极易造假，给信用评价提供错误的依据；另一方面，即使是真实的材料，也不免存在片面性，无法全面地了解借款人的信息。如果以债权形式进行融资，那么出借人面临最为突出的风险是借款人违约，即债务人不能清偿到期债务而导致的损失，若加之其所提供的身份证明等资料存在造假，出借人将面临诉讼无门的困境。

4.易触碰“高利贷”风险

高利率是网贷得以风靡的主要原因，如果只是按照法律规定的利率水平来放贷，考虑到网络借贷的风险性，部分投资者可能就会放弃在网上放贷的想法。由于网贷平台上的收益水平远远高于其他投资渠道，且在当前投资渠道较为匮乏的情况下，人们通过网贷平台获取高收益越来越普遍。一些人试图在网络上放贷以获取较高的利润，还有一些人则试图在一个网络平台上借贷，然后在另一个网络平台上放贷，赚取差价，而其中的风险值得关注，一旦某债务人违约或者缺乏履约能力，那么资金链就会断裂，将引发连锁风险。

《合同法》第二百一十一条规定：“自然人之间的借款合同对支付利息没有约定或者约定不明确的，视为不支付利息。自然人之间的借款合同约定支付利息的，借款的利率不得违反国家有关限制借款利率的规定。”

最高人民法院《关于人民法院审理借贷案件的若干意见》第六条规定：“民间借贷的利率可以适当高于银行的利率，各地人民法院可根据本地区的实际情况具体掌握,但最高不得超过银行同类贷款利率的四倍(包含利率本数)。超出此限度的,超出部分的利息不予保护。"

上述法律和司法解释的规定基本构成了"高利贷标准"的定义和自然人之间合理利率借贷的合法性以及保护与非保护的法定界限。也就意味着,在 P2P 借贷的模式中,各方必须严格守住基准贷款利率 4 倍的边界并在法定框架下,才能保证贷款的合法性。在国内实践中,虽然表面上的实际利率不超过 4 倍,但加上服务费用仍然存在超过 4 倍基准贷款利率的情况,目前没有能判断其违法的法律依据,这部分资金是否属于"高利贷"的性质,依旧处于法律的边缘地带。

5.计算机系统防护措施不完善,非法入侵将引发经济损失

P2P 网络借贷平台的业务开展与数据储存主要依赖于互联网和计算机硬件,为保障业务操作的安全性与连续性,P2P 网络借贷平台必须要采取防止数据丢失、损坏、被盗取以及系统被攻击等风险的有效防范措施,避免平台系统本身存在过多的安全漏洞。

黑客在选择攻击平台时也并非全然依靠偶然性,其主要会考虑以下三点因素:(1)P2P 网络借贷平台系统本身安全漏洞较多;(2)系统出现问题后造成的影响较大;(3)P2P 网络借贷平台在所属行业中具有较高的社会关注度。由于平台系统保存了出借人的银行账户、账户余额、资金收支等一切资金往来情况的详细记录,一旦遭遇黑客入侵,将很可能面临数据库被篡改、修改,甚至删除数据的危险情况,严重威胁着出借人的资金安全。另外,系统被入侵也将导致出借人无法登陆,即便数据未被篡改,也将引起大面积恐慌。

(二)P2P 网络借贷的行政法律风险

网贷平台极易演变为吸收存款、发放贷款的非法金融机构。

所谓金融机构是指从事金融服务业有关的金融中介机构，为金融体系的一部分，主要包括银行、证券公司、保险公司、信托投资公司和基金管理公司等。

《非法金融机构和非法金融业务活动取缔办法》第三条规定："本办法所称非法金融机构，是指未经中国人民银行批准，擅自设立从事或者主要从事吸收存款、发放贷款、办理结算、票据贴现、资金拆借、信托投资、金融租赁、融资担保、外汇买卖等金融业务活动的机构。非法金融机构的筹备组织，视为非法金融机构。"第四条规定："本办法所称非法金融业务活动，是指未经中国人民银行批准，擅自从事的下列活动：(一)非法吸收公众存款或者变相吸收公众存款；(二)未经依法批准，以任何名义向社会不特定对象进行的非法集资；(三)非法发放贷款、办理结算、票据贴现、资金拆借、信托投资、金融租赁、融资担保、外汇买卖；(四)中国人民银行认定的其他非法金融业务活动。前款所称非法吸收公众存款，是指未经中国人民银行批准，向社会不特定对象吸收资金，出具凭证，承诺在一定期限内还本付息的活动；所称变相吸收公众存款，是指未经中国人民银行批准，不以吸收公众存款的名义，向社会不特定对象吸收资金，但承诺履行的义务与吸收公众存款性质相同的活动。"

虽然目前的网贷平台机构定位尚不明确，但从上述定义来看，其并不属于金融机构，而且在纯平台模式的转型下，网络借贷平台已不仅仅依靠中介费、电话催缴费等满足盈利要求，它们正积极地参与到网络借贷当中，且试图以某种变相的、擦边球的方式介入金融服务，实现自身利益的最大化。因此，现在的网贷平台的经营行为已经不能仅仅作为提供民间借贷的服务机构，不再是单纯的中介平台。

目前的各类运行模式中或多或少的均存在涉嫌非法吸收公众存款或者变相吸收公众存款、向不特定对象进行非法集资的行为。我们以人人贷(P2P)为例，在中国银监会办公厅关于人人贷有关风险提示的通知中表示，由于行业门槛低，且无强有力的外部监管，人人贷中介机构有可能突破资金不进账户的底线，演变为吸收存款、发放贷款的非法金融机构。可见，网贷平台机构已由银监会做出了初步“定性”，其观点中透露出一定的倾向性，存在极大的被认定为非法金融机构的可能性，因此，这种金融经营行为，在被扣上“非法金融机构”经营“非法金融业务”帽子的同时，将面临着被取缔的法律风险。

（三）P2P 网络借贷的刑事法律风险

1.机构定位不明确，涉嫌非法吸收公众存款

现有法律规则还没有对互联网金融机构的属性做出明确定位，互联网企业尤其是 P2P 网络借贷平台的业务活动，还没有专门的法律或规章对其进行有效的规范，平台的产品设计和运作模式略有改变，就极有可能“越界”进入法律上的灰色地带，甚至触碰“底线”。尽管目前互联金融存在多种看似不同的运行模式，但其均存在先聚集再扩散的方式实现资金错配与期限错配。

《最高人民法院关于审理非法集资刑事案件具体应用法律若干问题的解释》第一条规定：“违反国家金融管理法律规定，向社会公众（包括单位和个人）吸收资金的行为，同时具备下列四个条件的，除刑法另有规定的以外，应当认定为刑法第一百七十六条规定的‘非法吸收公众存款或者变相吸收公众存款’：（一）未经有关部门依法批准或者借用合法经营的形式吸收资金；（二）通过媒体、推介会、传单、手机短信等途径向社会公开宣传；（三）承诺在一定期限内以货币、实物、股权等方式还本付息或者给付回报；（四）向社会公众即社会不特定对象吸收资金。未向社会公开宣传，在亲友或者单位内部针对特定对象吸收资金的，不属于非法吸收或者变相吸收公众存款。”

从 P2P 网络贷款的债权转让模式来看，其通过个人账户进行债权转让，使得平台成为资金往来的枢纽，不再是独立于借贷双方的纯中介模式，债权转让是通过对期限和金额的双重分割，将

债权重新组合转让给放贷人。而且有部分 P2P 平台成立风险资金池，划拨部分收入风险储备池，由借款人前期支付“保证金”，若是借款人按时归还借贷，再予以返还，这就与“非法吸收公众存款”甚为相似。

综上，中国银监会在 2014 年 4 月 21 日举行的关于“处置非法集资联席会议”上表示，是否构成非法集资主要还是要根据最高法司法解释关于非法集资的四个特征来判断，即非法性、公开性、利诱性、社会性。尽管现在对于互联网金融平台构成犯罪与否仍处于“是”与“非”的抉择当中，但不外乎大部分网贷平台的“打太极”行为，以一些貌似合理的手段规避犯罪所需的构成要件，但无监管以及缺乏监管不会是当今法治社会下的常态，一旦出台相关法律法规加以管制，所有似是而非的行为将无所遁形。

2.平台虚构信息、编造虚假项目，涉嫌集资诈骗

《刑法》第一百九十二条规定：“以非法占有为目的，使用诈骗方法非法集资，数额较大的，处五年以下有期徒刑或者拘役，并处二万元以上二十万元以下罚金；数额巨大或者有其他严重情节的，处五年以上十年以下有期徒刑，并处五万元以上五十万元以下罚金；数额特别巨大或者有其他特别严重情节的，处十年以上有期徒刑或者无期徒刑，并处五万元以上五十万元以下罚金或者没收财产。”

根据现行法律的规定，集资诈骗罪需要满足以非法占有为目的，使用诈骗的方法非法集资，在通常情况下，这种目的具体表现为将非法募集的资金的所有权转归自己所有，或任意挥霍或占有资金后携款潜逃等。目前个别 P2P 网络借贷平台经营者，发布虚假的高利借款标募集资金，并采用在前期借新贷还旧贷的庞氏骗局模式，短期内募集大量资金后用于自己生产经营，有的经营者甚至卷款潜逃，其主观上具有非法占有的目的，且同时实施了诈骗方法非法募集资金的行为，极大可能涉嫌集资诈骗。

3.无法有效审查资金来源，将面临“洗钱”风险

所谓洗钱是指将毒品犯罪、黑社会性质的组织犯罪、恐怖活动犯罪、走私犯罪或者其他犯罪的违法所得及其产生的收益，通过各种手段掩饰、隐瞒其来源和性质，使其在形式上合法化的行为。主观方面表现为故意，即明知自己的行为是在为犯罪违法所得掩饰、隐瞒其来源和性质，为利益而故意为之。客观方面表现为为其提供资金账户、协助财产转移以及其他掩饰、隐瞒犯罪的违法所得及收益来源的方式。

目前 P2P 网络借贷中，尚无有效手段审查资金来源的合法性，因此并不排除有犯罪违法所得财产的存在，如果 P2P 运营商仅是提供中介服务而未参与其借贷活动(例如纯中介模式中的交易方式)，根据最高人民法院《关于人民法院审理借贷案件的若干意见》第十三条的规定，则平台即使被动参与了洗钱，但因其不具有主观上“洗钱”的故意，也无需承担法律责任。当然若平台运营商主动参与到“洗钱”过程中，那必然要承担相应的刑事法律责任。

4.平台涉嫌共同犯罪

《关于办理非法集资刑事案件适用法律若干问题的意见》第四条规定：“为他人向社会公众非法吸收资金提供帮助，从中收取代理费、好处费、返点费、佣金、提成等费用，构成非法集资共同犯罪的，应当依法追究刑事责任……”此规定对金融中介平台及第三方支付机构设置新的高压线，即如果集资方涉嫌“非法吸收公共存款罪”“集资诈骗罪”等非法集资的刑事犯罪，作为中介平台非常有可能被认定为“共犯”受到刑事追责。

第三节　P2P 网贷法律风险防范建议

防范 P2P 网贷法律风险，应该从宏观制度建设、P2P 网贷平

台和借贷者三个角度来加以落实。

一、从宏观制度建设角度防范 P2P 网贷法律风险

(一)完善相关法律法规

《指导意见》发布后,与之相关的 P2P 网贷的监管文件也正在起草制定之中。中国政府法制信息网站 2015 年 12 月 28 日发布公告,为规范网络借贷信息中介机构业务活动,促进网络借贷行业健康发展,更好地满足小微企业和个人投融资需求,银监会会同工业和信息化部、公安部、国家互联网信息办公室等部门研究起草了《网络借贷信息中介机构业务活动管理暂行办法(征求意见稿)》,并征求了相关部门的意见,现向社会公开征求《国务院关于印发推进普惠金融发展规划(2016—2020 年)的通知》(国发[2015]74 号)提出:要规范发展各类新型机构,促进互联网金融组织规范健康发展,加快制定行业准入标准和从业行为规范,建立信息披露制度,提高普惠金融服务水平,降低市场风险和道德风险。要完善普惠金融法律法规体系,确立各类普惠金融服务主体法律规范,推动制定非存款类放贷组织条例等法规,配套出台网络借贷管理办法等规定。

(二)扩大征信范围,完善全国征信系统建设

与我国的征信系统不同,美国的征信系统的数据来源十分广泛,对用户所使用的计算机 IP 地址、操作系统、硬件配置等信息都有所收集。并且,美国的征信系统几乎是全国透明的,P2P 网贷平台也可以获取信用数据,这就为相关市场的运作提供了信用评级支撑,如美国的 P2P 网贷平台 Prosper 对借款人提出的最低要求就是借款人在 Experian 的信用评分必须要达到 640 分。而我国目前个人征信系统尚未建立,因此,建议扩大我国征信系统数据的来源,赋予 P2P 网贷平台使用征信系统的权限。

2015 年 9 月 14 日,由央行支付清算协会主导的互联网金融

风险信息共享系统正式上线，这一系统有助于提升 P2P 网贷行业的整体风险控制能力。该系统将各个 P2P 网贷机构零散分散的数据有机地整合起来，降低了 P2P 机构与借款人之间的信息不对称。目前通过系统共享的数据主要分为三类，一是不良贷款信息，指逾期超过 90 天的贷款；二是逾期贷款信息，指逾期 90 天以内的贷款；三是正常贷款信息，指未结清且尚未逾期的贷款。首批接入系统的 P2P 机构一共有 13 家，包括宜信、人人贷、红岭创投、翼龙贷、拍拍贷、网信理财、开鑫贷、合力贷、积木盒子、财路通、珞富、信而富、有利网。据了解，上述平台都是向支付清算协会提出申请，通过了协会对平台的技术安全、内控安全、系统稳定性等考察，最终进入了首批名单。支付清算协会相关人士表示，未来还将吸纳更多的网贷、消费分期等企业加入这一系统。据透露，加入风险信息共享系统是未来 P2P 网贷平台申请加入互联网金融专委会的前提条件之一；在没有成为专委会成员之前，系统接入单位可以享受到除表决权以外的专委会成员的一切权利。

（三）引导成立网络借贷行业自律组织

目前我国已有一些地区成立了网络借贷自律组织，但大多数只是流于形式，规模也比较小，全国性的网络借贷自律组织目前尚未成立。建议可以由目前行业内几家规模比较大的平台牵头组织成立自律协会，吸收越来越多的平台加入。协会可以经常组织各网络借贷平台进行业务培训，对平台高管进行风险培训，对网络借贷从业人员进行职业道德教育、业务技能培训、政策法规宣传，保证平台的健康发展。

二、从 P2P 网贷平台角度防范 P2P 网贷法律风险

（一）避免构建资金池和自融

通过对上述 P2P 网贷平台的运行模式进行考察，可以看出 P2P 网贷平台产生的资金池分为两类：一是投资人向平台充值或

获取收益尚未提现形成的资金池，投资人已投标但标未满时形成的资金池以及来源于投资人并用于保障投资人投资的风险准备资金池；二是平台尚未有对应的借款项目时，先行归集投资人资金，获得资金支配权形成的资金池。对于第一类，由于资金使用用途均有锁定，通过资金托管的方式予以规范，保障与平台自有资金隔离，确保平台不能自由支配。而对于第二类资金池，已超出了《指导意见》要求的平台只能是信息中介的限制，涉嫌触碰非法集资的底线，应严格避免。

《指导意见》中明确规定：从业机构（包括 P2P 网贷机构）应当选择符合条件的银行业金融机构作为资金存管机构，对客户资金进行管理和监督，实现客户资金和从业机构自身资金分账管理。客户资金存管账户应接受独立审计并向客户公开审计结果。

同时《指导意见》规定互联网支付应坚持小额、快捷、便民小微支付服务，这表明依据现行的监管政策，从规范 P2P 网贷机构运营的角度，资金托管合作机构应由第三方支付逐步转换为银行业金融机构。

（二）严格把控借款人的借款是否真实、还款能力及还款意愿等，避免虚假借款甚至被认定为非法集资共犯等风险产生

由于国内征信体系不健全，审核借款人身份是否属实，借款需求是否真实，是否有还款能力、还款意愿，成为平台的重要职责，P2P 网贷平台应该严加审核与评估。否则，如借款人通过平台进行非法集资，根据《指导意见》的规定，平台将有被认定为非法集资共犯的风险。

（三）完善网络技术，降低网络风险

P2P 网贷的整个过程绝对地依赖计算机技术，涉及个人信息的安全性、网络交易的安全性。为保障二者的安全性，需要从技术上不断提高。

(四)明确金融职责,强化操作流程

在借贷过程中,P2P网贷平台所扮演的角色应该是独立于投资人与借款人交易关系的第三方,它不该像传统金融机构一样成为金融中介,而应该是单纯的信息中介。因此,P2P网络借贷平台应明确自身金融职责,加强自身道德建设,避免发生卷款跑路的情况。另外,P2P网络借贷平台应强化自身的操作流程,比如强化风险评价体系的设计、扩大相关信息的披露范围、积极落实资金托管政策等。

(五)加强借款人审核,努力开发优质借款人

P2P网贷平台可以从以下五个方面着手,对借款人进行严谨的审核:第一,借款人的基本信息,包括年龄、性别、职业、职务、受教育程度、工作年限和婚姻状况等;第二,偿债能力,包括借款人的工资、银行账单、投资支出、变现能力以及在其他机构的借款和保证金数额等;第三,信用历史,主要包括借款人拥有的存款账户数、信用卡张数及授信总额、信用贷款记录等;第四,财产状况,主要考察借款人拥有的不动产,比如住宅和商铺的所有权,是否按揭等;第五,贷款条件,主要看借款人的贷款条件,比如贷款用途、期限、数额、保证人与借款人的关系等。基于上述指标,我们可以定量化地分析哪些因素对借款人的违约概率更有影响,并做出违约概率排序,从而避免"劣质"借款人进入平台。对于在平台有过借款经历的借款人,要建立借款人评级体系。在定性和定量的基础上搭建借款人的评级指标体系,初期以定性分析为主,待样本数据完善后逐渐以定量分析为主。同时,要充分利用个人有效数据,以充分掌握借款者的风险特征。

三、从借款人和投资人角度防范P2P网贷法律风险

在借贷过程中,借款人与投资人直接建立借贷关系,如何长期获得P2P网贷平台及投资人的信任,是借款人能够获得持续借

款的前提。因此，这些借款人应努力建立市场信誉，降低信用风险。对小微企业来讲，可以从完善企业内部制度、提供符合企业真实情况的财务数据等方面入手。对个人来讲，可从提供真实的个人相关资料入手。

对投资人来说，P2P 网贷平台上可选择的产品更多，投资回报率高，但多数投资人可能在选择投资产品时盲目跟风，缺乏自己的主观判断。因此投资人应增强网络投资的谨慎性，多学习投资的相关知识，提高自身的理财规划能力与投资判断力，做出理性的投资决策，从自我意识的角度降低来自互联网金融平台的信用风险。

第五章 众筹的法律透视及法律风险防范

作为互联网金融的产物，众筹已经发展出多种多样的形式，如债权众筹、股权众筹、公益众筹、奖励众筹等。在我国，由于众筹模式的不够成熟、市场环境的复杂以及立法的不完善，在众筹过程中仍然存在着诸多法律风险。基于此，本章将在对众筹进行介绍的基础上，深入研究其法律风险及防范措施。

第一节 众筹模式分析

一、众筹概述

（一）众筹概念

众筹源于英文“crowdfunding”一词，即大众筹资或群众筹资，香港译作“群众集资”，台湾译作“群众募资”。本书对众筹的定义是：指筹资人通过众筹平台向不特定群体发布项目信息，从而获得众人专项投资的经济活动。

众筹最初是艰难奋斗的艺术家们为创作筹措资金的一个手段，现已演变成初创企业和个人为自己的项目争取资金的一个渠道。众筹网站使任何有创意的人都能够向几乎完全陌生的人筹集资金，消除了从传统投资者和机构融资的许多障碍。

众筹主要包括三个主体，分别是筹资人、投资人以及众筹平台。其中，筹资人一般是具有创造能力但缺乏研发资金，主要以其发明、制造的创意产品吸引投资人的注意，投资人若对筹资人的想法和创意感兴趣，则可以出资的方式支持筹资人，为其提供研发资金；而众筹平台是作为连接双方的互联网线上桥梁，为筹资人提供展示产品的空间并筹集资金，为投资人提供选择心仪产品的平台；投资人绝大多数为草根投资者，人数众多，抗风险能力差的群体。

（二）众筹特征

1.参与度更高：基于众筹的社交因素

曾有业内人士指出，众筹是由社交驱动的业务，社交网络的深度与广度决定了众筹业务的方向，这个网络让更多的投资者参与其中，会给企业带来更多的效益，给投资者带来更多的投资机会。大部分众筹平台借鉴了社交网络的元素，可结合线下人际关系把项目信息迅速推广。一个热点项目通过有效宣传，往往可以获得大量关注，从而在较短时间内超额完成筹资。具体而言，基于众筹的社交因素，为投资者有效降低风险的同时也为项目筹资者生成场聚效应。

社交网络的固有特性决定了投资者的多元分散，直接有效降低了融资风险。传统融资模式下，投资者数量少，投资金额高，风险也相对集中。众筹模式的核心思想体现在“众”多的投资者，通过互联网平台的无界性，可以在短时间内聚集数量庞大的、不同类型的参与者；而每位投资者的投资额度可高可低，有利于通过多元化、分散化的方式降低融资风险。

社交网络的固有特性满足了项目筹资者的推广目的，直接酝酿生成了场聚效应。众筹扎根于互联网，抓住网络人群“参与感强”“个性突出”等特性，通过“筹资”的形式将一群特点鲜明的人群聚集到一个平台。对于拥有流量的平台，其传播价值不可小觑。可见，众筹网站已经不再仅仅是为创意项目筹资的平台，更是有着无限可能的人流聚集地，可以发挥巨大的场聚效应。以电影作品众筹为例，2013 年，天娱传媒就借助众筹平台发起了“2013

快乐男声主题电影”的筹资项目，结果得到了 39563 人的支持，有效地进行了电影的前期宣传。

2.透明度更足：基于众筹的平台机制

信息是金融市场框架的核心，传统金融市场主要通过发行标准化的金融工具，并建立金融中介、信用评级公司等机构收集借款人的相关信息，以解决由于信息不对称带来的逆向选择与道德风险问题。而众筹模式，则利用网络平台传播融资信息，一方面，互联网拥有庞大的用户群，信息传播更为方便、快捷且成本低廉；另一方面，互联网信息交互性强，用户在“推送”信息的同时也能接收信息，借助众筹平台，借款人与投资方可进行高效的交流互动，对抑制信息不对称的作用更为明显。

具体而言，众筹筹资活动基本都在线上完成，众筹网站的项目页面公示筹资的时间限度、目前已经获得的筹资金额等相关信息。通过信息收集与数据处理，投资者可以了解筹资者的资历与技能，最终确定筹资者的可靠程度。这种网络化、社交化的信息收集可在一定程度上反映出筹资者的实际情况，而筹资者的信用情况会与既往项目的执行情况相互联系。毋庸置疑，成功的项目将增加筹资者的信用，使其下一笔筹资更加容易，而失败或不实项目则很容易导致筹资者之后的融资难以维系。同样，项目筹资者也可通过公开的投资数据寻找合适的投资者，双方自由对接。众筹的平台机制作为大数据金融的具体体现，使得投资者与创业者之间可以通过较高的透明程度、较低的试错成本来沉淀信任。

3.操作性更强：基于众筹的融资模式

传统金融市场中，参与投资主要是风险承担能力较强的投资者，普通投资者大多通过金融机构参与金融市场。众筹模式为普通群众提供了直接参与金融市场的渠道，有利于实现民间资本与中小企业的高效对接，缓解资本市场资金紧缺而民间资本投资无门的双重问题。

具体而言,在严格的金融监管制度下,公开渠道的 IPO 信息披露义务繁重,鲜有企业能负担实施 IPO 的融资成本。同时,中小企业非公开融资渠道也比较匮乏,民间资本受到行业准入准则的限制而缺少融资渠道,难以转化为投资,使得整个资本市场无法满足中小企业的融资需求。除了制度环境与社会环境之外,市场环境也往往构成中小企业融资难的掣肘。金融危机之后,银行惜贷、投资者信息不足等加剧了中小企业融资的艰难。整体来看,金融市场长期以稳定为目标,未能建立起中小企业融资的有效通道,要解决中小企业融资难的问题,必须以融资需求为导向进行金融市场改革,创新思路,建立完善的融资机制,从根本上解决中小企业融资难的问题。

众筹模式利用了互联网高效、便捷的信息传播特点,为民间资本与中小企业提供了直接对接通道。这种模式为民间资本流向优质企业与项目提供了渠道,同时满足了中小企业旺盛的资金需求,以最终实现资本资源的合理配置。换言之,互联网是高效、公开的信息传播平台,投资者可以根据偏好选择投资项目,有效地集中了人们手中的闲散资金。创业者可利用众筹网站获得创业资本,完成产品生产或技术创新等项目,顺利地将民间资本投资到实体经济中,避免了资金滥用给实体经济带来的隐患,保障了实体经济的健康高速发展。从实际情况看,众筹已经逐步从创意产业与慈善项目扩大到一个更为广泛的商业平台,将社交网络与种子基金、风险投资的投资方式巧妙地融合在一起,为资金需求方与供应方提供了一座新的桥梁。①

4.开拓性更好:基于众筹的金融脱媒

金融市场的基本功能是融通资金,为实体经济服务。金融市场发挥其功能主要依靠商业银行为主体的间接融资市场与股票等证券主导的直接融资市场。随着投资群体的日渐成熟与金融服务的不断创新,"金融脱媒"现象开始出现,这也是经济发展的

① 孔莉萍.太原晚报启动"众筹项目"招募"创业英雄"[N].太原晚报,2014-5-26.

必然趋势。投资群体寻求更高回报与企业对更低融资成本的寻求，都要求"非中介化"的融资模式。众筹模式是资金从储蓄者直接流向借款人的便利渠道，代表着未来金融市场"脱媒"的趋势。

互联网金融众筹模式来源于一定的基础——网络基础与经济基础。众筹的网络基础在于互联网信息获取与处理成本极低，打破了传统融资的地理界限，降低了中小企业的风险，为闲散资金参与项目投资提供可能，为项目方与投资方进行高效而合理的匹配。众筹的经济基础主要在于该模式通过高度分散透明的互联网集资方式降低项目筹资方的资金成本，制造产品创新的机会，让更多投资者接触并投资高回报项目，也让平台方有机会获得中介费用。

二、众筹参与方进行众筹的动机

（一）项目发起人

众筹项目发起人出于不同的动机可以采用不同的众筹方式达到不同的目的及获取各种利益。从筹集资金的角度，众筹项目发起人的动机包括降低项目资金筹集成本，利用网络和信息扩散吸引更多的投资者，同时带来更多的监督和风险管理。从开发和推广产品的角度，通过众筹，项目发起人可以缩减新产品开发的时间周期、吸引用户关注并增加和潜在用户的沟通以便完善新产品，可以帮助企业预测产品投放市场的潜力，还可以在产品正式进入市场之前获得有关产品的诸如价格信息、需求信息、设计改进信息、潜在买者的数量或特征、与客户的互动等反馈信息，以便更好地定位、评估市场，进而改进产品后投入市场，也可以通过众筹获取第一批客户资源，这也是在互联网时代所谓"粉丝经济"的重要支撑。从公益和梦想的角度，众筹可以获得更多的关注，为项目完成带来更多机会。总体而言，众筹可以通过更大范围、更多的个体，利用集体智慧，增加项目的效率，达到 1＋1＞2 的效果。

（二）项目支持者

众筹项目支持者的支持是众筹活动完成的关键，因此，对其动机的分析也成为众筹参与方动机分析的重点和核心。有效的项目支持者动机分析可以帮助众筹项目的合理设置，并促使项目的成功，进而推动众筹行业的发展。现有的项目支持者动机分析主要以定性分析为主，辨析了不同的动机类别，但缺少定量分析不同动机的权重及相关性，难以形成有效的实践意义。当然，关于项目支持者的动机分析本身就是一个非常复杂的涉及多学科的问题。Kleemann et al.(2008)将大众参与项目的动机分为内在动机和外在动机两个方面：内在动机是指通过参与某种项目获得愉悦感和趣味性；外在动机是指外部回报，包括金钱、物品、职业发展、学习、认可或仅仅对目前产品的不满意。Larralde & Schwienbacher(2012)认为不同众筹项目类型中的投资者的动机是有所区别的。赵咏雪(2013)从经济价值(财务价值、确定性及不确定性报酬)、功能价值(个人效应)、社会价值(自我表达、团体成员)、认知价值(新鲜感、好奇感、认知探索)、情感价值(愉悦感、参与感、支持力)等角度分析了项目支持者进行投资的价值驱动动机。总体而言，众筹支持者的动机可以分为社会动因、经济动因，或两者兼有。经济动因主要是支持者希望通过众筹获得产品等实物回报，以及现金、利息、股息、证券、分红等金融回报或者服务等经济上的回报，这种动机往往出现在预售式众筹、借贷制众筹和股权式众筹中。社会动因主要是支持者希望通过投资获得认知价值得以实现的期待感，企业发展后的成就感，相同投资人之间交流的社交情感和归属感，利他主义的精神满足感等，这种动机往往以公益性众筹和预售式众筹为主。

（三）众筹平台

众筹平台则是为项目发起人和支持者提供中间服务的平台，在众筹活动中扮演着中介的角色，不管是仅仅提供简单的项目审核、发布、技术支持等资金撮合服务，还是提供法律、财务、管理等全方位增值服务，甚至是由众筹平台直接作为“天使投资人”对部分项目进行投资，众筹平台参与众筹的动机都可以归结为获取一定的资金回报，区别在于众筹平台通过何种方式获取其价值回报。

三、众筹项目的运作流程

众筹项目的运作主要依托于众筹平台，不同的众筹平台根据各自的特点及项目类型在众筹的流程规定上会有所不同。总体而言，从众筹项目发起人、支持者和众筹平台的角度，按照时间上的先后顺序，我们可以将众筹项目的基本运作流程作如下概括。

（一）众筹项目的前期准备

这一阶段主要是项目发起人在项目创意构想、项目团队组建、项目前期资金准备、项目前期市场调研等准备工作的运作。这一阶段以为项目做好众筹平台的众筹准备工作为标志。

（二）众筹项目在众筹平台进行发布

首先，项目发起人在综合考虑项目类型、平台特点等多种因素后，选择特定众筹平台，注册为该众筹平台项目发布人，根据平台的项目发布规则，逐一填写众筹项目相关内容，此时，众筹项目还只是众筹平台的后台资源。其次，众筹平台会对该项目的真实性、可行性及相关项目风险等内容进行调查、分析和审核，并最终确定是否接纳该项目。最后，如果项目审核通过，可发布到平台的前端，即网页众筹项目页面。在这一过程中，众筹平台可以和项目发起人共同完成项目的需求分析、视频图片文案等包装和选择适当的项目营销推广方案，并通过这些努力，在项目发布后，以期获得更多的关注和支持，促成项目的成功众筹。

（三）项目的众筹过程

这一过程会涉及项目支持者、发起人和众筹平台。项目支持者注册为众筹平台会员之后，可以浏览平台上的众筹项目，支持者在综合考虑众筹项目本身各项条件、经济实力、个人兴趣等因素，经过与项目发起人进行一定的沟通之后，选择特定项目进行支持并完成付款，则成功完成个人的项目支持。项目发起人需要在此过程中随时关注并及时反馈项目关注者的咨询、问题，合理考虑并适当采纳关注者的各项建议，同时，项目发起人应尽可能发挥社交网络等功能，对项目进行更大范围的宣传和推广。众筹平台在此阶段主要负责处理已支持众筹资金与项目发起人的对接问题。

（四）项目的众筹结果

在特定的项目众筹期限之内，项目的众筹资金目标完成，则项目众筹成功；反之则失败。如果项目众筹成功，涉及的是众筹平台如何将已筹资金与项目发起人对接的问题。当前的已筹资金的对接主要有两种方式：一种方式是在项目众筹成功后，众筹平台一次性将资金转给项目发起人。这种方式的优点是有利于项目发起人有更充分的资金空间进行项目的实施，而缺点是众筹平台难以监控项目的实施来保障投资者的利益。另一种方式是众筹平台根据项目的实施进展分阶段将已筹资金转付给项目发起人，这样有利于督促项目发起人控制项目实施的风险。如果项目众筹失败，通常的做法是将已支持的资金退回给项目支持者，即众筹平台退付资金给项目支持者。

（五）成功众筹项目的实施

此阶段是项目的落地过程，涉及的问题和因素也很多。项目发起团队应该按照项目计划逐步完成该项目，及时公开并反馈项目进行过程中的信息，并最终兑付对项目支持者的承诺。众筹平台可以提供各种创业指导服务,监管项目众筹资金使用情况,监控项目实施风险,防止欺诈,以促使项目顺利完成,保证支持者的信心。项目支持者应积极给项目提供各种意见和建议,监督项目实施,促成项目实施并获取回报。

四、众筹的盈利模式

众筹既可以让众筹项目发起人进行发起和展示项目,也是众筹支持者选择项目并完成支持付费的平台。可见,众筹是众筹活动的中介,更是众筹活动得以顺利完成的关键。如前所述,众筹参与众筹的动机是获取利润,但是,不同的众筹采取的盈利模式会有所区别。

(一)抽取佣金的方式

通常而言,众筹以从平台上成功完成众筹的项目收取项目筹集资金一定比例的费用的方式作为盈利来源,此时,众筹所做的仅是简单的创业者和投资者之间的资金撮合。例如,全球最大最知名的众筹 Kickstarter 抽取平台上每一个成功项目总筹资金额的 5%作为佣金,众筹 GoFundeMe 的佣金比例也是 5%,众筹网站 IndieGoGo 的收费比例为 4%。这一盈利模式需要众筹有较大的影响力,从而能够形成一定规模的成功众筹的项目资源,否则,缺少影响力的众筹难以吸引网民的关注及流量,进而会降低项目成功的可能性,最终导致平台因缺乏盈利基础而难以为继。

(二)提供收费服务的方式

对于包括中国大多数众筹在内的处于起步期的众筹来说,众筹市场的规模和影响力仍然处于培养期,众筹难以通过抽取佣金的方式获取盈利,这种方式也不利于市场的培育。此外,有些投资者也不希望自己的支持资金被扣除佣金,从而采取线下直接联系项目发起人的方式进行出资,这样也不利于众筹的发展。因此,免收佣金的方式成为一种不得已的选择,以免收佣金吸引更多的创业者加入。然而,不成熟的众筹市场也给众筹提供了另一种盈利方式,即通过向项目发起人提供众筹及创业的各项专业服务的收费,以获取利润。不成熟的市场,由于创业者缺乏创业经验,需要众筹提供除了资金中介之外的与创业有关的咨询和培训支持,这些专业的收费服务有助于项目的成功落地,最终也能够获取投资者对众筹的支持热情。国内知名的众筹网明确表示,平台上众筹项目实行免费,同时,网站运营目标包含了“为项目发起者提供募资、投资、孵化、运营一站式综合众筹服务”,网站依托网信金融集团,为项目发起方提供涵盖融资租赁、资产管理、P2P 借贷等多种投融资服务,并以此为未来盈利来源。国内另一众筹点名时间也在网站上表示,“点名时间是一个开放、免费的平台,有别于其他平台,点名时间不收取任何手续费”。点名时间是在其成立两周年的 2013 年 7 月宣布对项目实行 0 佣金模式的,此后,点名时间在其成立第三年时宣布转型为智能产品首发模式,进行新盈利模式的探索。

(三)整合资源或进行项目投资孵化的方式

众筹可以先吸引尽量多的网络流量,这也意味着各种资源的集中,进而平台可以通过资源的整合创造利润,例如,链接好的项目与 VC 等投资方的合作等。此外,众筹还可以通过对掌握的优势项目资源进行更严格的审核和挑选,然后直接进行投资,再利用更方便的专业资源对项目进行孵化,以项目未来的成长收益作为平台的利润。

众筹的盈利模式是平台得以继续和发展的前提,其不但要结合不同国家和地区的市场环境进行合理选择,也需要更多的平台进行不断地摸索和创新。

五、众筹的商业模式

虽然众筹模式还是一个年轻的融资模式,于 2009 年才正式出道,但几年以来在全球范围内迅速发展,学术界也出现了不少关于众筹的研究成果。具有冒险精神的创新创意玩家们以此作为实现自己梦想的舞台，通过在网站上发表自己的创意吸引大众的眼球，从而在自觉自愿的前提下获得网友的支持，网友也可以得到相信的回报，通常是一些产品或者服务众筹网站如 Kickstarter 等则从项目中抽取一定比例的佣金作为报酬。

在我国，追梦网、创投圈、天使汇等一批众筹网站先后成立，为有梦想的创意家提供梦想实现的途径。随着众筹网站的发展，其也形成了特定的商业模式，目前学术界普遍认为众筹的商业模式可以分为四种：债权众筹、股权众筹、公益众筹和奖励众筹（图 5-1），下文将对这四种模式作具体阐述。

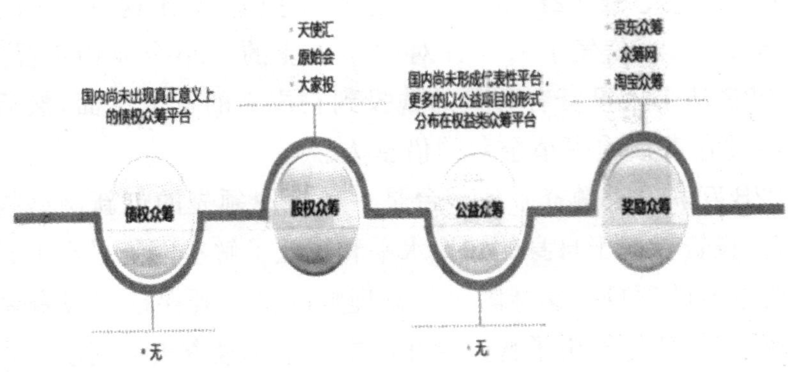

图 5-1　众筹的四大商业模式

（一）债权众筹

债权众筹（Lending-Based Crowd-Funding）：投资者对项目或公司进行投资，获得其一定比例的债权，未来获取利息收益并收回本金。通俗地讲就是，我给你钱之后你还我本金和利息。

其实不难发现，债权众筹模式和 P2P 模式很相似，而实际上 P2P 确实是属于债权众筹。债权众筹有两种，一种是 P2P，相信大家都很熟悉；另一种是 P2B，说白了它就是做企业债。P2P 借贷平台这个话题我们在上文中已经专门讨论过了，因此这里不再赘述，而专门介绍 P2B。

尝试P2B的第一个网站叫Fundind Circle，这是一家英国公司，主要做企业债权。P2B模式下网贷平台只充当中介作用，不做资金的集中，而是引导个人对需要帮助的企业进行了解并促成贷款行为。在这一过程中，P2B会对企业进行资信评级，评级结果既可作为个人决定是否向企业进行投资的依据，也可作为借款人利率确定的依据。评定等级越高，贷款成功的几率就越大；评定等级越低，贷款利率就越高。通常情况下借款利率的评级分为四档，分别对应一个借贷款的个人利率。

在国内，目前P2B网站也在起步，比较有代表性的有两个，一个是爱投资，另一个是积木盒子，它们线上推广比较好。还有一个是宜信，它是做P2P起家的，之所以把它放在这儿，是因为2013年9月，宜信发了一个针对中小企业的中小企业债产品，就是把P2P从个人投资者募集的钱投到它成立的资金里面，然后再去找经过它审核的中小企业的借款人。

P2B互联网投融资服务平台是一种行业领先的创新网络投融资平台，投资者基于自身的知识水平和行业了解在网贷平台上找到有投资意愿的项目。这种固定收益理财的模式既保证了投资者的回报率，又有效地解决了普遍存在的中小企业融资难的问题。有融资需求的企业可以债权形式在网贷平台上发布借款信息并填写相关内容介绍，最终以远低于民间借贷的利息实现自己的融资需求，为企业发展筹得所需资金。P2B平台在总结其他模式经验的基础上实现了自身的创新和完善，其依托融资租赁行业完整的风险控制流程，对有融资需求的企业进行了解，严格把关，认真核实，并且采用多重回购担保的方式，力求将风险降到最低，以最大限度地维护投资者的利益和实现自身的长足发展。P2B同样只是一个中介平台，只收取一定数额的服务费，本身不参与投融资行为。

根据对P2B操作原理的分析我们不难发现，P2B与信托存在相似之处。(1)从运行基础上来看，P2B也是基于投资者对这一模式的信任。投资者只有对P2B平台有充分的信任，才会决定将自己的钱以这种方式进行投资，从而获得收益。(2)从风险控制来看，P2B采取的是类似于信托的风控方式，在具体操作过程中对借款项目和风险程度进行严格把关。P2B与P2P最大的不同在于，P2B并不是一种无门槛和无担保的融资方式，不提供只凭借信用而无抵押的贷款。P2B主要对中小微企业提供贷款，且有贷款需求的企业或者法人要提供企业及个人的担保。由此可以看出，P2B与P2P相比在投资安全性方面更为可靠。P2P之所以会向P2B转型，主要原因在于传统的融资服务门槛高、渠道少，中小企业长时间地面临融资难的问题且难以解决，网贷平台的领导者及时发现这一问题、抓住这一契机，使得网贷服务向中小企业倾斜。

（二）股权众筹

股权众筹是指以股权为筹码，投资者只要进行投资，就可以获得一定数额的股权。股权众筹并不是一件新生事物，在新股首次公开发行的时候，投资者对其进行申购就是一种股权众筹。然而在互联网时代，股权众筹被赋予了新的含义，特指依托于网络平台的私募股权投资。由于这一投资行为是通过互联网完成的，人们也将股权众筹称为“私募股权互联网化”。

股权众筹主要提供投融资的信息服务，其服务对象主要有以中小企业为代表的融资方和以大量潜在的小微天使为代表的投资方。股权众筹的盈利来源主要是交易手续费、增值服务费、流量导入与营销费用(图5-2)。

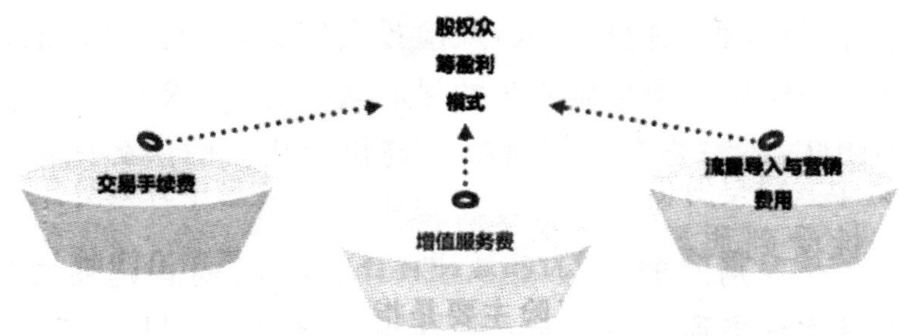

图5-2 股权众筹盈利模式

作为一种股权投资方式，股权众筹与一般的股权投资具有明显的区别，主要在于二者的侧重点不同。股权众筹是一个开放式的平台，以互联网为依托，能够吸引众多的投资者参与其中；而传统的股权投资方式具有封闭性，投资人数量有限且成功匹配需要运气。由于普通投资者并不具备投资方面的专业知识，很难在投资时做出明智的决定，甚至遭受损失。股权众筹能够让一些融资困难的企业在没有更优选择的情况下实现双方的有效对接，在不付出巨大成本的情况下及时解决危机。

股权众筹可谓应运而生，当信息技术发展到一定高度，当创新企业有对资金的刚性需求，当小微企业面对融资难题，敢为人先的行业领导者便勇于开拓，凭借着自身勤劳务实的优秀品质和高瞻远瞩的卓越才能一步步建立起互联网金融的高楼大厦。全球互联网金融的蓬勃发展离不开天使投资人的努力，而众筹就是将优秀的线下天使投资人搬到了线上，实现了项目方和投资方的更好对接。在国外，天使阶段的股权众筹已经融入人们的生活，成为具有广泛信誉度的投资品类。

我国的众筹兴起于 2012 年，随着美微传媒第一次在淘宝上发起众筹，天使汇、大家投、好投网等也纷纷加入其中，掀起了一股股权众筹融资的热潮。

然而热潮过后是理性，虽然业界普遍看好股权众筹，但是目前中国的股权众筹整体规模相对 P2P 来说还是比较小，众筹也相对比较少。为何会出现这种现象，其主要有以下两个原因。

一是此类网站对人才要求比较高。股权众筹网站需要有广阔的人脉，可以把天使投资人/风险投资家聚集到其平台上；股权众筹网站还需要对项目做初步的尽职调查，这要求它们有自己的分析师团队；还需要有深谙风险投资相关法律的法务团队，协助投资者成立合伙企业及进行投后管理。

二是此类网站的马太效应，即强者越强、弱者越弱之现象。投资者喜欢聚集到同一个地方去寻找适合的投资目标，当网站汇集了一批优秀的投资人后，融资者也自然趋之若鹜。于是原先就火的网站会越来越火，流量平平的网站则举步维艰。

股权众筹市场之所以会出现马太效应，其主要原因是国内缺乏成熟的天使投资人群体。国内的天使投资人群体目前并不多，拥有专业投资经验的富人群体也比较少。这意味着，投资人也需要进一步成长。众筹上往往是早期的项目，风险很大，如果投资不理性，则不利于股权众筹的发展。因此，人们在缺乏专业的评价和参考意见的情况下，网站筹资的多寡也就成为选择投资的重要参考了。

股权众筹比较适合成长性较好的高科技创业融资；投资人对项目模式要有一定理解；有最低投资门槛，且门槛较高。对于创业者来讲，依旧需要依靠自己的个人魅力进行项目的推荐并期望遇到一个专业的领投人。对于明星创业者或者明星创业项目，则不适合用该模式，而应该选择和大的投资机构接洽。这个模式可以由在一个专业圈子有一定影响力的创业者结合社交网络来进行募资，把信息传递给更多同样懂行的或者愿意信任他的有一定资本能力的投资者。

股权众筹作为一种新型的融资方式，与以往的股权融资方式相比，结合了互联网的信息优势，实现了项目的快速融资与融资渠道的拓展。这一平台为普通的投资人提供了更多参与创业投资的机会，推动了金融监管模式的变革。作为国内多层次资本的组成部分，股权众筹能够更直接、高效地将创业企业与相对较专业的投资人以及知名的风投机构连接起来，推动国内实体经济的发展，其发展趋势如图 5-3 所示。

图 5-3　股权众筹发展趋势

（三）公益众筹

公益众筹：投资者对项目或公司进行无偿捐赠（我给你钱你什么都不用给我），也有很多人称之为捐赠众筹。

2014年8月，科技圈的小伙伴都开始关注一件叫作“冰桶挑战”的事情。Facebook的CEO马克·扎克伯格（Mark Zuckerberg）站在一个花园里，干脆利落地拎起一个大塑料桶，往自己头上浇了一整桶冰水。随后，点名微软公司创始人比尔·盖茨（Bill Gates）参加“冰桶挑战”。数周之后，这项有趣的挑战项目更是在中国掀起了一股热潮。

“冰桶挑战”的活动规则是，参与者需要在头上浇一桶冰水，把这个过程拍成视频上传到社交媒体上，然后点名邀请自己的朋友也这么做。被点名的人如果在24小时内没有完成这一任务，就需要向ALS协会捐款100美元。

对此，有的人认为“冰桶挑战”不仅是一个公益项目，更是一个成功的众筹项目，但也有人认为其更多的是利用社交网络和病毒视频的快速传播能力实现的慈善捐赠。本书认为，不管它是不是一个公益众筹，但是它具备了一个好的公益众筹项目的基因，它的成功也给公益众筹这类新公益模式带来更多的想象空间。

这是一个公益捐赠的新时代，借助互联网的分享、去中心化、众包等元素，慈善和公益已经迎来新的募集方式。眼下，公益众筹正被越来越多的公益机构甚至个人广泛使用。其实像红十字会这类NGO的在线捐款平台可以算是公益众筹的雏形，即有需要的人由本人或他人提出申请，NGO做尽职调查、证实情况，并在网上发起项目，由公众募捐。

众筹与公益本身有着天然的契合，都是依靠大众的力量集结资金和资源。而且从一些数据来看，公益众筹的成功率普遍较高。根据调查，美国众筹市场大概有50亿美元的规模，其中30%是公益众筹。按照世界银行的判断，2025年全中国500亿元众筹中可能有100亿元是公益性的。网信金融旗下的众筹网此前上线的“新公益”平台，截至2014年8月，已经有145个公益项目上线，其中72个获得了成功，还有72个在筹集过程中。另一家众筹淘宝众筹，也为公益开设了专门频道，在线项目超过20个，平均达成率超过100％。例如，在一个关于海南赈灾的项目里，63200多名网友参与其中，59999名网友都选择了捐助的最低门槛，支持1.45元，为灾区提供一个桶装方便面。项目获得累计资金14.5万元，超过了预期设定的12万元的目标。目前，公益众筹的成功率明显超过了商业众筹。

对很多公益人来说，众筹早已不再仅仅是鼠标＋键盘的便捷融资平台，而成为一种理念，正在改变公益的面貌。作为互联网金融的热门品种，众筹可以为公益组织提供募资、宣传等多种服务。众筹的社交属性可以吸引更广泛的群体参与到慈善事业中，这种市场化的公益运作阳光、透明，是开放式众筹的最大优势。

传统的金融体系都乐于服务大客户，不喜欢中小企业。众筹模式却大不相同，它们门槛更低，更注重需求。加上目前国内众筹对项目发起者多采取免费政策，公益人几乎不用付出融资成本就可能完成一个项目。

此外，相比传统方式，众筹使整个项目全程处于推广状态，通过分享、互动，从而产生更大的传播效果。众筹还打破了传统资本的拨款周期，打破了传统公益劝募在时间和空间上的限制。

（四）奖励众筹

奖励众筹：投资者对项目或公司进行投资，获得产品或服务（我给你钱你给我产品或服务），也有很多人称之为回报众筹。以往的产品推销、活动推广大都是传统的B2C模式，即先生产，后推广，引导用户接受。而奖励众筹模式则是C2B，是一个“观众接受后商家才生产”的逻辑。

奖励众筹的兴起源于美国网站Kickstarter，该网站通过搭建网络平台面对公众筹资，让有创造力的人可能获得他们所需要的资金，以便使他们的梦想有可能实现。在美国，奖励众筹在帮助公司预售产品并获得初期支持者方面是一个非常有效的机制。目前，很多在 Kickstarter 或者 Indiegogoo 平台上实现融资的公司在随后的风险融资轮里都获得了很高的估值，有的还被产业直接收购了。

众筹最初是艰难奋斗的艺术家们筹措创作资金的一个手段，现已演变成初创企业和个人为自己的项目争取资金的一个渠道。如今，奖励众筹的融资项目范围有了很大的延伸，但是文化类项目却占据了很大的比例。在西方国家，这一资金募集方式为独立艺术领域所广泛采纳。艺术从业者可以在众筹网站上创建一个账号，上传自己的艺术作品，包括歌曲、画作等，他们的粉丝可以通过在社交网络上分享他们的信息，或者选择直接捐助来支持自己的偶像。

成立于 2013 年 2 月的众筹网，自上线以来已累计发起 3052 个项目，累计筹资金额超 3800 万元，发布的项目类别涵盖科技、影视、娱乐、美食、活动、旅行、公益、摄影等多个领域。2013 年，号称国内首部众筹电影《十万个冷笑话》募集成功，于 2015 年 1 月 8 日正式上映。2014 年以来，艺术众筹开始在国内艺术圈兴起，先后出现了出售艺术家时间、艺术作品等多个艺术众筹项目。众筹网借助互联网金融发展热潮，在奖励众筹中以惊人的速度飞速发展，其中京东众筹以绝对优势独占鳌头(图 5-4)。

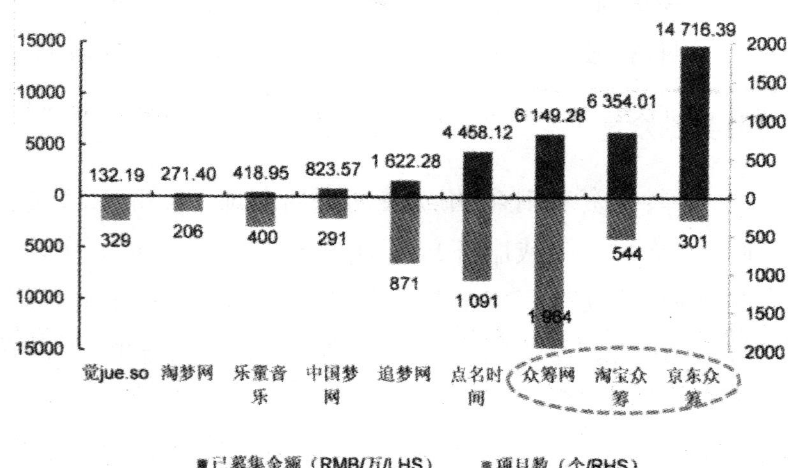

图 5-4　2014 年我国奖励众筹市场份额

其实，奖励众筹并不算是一个新鲜模式，早在几年前，与之类似的一种模式——团购，也曾经盛极一时，直到现在团购模式仍然是人们喜爱的一种模式，因为便宜。也有很多人说众筹的本质是团购，换汤不换药，只是炒起来的概念。这句话并非完全错误。

奖励众筹一般指的是预售类的众筹项目，团购自然包括在此范畴，但团购并不是奖励众筹的全部。传统概念的团购和大众提及的奖励众筹主要区别在于募集资金的产品或服务发展的阶段不同，如图 5-5 所示。

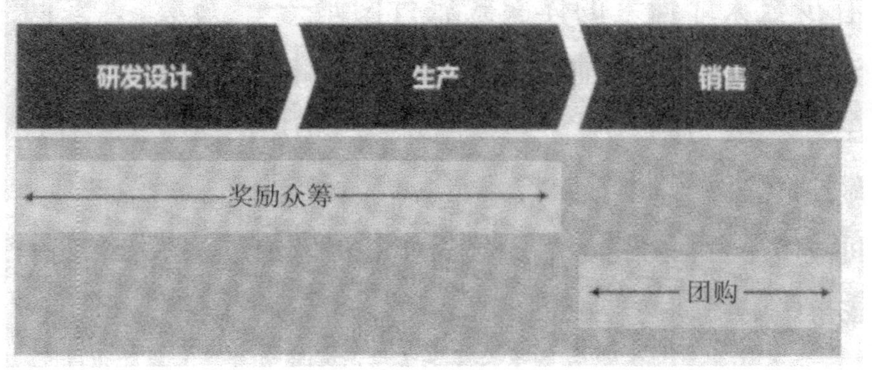

图 5-5　奖励众筹与团购的区别

奖励众筹指的是仍处于研发设计或生产阶段的产品或服务的预售，团购则更多指的是已经进入销售阶段的产品或服务的销售。奖励众筹面临着产品或服务不能如期交货的风险。奖励众筹与团购的目的不尽相同，即奖励众筹主要为了募集运营资金、测试需求，而团购主要是为了提高销售业绩。

两者在实际操作时并没有特别清晰的界限，通常团购网站也会搞类似众筹的预售，众筹网站也会发起团购项目。举个例子，奖励众筹之一众筹网在早前便推出了团购茅台的项目。

可以说，奖励众筹是一个不错的展示途径与检验目标市场的方法，这种众筹方式的最大特点是没有法律限制的风险，所以也成为国内很多众筹主打的内容，呈现出平台专业化、主体多样化、服务一体化的趋势（图 5-6）。

图 5-6 奖励众筹发展的三大趋势

第二节 众筹法律风险分析

一、众筹的风险概述

总体而言，众筹的风险主要包括以下五类。

（一）道德风险

道德风险是指平台负责人非法集资，发布虚假信息、虚假企业资料。一种是负责人从一开始便谋划着跑路；另一种是负责人开始想好好做，但因为经营、管理、决策等多方面的原因导致平台最终不得不跑路，也可以说是被跑路。

（二）信用风险

信用风险是指融资人虽然在有真实的借款用途的前提下实施了借贷行为，但是没有充足的意愿或者一定的能力进行还款，在约定期限内不能付清全额账款或者利息，从而给投资人带来投资风险。一般情况下，信用风险的程度取决于融资人的资信是否可靠、产品设计是否合理、众筹平台的调查质量是否过关、风险控制的模型是否具有实用性等。

（三）流动性风险

流动性风险就是指投资人投资后债权变现难易程度的风险。流动性和投资期限及市场交易活跃度直接相关。项目期限越短，流动性越高，同时债权可转让且受让需求充足也是高流动性的保证；反之，则流动性低。

（四）市场风险

市场风险也被称为系统性风险，指在出现波及范围大的市场事件时造成投资方财务损失的风险。大的市场风险主要来源于金融危机，小的市场风险则来自于地产泡沫等。通常情况下，投资越分散，其承受的投资风险越低，反之亦然。专业的投资者不会“将鸡蛋放在同一个篮子里”，而是将资金用于不同行业、产品、地域的投资，以分散资金，减轻市场的冲击。

（五）法律风险

目前我国互联网金融是新兴产业，仍处于起步阶段，跨部门的监管协调机制尚未形成，部门间职能不清，缺乏硬性的准入门槛、行业规范与监管部门的法律约束，整个行业面临诸多政策与法律风险。作为互联网金融的一个重要组成部分，在政策与法律问题上，众筹还存在着很大的不确定性。

二、众筹的刑事法律风险

结合我国《刑法》的有关规定考察众筹，一些众筹项目将主要面临以下四类刑事犯罪法律风险。

（一）非法吸收公众存款罪

根据我国《刑法》第176条规定，非法吸收公众存款或者变相吸收公众存款，扰乱金融秩序的，处3年以下有期徒刑或者拘役，并处或者单处2万元以上20万元以下罚金；数额巨大或者有其他严重情节的，处 3 年以上 10 年以下有期徒刑，并处 5 万元以上 50 万元以下罚金。单位犯罪的，对单位判处罚金，并对其直接负责的主管人员与其他直接责任人员，依照前款的规定处罚。

非法吸收公众存款的显著特征是：未经人民银行批准，擅自向不特定的社会公众吸收资金，承诺回报，最终造成了经济损失。一些投资者对非法集资存有误解，认为只要不公开，只要对象不超过 200 人就不算非法集资，其实这是一种错误的认识，是把非法集资与非法证券类犯罪的立案标准搞混淆了。

根据《最高人民法院关于审理非法集资刑事案件具体应用法律若干问题的解释》第 1 条的规定："违反国家金融管理法律规定，向社会公众（包括单位和个人）吸收资金的行为，同时具备下列四个条件的，除刑法另有规定的以外，应当认定为刑法第 176 条规定的'非法吸收公众存款或者变相吸收公众存款'：

（1）未经有关部门依法批准或者借用合法经营的形式吸收资金；

（2）通过媒体、推介会、传单、手机短信等途径向社会公开宣传；

（3）承诺在一定期限内以货币、实物、股权等方式还本付息或者给付回报；

（4）向社会公众即社会不特定对象吸收资金。"

此外，《最高人民法院、最高人民检察院、公安部关于办理非法集资刑事案件适用法律若干问题的意见》规定，"向社会公开宣传"包括以各种途径向社会公众传播吸收资金的信息，以及明知吸收资金的信息向社会公众扩散而予以放任等情形。例如，在向亲友或者单位内部人员吸收资金的过程中，明知亲友或者单位内部人员向不特定对象吸收资金而予以放任的；以及以吸收资金为目的，将社会人员吸收为单位内部人员，并向其吸收资金的。

再者，根据《最高人民法院关于审理非法集资刑事案件具体应用法律若干问题的解释》第 3 条的规定："非法吸收或者变相吸收公众存款，具有下列情形之一的，应当依法追究刑事责任：

（1）个人非法吸收或者变相吸收公众存款，数额在 20 万元以上的，单位非法吸收或者变相吸收公众存款，数额在 100 万元以上的；

（2）个人非法吸收或者变相吸收公众存款对象 30 人以上的，单位非法吸收或者变相吸收公众存款对象 150 人以上的；

（3）个人非法吸收或者变相吸收公众存款，给存款人造成直接经济损失数额在 10 万元以上的，单位非法吸收或者变相吸收公众存款，给存款人造成直接经济损失数额在 50 万元以上的；

（4）造成恶劣社会影响或者其他严重后果的。"

按照最高人民法院、最高人民检察院与公安部 2014 年联合下发的《关于办理非法集资刑事案件适用法律若干问题的意见》的相关规定，"为他人向社会公众非法吸收资金提供帮助，从中收取代理费、好处费、返点费、佣金、提成等费用，构成非法集资共同犯罪的，应当依法追究刑事责任"。

在中国尚缺乏对众筹立法的情形下，众筹模式在形式上似乎已经同时满足了四个要素，即未经审批、通过网站公开推荐、承诺一定的回报、向不特定对象吸收资金。但是，众筹模式与非法集资仍有本质的区别，因为它不是由平台吸收公众存款或集资的行为，平台只是一个服务中介，链接筹资者与投资者，构成一对多或多对多的网状结构。但必须指出，这只是一种法理上的解释与判断，由于立法尚未跟上，合法与非法往往处于一个相对模糊且不确定的状态中，相关法律风险犹存。

（二）集资诈骗罪

根据我国《刑法》第 192 条规定，集资诈骗罪是指以非法占有为目的，使用诈骗方法非法集资，数额较大的行为。集资诈骗犯罪性质比非法吸收公众存款更为恶劣严重，最高刑可以处以死刑。

《最高人民法院关于审理非法集资刑事案件具体应用法律若干问题的解释》第 4 条对诈骗方法进行了明确。

(1)不具有发行股票、债券的真实内容,以虚假转让股权、发售虚构债券等方式非法吸收资金的。

(2)不具有募集基金的真实内容,以假借境外基金、发售虚构基金等方式非法吸收资金的。

(3)不具有销售保险的真实内容,以假冒保险公司、伪造保险单据等方式非法吸收资金的。

(4)以投资入股的方式非法吸收资金的。

(5)以委托理财的方式非法吸收资金的。

(6)利用民间“会”“社”等组织非法吸收资金的。

该解释的第4条明确了“非法占有”的认定,第5条明确了“数额较大”的认定。

(1)个人进行集资诈骗,数额在10万元以上的,应当认定为“数额较大”;数额在30万元以上的,应当认定为“数额巨大”;数额在100万元以上的,应当认定为“数额特别巨大”。

(2)单位进行集资诈骗,数额在50万元以上的,应当认定为“数额较大”;数额在150万元以上的,应当认定为“数额巨大”;数额在500万元以上的,应当认定为“数额特别巨大”。

刑法对于非法集资类犯罪采取极其严厉的立法态度,甚至将集资诈骗类犯罪规定为重刑。非法集资是未经过有关部门依法批准,包括没有批准权限的部门批准的集资;有审批权限的部门超越权限审批集资,集资者不具备集资的主体资格,承诺在一定期限内给出资人还本付息。还本付息的形式除以货币形式为主外,也有实物形式与其他形式;向社会不特定的对象筹集资金。这里“不特定的对象”是指社会公众,而不是指特定少数人;以合法形式掩盖其非法集资的实质。对于网络化非法集资活动的界定,重点是根据最高法司法解释关于非法集资的四个特征要件来判断,即非法性、公开性、利诱性、社会性。而众筹的大众参与集资的特点极容易与非法集资关联起来,因此,涉及资金类众筹与非法集资犯罪存在着天然的联系,稍有不慎就会出现越界,就有可能触犯非法集资的法律红线,涉嫌非法集资类犯罪。

（三）欺诈发行证券罪

根据我国《刑法》第160条规定，在招股说明书、认股书、公司、企业债券募集办法中隐瞒重要事实或者编造重大虚假内容，发行股票或者公司、企业债券，数额巨大、后果严重或者有其他严重情节的，处五年以下有期徒刑或者拘役，并处或者单处非法募集资金金额百分之一以上百分之五以下罚金。虽然对于大多数众筹而言，不太可能去发行根本不存在的股份，但若夸大公司股份价值与实际财务状况依然可能涉及此项犯罪。

（四）擅自发行证券罪

根据我国《刑法》第179条规定，公开发行股份必须依法经证券主管部门审批，否则可能涉嫌非法证券类犯罪。而股权类众筹最有可能触犯的罪名是擅自发行股份罪。如果股权众筹平台或者发起人发起股权众筹，以公开的方式向不特定的人招募，或者向超过200位特定人公开募集股份，则构成擅自发行股份罪。根据司法实践，基于SNS社交平台进行的宣传或推广，属于公开方式，正可谓该类犯罪“天生与股权类众筹有缘”。

除了上述几类主要刑事法律风险之外，作为众筹的平台，还可能面临虚假广告犯罪与非法经营犯罪的法律风险。简要介绍如下。

（1）虚假广告犯罪。如果众筹平台应知或明知众筹项目存在虚假或扩大宣传的行为而仍然予以发布，并且造成了严重的后果，达到了刑事立案标准，则涉嫌虚假广告犯罪。

（2）非法经营犯罪。如果众筹平台未经批准，在平台上擅自销售有关的金融产品或产品，并且造成了严重后果，达到了刑事立案标准，则涉嫌非法经营犯罪。我国《证券投资基金法》第98条规定：“从事公开募集基金的销售、销售支付、份额登记、估值、投资顾问、评价、信息技术系统服务等基金服务业务的机构，应当按照国务院证券监督管理机构的规定进行注册或者备案。”尽管该规定仅针对公开募集基金的销售等服务机构，私募基金有关法律法规并未对私募基金销售机构及人员的资质做出强制性要求，但如果涉及销售金融产品仍应谨慎。

三、众筹的行政法律风险

与刑事犯罪法律风险相对应，就目前看，众筹在我国可能会遇到以下四类行政违法的法律风险。

（一）证券类行政违法行为

如果未经批准擅自公开发行股份，在未达到刑事立案标准的情况下，则构成行政违法行为，依法承担行政违法责任，由证券监督机关给予行政处罚。

（二）非法集资类行政违法行为

如果非法集资行为未达到刑事立案标准，则构成行政违法行为，依法承担行政违法责任，由中国人民银行给予行政处罚。

（三）虚假广告行政违法

如果众筹平台应知或明知众筹项目存在虚假或扩大宣传的行为而仍然予以发布，但尚未达到刑事立案标准，则涉嫌虚假广告行政违法。

（四）非法经营行政违法

如果众筹平台未经批准，在平台上擅自销售有关的金融产品或产品，但尚未达到刑事立案标准，则涉嫌非法经营行政违法。

四、众筹的民事法律风险

众筹除了可能会面临上述刑事法律风险与行政违法法律风险之外，由于众筹天然存在的大众参与集资模式必然涉及人数众多，这必将导致大家利益安排不一致，关切点也不尽相同。所以，必然会伴随以下三类民事法律风险发生。

（一）合同违约纠纷

众筹最可能存在的合同违约，主要表现在产品质量不符合约定，交货期不符合约定，不能如期提交约定回报结果，不能如期还款造成的债务纠纷等。

（二）股权争议

股权众筹还可能引发股权纠纷及公司治理有关的纠纷。此外，对于采取股权代持方式的股权类众筹，还可能存在股权代持纠纷等。

（三）退出纠纷

股权众筹还涉及一个退出问题，如果没有事先设计好退出机制或者对退出方式设计不当，极易引发大量的纠纷。

除了上述三类民事实体上存在的法律风险之外，众筹在民事诉讼程序上也存在诸多问题，比如诉讼主体资格确定问题，集团诉讼问题，电子证据认定问题，损失确定标准问题，刑民交叉及刑事附带民事诉讼等诸多程序问题。

第三节　众筹法律风险防范建议

一、强化众筹平台管理义务

在实际操作中，当筹资人筹资成功而无法兑现对投资人的承诺之时，尚无法律对投资人进行救济。因筹资人无法一一与为数众多的投资人签署合同，因此，建议在众筹平台开设专项救济账户，明确筹资人无法兑现筹资所作承诺之时，筹资人将筹得资金转入众筹平台开设的专项救济账户，将救济账户资金用于弥补投资人损失。

另外，在资金管理方面，由于筹款、扣除管理费、向项目发起方划款都涉及资金，平台有义务对资金安全、有序地管理，这也是防范其自身法律风险的重要手段。对于众筹平台自身而言，最安全的办法莫过于不直接经手资金，而是通过第三方独立运作。

二、严格限制股权或资金回报

在海外，众筹模式有股份制，还有募捐制、借贷制和奖励制等多种形式。在国内，受相关法律环境的限制，众筹网站上的所有项目不能以股权或是资金作为回报，项目发起人更不能向支持者许诺任何资金上的收益，必须是以实物、服务或者媒体内容等作为回报。因为在目前的法律环境下，公众作为投资人其实完成的不完全是一个投资行为，而是一个带有赠与性质的购买行为。在信用机制还未完成构建的背景下，需要严格限制股权或者资金回报，以规避非法集资。

三、赋予相关机关相应的监管职责

众筹平台的发展因其自身的局限以及国内信用环境和监管环境的限制，需要对众筹平台的发展进行审慎监管，可以借鉴美国的相关做法。2011 年 3 月，美国众议院通过了众筹立法，根据众议院的这项法规，任何人都能通过美国证券交易委员会（SEC）认证的众筹平台进行投资，每年法律将允许筹集高达 100 万美元的投资金额。该法律还规定，个人投资者可以拿出收入的 10%进行投资。企业家们通过 SEC 注册的众筹平台，每年可筹得最高达 100 万美元的资金。同时，该法案对公民投资金额也做出了规定，投资者必须基于收入的一定比例进行投资。而众筹机构也必须为投资者个人信息提供保护，众筹将从根本上成为合法投资行为。

结合我国的具体国情，可以考虑将对众筹融资的监督赋予证监会或银监会，由其设置行业的准入机制，以及出台相应的制度，引导众筹平台合法有序发展。

四、强化筹资人的信息披露义务

在筹资人与投资人之间，投资人处于信息弱势地位，因此，需要筹资人在固定时间段内在筹资平台向公众公布资金使用情况以及对突发情况进行汇报，方便投资人及时准确地把握投资资金运转状况。一方面可以增强投资人对这一模式的信任，促进众筹模式的进一步发展；另一方面也可以有效监督筹资人的资金运行，保障投资人的知情权，减少众筹平台的监管成本，加强众筹平台信用机制的构建。

五、加强与政府部门的沟通

因众筹模式在我国尚属一种新型的筹资模式，其运行过程处于法律规定的模糊地带，因此，为防范法律风险最好与政府、相关监管部门进行询问与沟通，这将大大降低在法律模糊地带摸索的风险。

第六章　第三方支付的法律透视及法律风险防范

在线第三方支付，指金融机构作为中介结构依托公共网络或专用网络在收付款人之间转移货币资金的行为，第三方支付的运转模式中的支付网关模式与虚拟账户模式，以及第三方支付所涉及的法律关系以及支付过程中产生的法律风险问题，包括违反了市场准入制度风险、资金沉淀风险、洗钱风险、信息安全风险等。

第一节　第三方支付的产品结构与法律透视

第三方支付的过程是一个产品的运行过程，通过相关的支付模式的运行，来完成一系列产品的支付运转过程。在运转的过程中也会涉及相关的法律上的纠纷问题，包括第三方支付与支付机构、买卖双方与银行之间的关系。

一、第三方支付的运行模式

第三方支付是以支付平台为主体的提供服务的过程，通过以互联网作为支付的网络渠道，通过第三方支付机构与各商业银行之间的支付接口，在商户和消费者、银行之间形成了一个完整的支付服务流程。由于在操作过程中业务的流程不同，所以第三方支付在互联网中是以两种不同的模式进行的，即支付网关模式和虚拟账户模式，还可以将虚拟账户模式进一步划分为无担保的虚拟账户模式和有担保的虚拟账户模式。

（一）支付网关模式

第三方支付机构并不是直接从事支付结算业务，在支付的网关模式中，是通过将银行和客户作为中介，在二者之间建立一个可以支付的"通道"，主要用来负责不同银行的网关，帮助网上的商户提供一个统一支付的接口并展开结算对账业务等服务（如图6-1）。

此模式的运行过程是，商户和消费者只需要在一个支付机构的平台上就可以对接来自不同银行的网关，省去了在每次交易过程中都需要进行登录一次网上银行的烦琐操作，也可以同时进行多个银行卡的互联网支付服务。

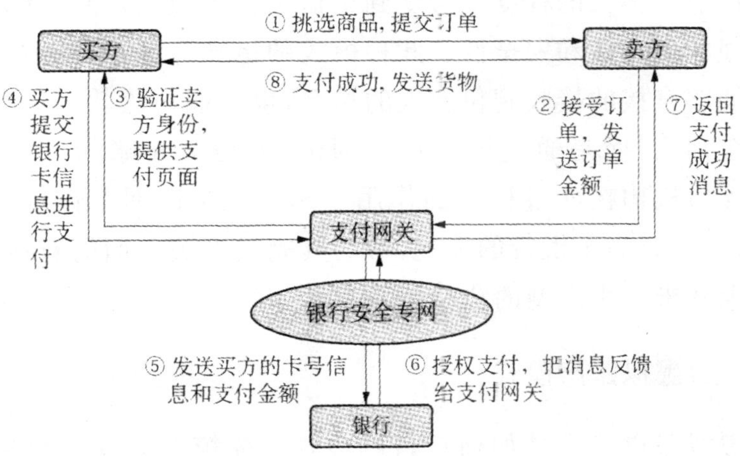

图6-1　支付网关模式图

说明：

①买方挑选商品，向卖方提交订单。

②卖方接受订单，向支付机构发送订单金额。

③支付机构验证卖方身份信息，向买方提供支付页面。

④买方提交银行卡信息进行支付。

⑤支付机构将买方的支付信息发送给对应银行。

⑥银行完成款项拨付，把消息反馈给支付机构。

⑦支付机构将支付成功的消息送达卖方。

⑧卖方发出商品。

支付网关模式最早是应用于 B2B、B2C 等电子商务领域中，也是在国内最早出现应用最为成熟的模式。首信易是国内第一家采用第三方支付的公司。

首信易在操作的过程中，首先是通过消费者进行签约商户进行下单，以首信易作为付款的渠道，再链接到首信易的安全支付服务器上，选择支付方式后进入相应的银行页面中进行支付操作，由银行来实现款项的拨付并将信息反馈到平台上，由首信易将信息返回到商户手中，在消费者支付成功后，由商户为其提供商品或者服务的过程。

这种运行模式存在很低的门槛，所以以这种基础的支付产品是很容易被复制和模仿的，加之由于产品的结构简单，其服务功能和性能在很大的程度上会受到接口银行的限制，导致其并不具备很强的便利性和安全性。此种模式的运转过程，第三方支付机构不能够直接的接收到付款人的指令，也不能与收款人进行直接的资金划拨，而是通过网上银行通道，来协助转账的服务过程。所以支付机构在此过程中的作用是相当于帮助网上银行进行延伸的过程，充当了银行的委托，帮助其完成网关上面的对接操作，实质上并未产生新型的法律关系。

（二）虚拟账户模式

虚拟账户模式是如何运行的呢？首先第三方支付机构为商户提供以银行支付网关的集成服务；其次，为客户提供一个虚拟的账户，让客户的银行账户与此虚拟账户之间进行绑定；最后，客户将自己的资金注入该虚拟账户中去，或者是可以将虚拟账户中的资金提取到相应的银行账户中。

客户在进行网上支付的过程时，通过在虚拟账户和银行账户之间来回进行。在一定情况下，虚拟银行账户内的资金充足时，可以通过双方的虚拟账户直接进行资金的划分。这种模式能够解决在交易的过程中保护双方的隐私不外泄以及信息不对称的问题。

第一，在建立虚拟账户的过程中相当于是对客户的信息多了一层安全的保障，使交易者在交易过程中不会造成银行账号暴露的情况；第二，虚拟银行可以提供一定的交易信用的担保，相应地就解决了长期以来困扰电子商务缺失诚信的问题，增加了信用功能。但是在具体的操作过程中，也会出现一些新的风险问题，例如，物流上的时间差、资金被滞留的问题、支付机构无权处分的行为等。根据虚拟账户所承担的不同功能，我们还可以将其做出进一步的细分，为"无担保的虚拟账户"和"有担保的虚拟账户"两类。

1.无担保的虚拟账户

无担保的虚拟账户的交易流程较为简单，支付机构只担负将资金进行暂时的存放与转移的作用，将资金直接从付款人的虚拟账户中转至收款人的虚拟账户中，其交易的平台本身并不具备承担其他功能的作用。如在《支付宝服务协议》中规定"即时到账服务"，指的是买卖双方通过在合同规定下买方通过支付宝账户即时的对卖方支付宝的账户中支付的一种方式。该项协议中提示，此类服务只适用于一般的对于交易双方之间都充满信任的小额交易过程。当在交易的过程中客户一旦选择了即时到账服务来进行支付货款时，就要将所支付的款项立刻支付给对方的虚拟账户中去，在此交易过程中支付宝公司是不对其进行中介服务。

在交易过程中风险的出现是不可避免的，为了控制在交易过程中出现的风险，因此支付宝公司每天会设置交易的最高额度或者是每笔交易的最高额度。这种模式所进行的交易是不受交易保护条款的保障，客户将自行承担交易过程中出现的风险并处理相关的交易或者货款之间存在的纠纷。但是需要注意的是，在一般的虚拟账户资金的划拨是指付款人和收款人的虚拟账户之间完成的，但是为了使业务的过程变得简便，所以当付款人的虚拟账户中余额不足时，支付机构也可以选择直接将付款人所绑定的银行账户中的资金划拨到收款人的虚拟账户中；或者是直接将付款人虚拟账户中的资金划拨到收款人的银行账户中去。这种支付方式省略了客户向虚拟账户中充值的流程,但本质上仍涉及虚拟账户的利用。

目前而言,使用无担保虚拟账户模式进行交易的支付机构仍不在少数,国外负有盛名的Paypal,国内的快钱、盛付通等所提供的服务都与此类似。

2.有担保的虚拟账户

所谓有担保的虚拟账户,是指在虚拟账户模式的交易过程中,虚拟账户的存在不仅是针对资金产生一个流转的载体作用,同时还发挥了信用中介的作用,即第三方支付机构将自身的商业信用注入了交易支付的过程中:在产生交易时,首先是买方将自身虚拟账户中的资金划入支付平台,支付平台在此承担“中转站”的作用,为其进行保管贷款,通知卖家发货;等到买方在收到货物之后,验证无误,此时交易还没有完成,买方委托支付机构将货款划拨到卖方的虚拟账户中,此时交易结束,即使是不真实的交易过程,支付宝也可以根据客户提供的相关指令来完成这些操作。比如《支付宝服务协议》中所规定的中介服务(亦称“支付宝担保交易”),主要包括代管、代收、代付和退返(提现)等具体内容。

在此过程中,虚拟账户模式的作用不再是单独的进行基本的支付功能的行为,更成为一种担保信用增强功能的作用,包括基于虚拟账户的资金流转、银行支付网关集成等,一定程度上确保了电子商务的交易安全。传统的交易过程都是源于买卖双方之间的相互信任问题,往往会因为网上的信息匿名性、远程性造成信息的不对称,导致出现的结果是交易者之间由于互相的不信任问题,担心可能会发生款到不发货或者货到不付款等欺诈行为。第三方支付机构信用担保功能的产生,解决了交易者之间存在的此类问题,同时提高了交易的成功率,促使电子商务突破了以前发展的瓶颈,得以迅速繁荣。当然,这种模式下支付机构已经介入支付交易过程,从而衍生了一些新型的法律问题。

二、第三方支付所涉及的法律关系

第三方支付过程主要涉及三类主体，包括支付机构、买卖双方和银行。

支付宝的第三方支付机构为客户提供银行网关，目的是方便客户能够直接进入网上银行，从而实现资金从买方账户到卖方账户的转移；第三方支付机构采取虚拟账户模式为客户提供了可储值和提现的虚拟账户，进而完成资金的划拨过程，并相应发挥出信用中介的功能。

交易的主体是买卖双方，即付款人和收款人。一方面，买卖双方的作用是支付平台的注册用户，根据支付服务协议来享受支付平台所提供的服务，并相应承担一定的义务；另一方面，他们也在银行中有相应的银行账号，属于银行的客户，与银行之间存在一定的权利与义务的关系。

在支付网关模式中，这里的银行主要指的是付款行和收款行，第三方支付机构按照与付款行之间的合同，将付款链接提供给买方，然后付款行按照买方的支付指令把资金划拨至收款行；在虚拟账户模式中，还会涉及备付金银行，第三方机构向客户收取的备付金的存管、使用、划转都要通过该类银行完成。

在第三方支付中，各民事主体分别缔结合同，形成多组关联的合同关系，具体而言，主要包括基础交易当事人之间的买卖合同关系、支付机构与客户之间的服务合同关系、支付机构与银行的业务合同关系。

（一）基础交易当事人的买卖合同关系

一般基于电子商务的支付要求都存在真实的交易事项，商户和消费者之间的买卖合同关系是支付发生的基础法律关系，因合同而产生的债权债务是进行资金有效划拨的前提。虽然支付指令本身具有无因性，但是当出现款项错划或者网络欺诈的情况时，买卖双方之间是否存在合法有效的合同关系就成为关键证据。根据买卖合同的双务性，当缔约完成后，买方（付款人）有义务在合同规定的时间内向卖方（收款人）支付款项，并有权获得标的货物或服务；而卖方必须根据合同约定完全履行义务，即及时交货或提供相应服务，同时有权在规定时间内取得货款。

（二）支付机构与客户的服务合同关系

1.服务合同与双方代理

支付网关模式中，第三方支付机构根据其与付款人之间的合同，向付款人提供银行网关，与收款人不存在直接的法律关系。在虚拟账户模式中，买卖双方在成为支付机构的用户时必须先在平台上注册账户，与支付机构签订一份服务协议。这份协议是由第三方支付机构单方提供的格式合同，内容包括服务项目、双方的权利义务以及争议处理条款等，例如，支付宝为用户提供的《支付宝服务协议》、快钱所提供的《快钱用户服务协议》。同意并签署该份协议之后，买卖双方即与第三方支付机构建立起了服务合同关系。

第三方支付机构根据客户指令履行代收代付职能，在交易双方发生争议时，依其自行判断决定争议款项归属。这种行为模式类似于委托代理：首先，用户与第三方的基础委托关系来源于服务协议，用户对支付机构的授权蕴含其中；其次，第三方支付机构按照用户的指令进行代为收付的法律行为；最后，这种行为的后果归属于用户自身。由于支付机构同时受到交易双方的委托，有违代理制度中的自我行为禁止之嫌。但是我国民事制度中并未明确禁止双方代理，如果这种行为得到了交易双方当事人的同意或事后追认，则法律承认其效力。所以用户与第三方支付机构之间的关系可以准用双方代理制度，具体的权利义务内容可由服务协议具体约定。例如，根据《支付宝服务协议》，支付宝及其用户分别享有相应权利、承担各自义务（如表 6-1 所示）。

表 6-1 支付宝及其用户的权利义务

	支付宝用户	支付宝公司
权利	1.要求支付宝公司按照指令及时完成资金转付及其他服务； 2.要求支付宝公司保证账户资金的安全； 3.要求支付宝公司对个人信息进行保密； 4.要求支付宝公司及时进行信息披露，包括收费项目、收费标准、服务协议格式条款等； 5.对支付宝公司享有违约索赔权。	1.向用户收取必要的服务费用； 2.对代收代付款项产生的任何收益（包括但不限于孳息）享有所有权； 3.当出现支付异常或者其他违规操作时，支付宝可不经告知用户直接暂停或禁止相关账户，拒绝完成用户的不合理操作指令； 4.当用户与第三方发生交易纠纷时，支付宝公司可自行判断并决定将争议款项的全部或部分支付给交易一方或双方； 5.有权按照有关机关的要求对用户的个人信息以及在支付宝的资金、交易及账户等进行查询、冻结或扣划。
义务	1.用户注册时应提供及时、准确、完整的资料；在使用过程中应及时更新资料，因未及时更新资料导致的一切后果，均应由用户自行承担； 2.用户要妥善保管账户资料、按照平台交易规则进行操作，由于密码泄露导致的损失需用户自行承担，由于指令错误致使支付错误，支付宝亦不予赔偿； 3.若发现未经授权的支付，或发生与支付宝账户关联的手机或其他设备遗失等，应立即通知支付宝公司。支付宝公司在采取行动的合理期限内，对用户的损失不承担责任； 4.用户应当遵守国家的法律法规，不将支付服务用于非法目的或不以任何非法方式使用本服务，比如侵害他人合法权益、从事洗钱等非法活动、违法使用银行卡以及套现等，这些行为所导致的法律后果由违法者自行承担，因此对支付宝造成的损失也应当由其进行赔付。	1.核实商户信息的真实性。为保证交易的合法有效，支付宝应当对客户信息进行形式审查，通过核实卖方的身份证、营业执照、许可证等资料来确认其合法的经营资格； 2.保障用户资金安全。支付宝作为资金交付的中介，应当妥善保管沉淀在平台上的客户资金，按照规定存入独立的备付金账户，不得擅自挪用进行风险投资； 3.提供合同约定的服务。《支付宝服务协议》中规定的服务项目有代收代付款项服务（包括充值、充值退回、提现、支付宝中介服务、货到付款服务、即时到账服务、转账服务）、查询和购结汇服务等； 4.保证用户的信息安全。支付宝应当谨慎使用客户信息，对消费者的个人基本信息进行妥善保管，保证消费者的银行账号、账户余额和交易记录等支付信息不被泄露。

2.担保交易与担保合同

在有担保的虚拟账户支付实践中，第三方支付机构往往会用“担保中介”或“担保交易”来表述这项功能，这就涉及买卖双方与支付机构之间担保合同关系的讨论。《支付宝服务协议》所规定的“支付宝担保交易”是典型例子，其中资金按照“付款人银行账户—付款人虚拟账户—第三方支付平台—收款人虚拟账户—收款人银行账户”的轨迹流动，在订单下达到验货完成的这段时间内，买方虚拟账户转出的资金由第三方支付机构进行保管。若交易按时完成，资金最终会流入卖方账户，若发生履行瑕疵或逾期履约，支付宝公司可以根据协议规定做出相应处理。

《交易超时规则》是《支付宝服务协议》的有效组成部分，其对中介交易制定了详细的时限规则。为保证买方及时付款，《交易超时规则》中规定：

买家逾期不付款，默认关闭交易(如果卖家修改交易价格或买家操作过网银但没有付款成功会重新开始计算超时时间)。

买家逾期不确认收货，也没有申请退款，默认买家已收到货且货物质量符合交易双方的约定，交易成功，付款给卖家。

卖家不同意退货时，买家逾期未再次提交退款申请，默认撤回退款申请，交易资金直接打款给卖家，适用支付宝交易正常状态下超时规则。

退款协议达成时，买家逾期未确认退货，默认撤回退款申请，交易状态继续，适用支付宝交易正常状态下超时规则。为保证卖方及时交货，《交易超时规则》中规定：

(1)卖家逾期不发货，买家可以申请退款。

(2)卖家未发货，买家申请退款时，卖家对退款申请逾期不答复，默认买卖双方已按买方的退款申请达成退款协议，按退款申请退款给买家。

(3)卖家已发货，买家申请退款时，卖家逾期不响应退款申请，默认达成退款协议，按退款协议中的约定直接退款给买家或者进入退货程序。

(4)卖家已发货，买家主张未收货，卖家逾期未上传物流凭证，或者提供的物流凭证未能通过支付宝的审核，默认卖家未发货，按买家的退款申请达成退款协议，退款给买家。

(5)买家已退货时，卖家逾期不确认收货，也没有拒绝退款，默认卖家已收到货且对货物无异议，退款给买家。

第三方支付机构的信用担保作用主要体现在《交易超时规则》对买卖双方按时履约的督促和保障上，但是目前的担保理论并不能对此做出圆满的解释。

保证是我国担保体系中的一种重要类型，指的是债务人以外的第三人以其信用担保债务人履行义务的法律制度。我国《担保法》第 6 条规定："本法所称保证，是指保证人和债权人约定，当债务人不履行债务时，保证人按照约定履行债务或者承担责任的行为。"保证分为一般保证和连带保证，依《担保法》第 17 条的规定："当事人在保证合同中约定，债务人不能履行债务时，由保证人承担保证责任的，为一般保证。"一般保证的保证人享有先诉抗辩权："在主合同纠纷未经审判或者仲裁，并就债务人财产依法强制执行仍不能履行债务前，对债权人可以拒绝承担保证责任。"当事人在保证合同中事先约定为连带保证或对保证方式并无准确约定时，成立连带责任保证："债务人在主合同规定的债务履行期届满没有履行债务的，债权人可以要求债务人履行债务，也可以要求保证人在其保证范围内承担保证责任。"此外，一般保证和连带责任保证的保证人都享有债务人的抗辩权。

从表面上看，有担保的虚拟账户模式符合信用担保的特征，以保证卖方及时发货为例：买方是债权人，卖方是主债务人，第三方支付机构是卖方的保证人。当卖方不履行或瑕疵履行交货义务时，支付机构负有向买方退还货款的责任。但是从实践来看，有担保的虚拟账户并不完全符合信用担保制度的特点。

第一，与连带保证和一般保证的特征不符。当期限届满，卖方不履行义务时，买方无权要求卖方退还货款，只能向第三方支付机构主张退款。而支付机构也并没有先诉抗辩权。

第二,卖方向买方的抗辩权,第三方支付机构不得主张。无论卖方基于何种抗辩理由不履行义务,支付机构都要承担退换货款的义务,不能使用卖方的抗辩理由来对抗买方。

第三,支付机构将货款退还后,并没有权利再向卖方主张追偿。

虽然表面上第三方支付机构起到了信用担保的作用,但实质上其并不享有保证人的诸多权利,将此种关系认定为《担保法》中的担保合同关系,对支付机构来说未免有权利义务上的失衡。所以在司法实践中,当用户主张第三方支付机构承担所谓"担保交易"中的保证责任,而第三方支付机构并无实质过错的情况下,用户的主张往往得不到法院的支持。

(三)支付机构与银行的业务合同关系

第三方支付机构由于不具有银行资格,没有独立的存款职能,必须依靠银行来构建自己的服务体系。在支付网关模式中,支付机构并不直接参与资金划拨,仅作为付款行的代理人为其客户(付款人)提供网关,法律关系相对简单;在虚拟账户模式中,支付过程涉及两类银行:一类是为第三方支付机构提供资金转移和结算服务的银行;另一类是为第三方支付机构提供资金存款服务的银行。

1.支付机构与结算银行

在第三方支付出现以前,网上银行是电子支付的主流,它利用商业银行的专用金融网关通道为用户提供资金管理服务。第三方支付机构的出现打破了银行对网上支付的垄断局面,银行与支付平台进入了一个合作时代。由于基于电子商务的网上交易一般具有小额零散的特点,利润空间有限,银行并不愿意投入过多的精力去经营,第三方支付机构趁机占领这片蓝海,与各大银行签订协议取得了银行网关的使用权。双方合作各取所需,银行避免了小额交易带来的烦琐,同时第三方支付机构也通过提供一系列服务获取收益。支付机构与付款行和收款行之间的这种关系可以认为是一种金融服务合作关系，2005 年公布实施的《电子支付指引(第一号)》第 33 条规定："银行可以根据有关规定将其部分电子支付业务外包给合法的专业化服务机构，但银行对客户的义务及相应责任不因外包关系的确立而转移。银行应与开展电子支付业务相关的专业化服务机构签订协议，并确立一套综合性、持续性的程序，以管理其外包关系。"

也有人认为外包服务合同在某种程度上也具有委托代理合同的性质，第三方支付机构作为受托方对买卖各方输入的指令加以打包，形成银行能够处理的格式并发送给银行，它充当了原本应该由银行直接面向客户的角色，减轻了银行的工作量。但是两种合同之间仍有一些区别：第一，自主支配权方面，代理人必须按照委托人的指示或要求行事，而在外包服务合同中，发包商将业务外包之后，承包商在不损害发包商企业利益的前提下可以自主经营；第二，从追责机制而言，若成立代理关系，则第三方支付机构在提供代收代付、担保、清算等服务时的不当行为对客户造成的损害，应当由银行来先行承担，这将导致银行运营风险的加大，不利于金融安全和稳定。

2.支付机构与备付金银行

第三方支付机构与备付金银行之间具有存管服务合同关系，两者通过签订备付金协议明确它们在备付金的划拨、存管和适用方面的权利义务。支付机构对客户的银行账号进行认可，付款行按照客户的要求将资金划拨到支付机构在备付金银行开立的专门账户，备付金银行负责妥善保管备付金，并对备付金账户进行资金划拨与清算。根据央行 2013 年 6 月颁布的《支付机构客户备付金存管办法》规定："支付机构应当并且只能选择一家备付金存管银行，可以根据业务需要选择备付金合作银行。"备付金存管银行"可以为支付机构办理客户备付金的跨行收付业务，并负责对支付机构存放在所有备付金银行的客户备付金信息进行归集、核对与监督的备付金银行”。备付金合作银行是“可以为支付机构办理客户备付金的收取和本银行支取业务，并负责对支付机构存放在本银行的客户备付金进行监督的备付金银行”。所以除了基本的存管服务合同外，备付金银行同时还负有对备付金的使用进行监督、复核的义务，因此与支付机构之间还存在着监督管理的法律关系。

第二节　第三方支付的法律问题及其风险

第三方支付指的是具备资质独立，通过与国家以及国外各大银行之间的合作，为收、付款人提供的一系列业务的过程，在其交易的过程中必然会涉及很多法律方面的问题，以及出现一定程度的风险状况，如何处理第三方支付过程中的法律问题及风险，下面来具体分析。

一、第三方支付法律关系问题

（一）第三方支付机构与银行之间的法律关系认定

银行与第三方支付之间所具有的是相互依存的关系，银行是合法的具有资金划拨和结算功能的国家金融主体，第三方支付机构的生存也主要依附于银行的金融功能。第三方支付过程中银行所占据的作用不仅是提供资金的转移，而且是可以帮助第三方支付平台实施有效的监督作用，防止出现挪用、滥用客户金额行为的发生，这样保障了消费者的利益。而根据银行所提供的服务类型的不同，双方之间形成的法律关系也存在着很大的区别。

在金融支持方面，银行主要负责的是为第三方支付机构提供一定程度的资金转移和结算服务，双方在经过签订金融服务合作中能够确定二者之间的关系权利与义务，是一种主体之间所形成的金融服务合作的关系。

在第三方支付平台进行的过程中，第三方支付所发挥的是帮助买卖双方进行交易的一个平台，第三方支付平台与银行通过“金融服务协议”建立起来合作的关系，第三方支付平台与网上银行的关系应该是代理的关系，第三方支付平台是代理人，此关系受民法代理制度和《合同法》的调整。

（二）第三方支付机构与监管机构之间的法律关系认定

在中国，对第三方支付机构的监管机制做出了明确的规定，即《非金融机构支付服务管理办法》，其中第三条指出：“非金融机构提供支付服务，应当依据本办法规定取得《支付业务许可证》，成为支付机构。支付机构依法接受中国人民银行的监督管理。未经中国人民银行批准，任何非金融机构和个人不得从事或变相从事支付业务。”

中国人民银行与第三方支付之间形成了纵向的监督管理的法律体制关系，该规定中的相关论点也证实了这一关系，主要体现在了市场准入制度、经营范围及备付金监管机制。

1.市场准入制度

第三方支付要想在市场上运作，首先是要采取市场准入机制，以收款人作为中介，为了双方提供一个货币资金进行转移服务的非金融机构过程。根据《非金融机构支付服务管理办法》第七条的规定：“中国人民银行负责《支付业务许可证》的颁发和管理。申请《支付业务许可证》的，需经所在地中国人民银行分支机构审查后，报中国人民银行批准。本办法所称中国人民银行分支机构，是指中国人民银行副省级城市中心支行以上的分支机构。”

由于第三方支付机构具有保管、转移大量交易资金的义务，在交易转移资金的过程时，要做到按照相关规定向所在地中国人民银行提出申请，并且在取得《支付业务许可证》的资质后才能够向收付款的人提供货币资金的转移。第三方支付主要依附互联网平台来进行业务的往来，涉及众多的网络平台客户之间的利益关系，面向的是大众社会的所有人，并不单指某一公众，因此，准入制的采取是非常有必要的。

另外，根据《非金融机构支付服务管理办法》第八条的规定：《支付业务许可证》在申请的过程中，申请人应当具备以下条件。

(1)在中华人民共和国境内依法设立的有限责任公司或股份有限公司，且为非金融机构法人。

(2)有符合本办法规定的注册资本最低限额。

(3)有符合本办法规定的出资人。

(4)有 5 名以上熟悉支付业务的高级管理人员。

(5)有符合要求的反洗钱措施。

(6)有符合要求的支付业务设施。

(7)有健全的组织机构、内部控制制度和风险管理措施。

(8)有符合要求的营业场所和安全保障措施。

(9)申请人及其高级管理人员最近 3 年内未因利用支付业务实施违法犯罪活动或为违法犯罪活动办理支付业务等受过处罚。

上述的规定中，针对第三方支付机构的准入原则又相对进一步的做出了规定，不仅从企业方面的性质出发，还从注册的资本或者是合格的出资人及高级的管理人员之间的基本方面进行了限定，同时也会相应的申请一些符合要求的风险管理、反洗钱及安全保障等的措施来进行。在从事第三方支付平台的过程，其在建立的初期就一定程度反映出中国人民银行强有力的监管力度，这样做有助于保护客户的利益，对行业内的支付资源起到一定的整合作用，也促进了第三方支付行业的有效发展。

2.经营范围

在采取市场准入制度的同时，中国人民银行还对第三方支付机构的经营范围作了明确的限定。根据《非金融机构支付服务管理办法》第二条的规定："本办法所称非金融机构支付服务，是指非金融机构在收付款人之间作为中介机构提供下列部分或全部货币资金转移服务：(1)网络支付；(2)预付卡的发行与受理；

(3)银行卡收单;(4)中国人民银行确定的其他支付服务。本办法所称网络支付,是指依托公共网络或专用网络在收付款人之间转移货币资金的行为,包括货币汇兑、互联网支付、移动电话支付、固定电话支付、数字电视支付等。本办法所称预付卡,是指以营利为目的发行的、在发行机构之外购买商品或服务的预付价值,包括采取磁条、芯片等技术以卡片、密码等形式发行的预付卡。本办法所称银行卡收单,是指通过销售点(POS)终端等为银行卡特约商户代收货币资金的行为。”第十七条的规定:“支付机构应当按照《支付业务许可证》核准的业务范围从事经营活动,不得从事核准范围之外的业务,不得将业务外包。支付机构不得转让、出租、出借《支付业务许可证》。”

该规定可以看出,用于第三方支付机构可以经营的范围有网络支付、预付卡的发行与受理以及银行卡收单这三种业务。第三方支付机构在从事业务的过程中,不得进行规定范围以外的业务,也不得对业务进行外包的行为。相比其他的行业,第三方支付机构在经营过程中具备一个比较严格的范围。当第三方支付不断的完善与加强时,与其相对的法律法规也在随之健全,经营的范围也在不断的扩展,成为发展的必然趋势。

3.备付金监管

根据《非金融机构支付服务管理办法》第二十四条的规定:“支付机构接受的客户备付金不属于支付机构的自有财产。支付机构只能根据客户发起的支付指令转移备付金。禁止支付机构以任何形式挪用客户备付金。”

在互联网交易频繁的当下,大量的资金往来需要由第三方支付机构提供流转服务,而许多资金转移存在着一定的周期,此时便会在第三方支付机构设立的备付金账户中暂存,而这些资金的安全问题是尤为重要的。

首先,中国人民银行对于备付金的性质做出了明确的界定,即备付金不属于第三方支付机构的自有财产,所有权归属于客户,且转移备付金只能在客户发出支付指令后实施,禁止挪用。

根据《非金融机构支付服务管理办法》第二十六条规定:“支付机构接受客户备付金的,应当在商业银行开立备付金专用存款账户存放备付金,中国人民银行另有规定的除外。支付机构只能选择一家商业银行作为备付金存管银行,且在该商业银行的一个分支机构只能开立一个备付金专用存款账户。支付机构应当与商业银行的法人机构或授权的分支机构签订备付金存管协议,明确双方的权利、义务和责任。支付机构应当向所在地中国人民银行分支机构报送备付金存管协议和备付金专用存款账户的信息资料。”第二十八条的规定:“支付机构调整不同备付金专用存款账户头寸的,由备付金存管银行的法人机构对支付机构拟调整的备付金专用存款账户的余额情况进行复核,并将复核意见告知支付机构及有关备付金存管银行。支付机构应当持备付金存管银行的法人机构出具的复核意见办理有关备付金专用存款账户的头寸调拨。”

其次,中国人民银行又对于第三方支付机构设立客户备付金存管账户的方式进行了强制性规定,即必须在商业银行开立专用备付金存款账户,并且接受商业银行的监督。另外,在备付金账户要进行头寸调整时,商业银行还负有复核的责任。

除此之外,根据《非金融机构支付服务管理办法》第三十条第一款规定:“支付机构的实缴货币资本与客户备付金日均余额的比例,不得低于10%。”

以上监管措施,能够有效地解决客户备付金的安全问题,并且为客户备付金的安全提供有力保障。

(三)第三方支付机构与互联网平台交易双方之间的法律关系认定

1.第三方支付机构与消费者即买方之间的法律关系认定

第三方支付机构在整个交易过程中,主要为消费者提供的功能包括付款、收款、缴费(水费、电费、燃气、煤气等)以及还贷和信用卡还款等业务。消费者若要使用上述功能，须首先将资金存入在第三方支付机构中设置的虚拟托管账户中，由第三方支付机构代为暂时保管，根据《合同法》第三百六十五条的规定："保管合同是保管人保管寄存人交付的保管物，并返还该物的合同"，则双方因此而形成了保管合同关系。而随着交易的进行，第三方支付机构对于资金的保管仅限于暂时状态，其仍要根据消费者的支付指令，将托管账户内的全部或部分资金支付给商家或根据消费者选择的还贷及信用卡还款等业务将资金支付给指定的银行，根据《合同法》第三百九十六条的规定："委托合同是委托人和受托人约定，由受托人处理委托人事务的合同"，而此时双方则形成了委托合同关系。

2.第三方支付机构与商家或企业即卖方之间的法律关系认定

第三方支付机构与商家或企业之间的资金往来方式正好与其与消费者之间的资金往来方式形成相对性，同时也具有相似性，商家或企业会以签订服务协议的方式委托由第三方支付机构代为收取货款，以支付宝为例，根据《合同法》第三百九十六条的规定，此时双方则形成了委托合同关系。而在货物发出至到达消费者手中的这段期间里，货款同样会由第三方支付机构暂时代为保管，根据《合同法》第三百六十五条的规定，则双方同样因此而形成了保管合同关系。

二、第三方支付模式的法律风险分析

（一）第三方支付的民事法律风险

1.主体资格定位遭到质疑

明确了法律地位，才能够明确主体的权利和义务，目前第三方支付主体的定位问题广受质疑。2009 年 4 月 16 号，中国人民银行发布(2009)第 7 号公告，该公告对第三方支付服务商的定位是从事支付清算业务的特定非金融机构。事实上，多数第三方支付公司也不把自己定位成金融机构，例如，支付宝在《支付宝服务协议》也明确：“‘支付宝服务’（以下简称本服务）是由支付宝（中国）网络技术有限公司（以下简称本公司）向支付宝用户提供的支付宝软件系统（以下简称本系统）及（或）附随的货款代收代付的中介服务。”但是，第三方支付行为与金融业相关性较强，仅定位成中介机构未免遭到人们的质疑。而且，第三方支付中第三方法律定位的不准确导致了对其监管的难度增加。

《商业银行法》第二条规定，商业银行是依法设立的吸收公众存款、发放贷款、办理结算等业务的企业法人。评判一个企业是否是银行的一个重要标准是其是否能够经营存贷款和货币结算业务。第三方支付从实质来看，所从事的存贷款和货币结算业务并不是独立业务，而是以电子交易为基础的交易环节，因此第三方支付并不具有银行的主体资格。在这些第三方支付平台中，除支付宝等少数几个支付平台并不直接经手和管理来往资金，而是将其存在专用账户外，其他公司大多代行银行职能，可直接支配交易款项，这就可能出现不受有关部门的监管，而越权调用交易资金，一旦缺乏有效的流动性管理，则可能存在资金安全隐患，并可能引发支付风险和道德风险。可以看出，第三方支付本质上属于金融服务中的清算结算业务，我国《商业银行法》的规定只有商业银行才能许可从事该项业务。据估计目前我国提供网上第三方支付服务的机构已不下二百多家，绝大多数是非金融机构。

2.第三方支付中沉淀资金定性不明，资金利息归属引发质疑，可能构成不当得利

所谓第三方支付沉淀资金，是指停留在第三方支付平台账户中的、买卖双方待结算交易货款的集合。由于第三方支付平台中买卖双方的货款大量存在着延时交付、延期结算的情况，从而导致该平台中出现大量积累下来，不参与流通的资金，即称之为沉淀资金。

沉淀资金的形式有两种情况：一种是买家提前将资金存入第

三方支付平台，但没有发生交易行为只是为了下次交易提供便利，因此在下次交易发生之前该笔资金处于沉淀状态。

另一种情况是发生实际的交易行为，以支付宝为例，货款从买家汇至支付宝再由支付宝付款给卖家的这段时间中，除虚拟物品交易，如充值卡、游戏币等，鉴于买卖双方的地域差异问题，物流问题而产生的时间差，货款会在支付宝中停留一段时间，期间同样形成资金沉淀。从目前电子商务交易的现状来看，买卖双方之间的不完全信任致使货款在货物运输途中只能保管在第三方支付平台，虽然存在即时完成的虚拟物品交易，但所占比例甚少，大部分仍以实体交易为主，沉淀资金的存在已经成为第三方支付发展过程中的必然现象。

沉淀资金应当如何定性？根据我国民法的规定，通常情况下原物所有权人有权取得孳息的所有权，原物所有权移转，孳息的所有权应同时移转。在买卖双方交易过程中，应当以《合同法》来适用此交易过程，第三方支付起了保管方的作用。

我国《合同法》对保管人的规定是"保管期间届满或者寄存人提前领取保管物的，保管人应当将原物及其孳息归还寄存人"，而第三方支付在服务协议明确"本公司无须对您使用支付宝服务期间由本公司保管或代收或代付的款项的货币贬值承担风险，并且本公司无须向您支付此等款项的孳息"，这似乎与我国《合同法》有所违背。

从意思自治的角度看，如果用户同意了此条款，可以理解为将孳息默认赠与第三方支付公司或理解为将孳息作为了保管费用，在民商法中的通常情况下约定的效力也大于法定。第三方支付平台利用资金的暂时保管，在交易过程中约束和监督了买家和卖家。当买方把资金划入第三方的账户，第三方就将起到资金保管人的作用，资金的所有权并没有发生转移，资金的所有人仍然是买方。

当买方和卖方达成某笔交易，买方收到商品，通过第三方支付向卖方付款时，此时款项的所有权应仍属于买方所有，直至款项进入卖方账户，或者买方确认付款后，所有权才转为卖家。可以看到，第三方支付作为款项的占有人，始终不具备对资金的所有权，只是保管的义务。随着将来用户数量的增长，这个资金沉淀量将会非常巨大。据粗略估算，每天滞留在第三方平台上的资金至少有数百万元，第三方支付公司将可以取得一笔定期存款或短期存款的利息，利息的分配是在第三方支付公司和买方间，还是作为第三方支付公司应得收益的一部分，就成为一大问题。

他人利用第三方平台获取不当得利。由于中国市场规模和容量较大，而第三方支付市场乃至整个金融产业的监管体系仍不完全成熟和全面，难免会出现少数“漏洞”不当得利的现象，例如，第三方支付市场信用卡非法套现行为、一些涉黄涉毒网站利用第三方平台支付渠道进行支付等行为。这些不当得利的现象给银行带来损失，也不利于第三方支付市场的健康发展。易观国际认为，改善此问题仍需监管部门、银行、第三方支付厂商以及相关软硬件厂商的共同努力。

3.未经授权支付的法律风险

未经授权的支付是指由付款人以外的第三人，在未获得付款人授权的前提下向第三方支付机构发起支付指令，将付款人账户内资金转移，且付款人也未从实际中获得任何利益。相对于选择以第三方支付的方式进行交易的用户来说，第三方支付机构显然更加了解相关的专业知识，且在技术操作层面也更加擅长。

无论从专业性、技术性，还是从信息的掌握程度上来说，第三方支付机构都是处于绝对的强势地位。依据上文中对于第三方支付机构与买方之间的法律关系分析，其双方分别形成了保管合同关系和委托合同关系。《合同法》第三百九十九条规定：“受托人应当按照委托人的指示处理委托事务。需要变更委托人指示的，应当经委托人同意；因情况紧急，难以和委托人取得联系的，受托人应当妥善处理委托事务，但事后应当将该情况及时报告委托人。”第四百零六条规定：“有偿的委托合同，因受托人的过错给委托人造成损失的，委托人可以要求赔偿损失。无偿的委托合同，因受托人的故意或者重大过失给委托人造成损失的，委托人可以要求赔偿损失。受托人超越权限给委托人造成损失的，应当赔偿损失。”

由此可见，第三方支付机构应当按照消费者的指示进行支付，若其在未经授权下进行支付行为，但不能证明自身尽到了合理的注意义务且无过错的话，则要对未经授权的支付承担全部赔偿责任。对于第三方支付机构的损失，其可向未经授权支付的行为人即直接侵权人进行追偿。

（二）第三方支付的刑事法律风险

1.可能成为非法套现的“帮凶”，存在涉嫌非法经营罪的风险

所谓非法套现是指持卡人通过虚拟的交易等方法，把信用卡内的信用额度变为现金持有。一般情况下，通过银行柜台或ATM机上在信用卡内提现，需要向银行支付3%的手续费及每日万分之五的利息，且取现额度一般仅为信用卡可透支额度的30%至50%。但若采取非法套现的方式提现，实际上相当于进行了一次无商品交换的刷卡消费行为，而商户会将等同于消费金额的现金支付给持卡人，该数额依据具体交易金额，可能是信用额度的部分或全部，并且具有免息宽限期，相当于持卡人从银行获得了一笔小额的免息贷款，该方式相比于通过正规方式提现显然更具有诱惑力。

也正因如此，部分持卡人利用电子商务网站具有的消费、提现的特性，通过充值提现或者虚假购物后再提现的方法进行免费套现，在不支付任何手续费的前提下，便可实现其目的。而目前大部分电商平台均委托第三方支付机构作为资金流转的中介，这也就使得第三方支付机构很可能成为某些人通过制造虚假交易来实现资金非法转移套现的活动工具，无形中充当了非法套现的“帮凶”，随之而来的，将是可能面临的涉嫌非法经营罪的刑事法

律风险。

《刑法》第二百二十五条规定:“违反国家规定,有下列非法经营行为之一,扰乱市场秩序,情节严重的,处五年以下有期徒刑或者拘役,并处或者单处违法所得一倍以上五倍以下罚金;情节特别严重的,处五年以上有期徒刑,并处违法所得一倍以上五倍以下罚金或者没收财产:

(1)未经许可经营法律、行政法规规定的专营、专卖物品或者其他限制买卖的物品的;

(2)买卖进出口许可证、进出口原产地证明以及其他法律、行政法规规定的经营许可证或者批准文件的;

(3)未经国家有关主管部门批准非法经营证券、期货、保险业务的,或者非法从事资金支付结算业务的;

(4)其他严重扰乱市场秩序的非法经营行为。”

本罪的主体为一般主体,即一切达到刑事责任年龄,具有刑事责任能力的自然人。依法成立、具有责任能力的单位也可以成为本罪的主体。在主观方面表现为故意,并且具有谋取非法利润的目的;而在客观方面则表现为未经许可从事非法经营活动,扰乱市场秩序,情节严重的行为。

《关于办理妨害信用卡管理刑事案件具体应用法律若干问题的解释》第七条规定:“违反国家规定,使用销售点终端机具(POS机)等方法,以虚构交易、虚开价格、现金退货等方式向信用卡持卡人直接支付现金,情节严重的,应当依据刑法第二百二十五条的规定,以非法经营罪定罪处罚。实施前款行为,数额在100万元以上的,或者造成金融机构资金20万元以上逾期未还的,或者造成金融机构经济损失10万元以上的,应当认定为刑法第二百二十五条规定的‘情节严重’;数额在500万元以上的,或者造成金融机构资金100万元以上逾期未还的,或者造成金融机构经济损失50万元以上的,应当认定为刑法第二百二十五条规定的‘情节特别严重’。持卡人以非法占有为目的,采用上述方式恶意透支,应当追究刑事责任的,依照刑法第一百九十六条的规定,以信用卡诈骗罪定罪处罚。"

虽然该规定并未明确指出包括利用第三方支付平台这种形式，但是根据其构成要件的描述，利用第三方支付平台进行信用卡套现应当属于方法之一，应当受到法律的追究。对于提供该种套现方式的机构应以非法经营罪定罪处罚，对于以非法占有为目的、利用该种方式套现的持卡人应以信用卡诈骗罪定罪处罚。

2.隐蔽性较强，存在洗钱犯罪的可能

《刑法》第一百九十一条规定："明知是毒品犯罪、黑社会性质的组织犯罪、恐怖活动犯罪、走私犯罪、贪污贿赂犯罪、破坏金融管理秩序犯罪、金融诈骗犯罪的所得及其产生的收益，为掩饰、隐瞒其来源和性质，有下列行为之一的，没收实施以上犯罪的所得及其产生的收益，处五年以下有期徒刑或者拘役，并处或者单处洗钱数额百分之五以上百分之二十以下罚金；情节严重的，处五年以上十年以下有期徒刑，并处洗钱数额百分之五以上百分之二十以下罚金：

(1)提供资金账户的；

(2)协助将财产转换为现金、金融票据、有价证券的；

(3)通过转账或者其他结算方式协助资金转移的；

(4)协助将资金汇往境外的；

(5)以其他方法掩饰、隐瞒犯罪所得及其收益的来源和性质的。

单位犯前款罪的，对单位判处罚金，并对其直接负责的主管人员和其他直接责任人员，处五年以下有期徒刑或者拘役；情节严重的，处五年以上十年以下有期徒刑。"

第三方支付平台的交易存在一定的隐蔽性，并且资金转移过程中，无法准确地获知资金真实的来源及实际去向，这也就意味着，洗钱犯罪若要以第三方支付平台作为疏通渠道的话，其所具备的"先天优势"及提供的便利条件显而易见。

在这种情况下，不仅要求金融监管机构对第三方支付机构进行更为严格的审查及监督，更加需要第三方支付机构自身对平台交易进行严格核查，并且严厉制止以非法形式掩盖合法目的的交易行为。虽然部分第三方支付机构在服务协议中均有关于洗钱犯罪的禁止声明，但这并不能作为防止犯罪的有效措施，若要杜绝此类事件的发生，仍需要第三方支付机构在技术等其他各方面进行把控。

第三节 第三方支付的法律风险防范建议

本节主要是从客户和第三方支付机构的角度探讨如何防范各种法律风险。

一、信息安全风险防范

第三方支付平台机构为了避免在支付的过程中出现一系列的安全问题，因而，在用户的注册过程，明确用户的注册审查、用户服务协议、用户交易身份认证、用户账户与交易监控、用户账户及交易信息安全、用户安全交易服务和业务投诉、差错及争议管理等各用户的风险管理环节的操作规范，进一步提升安全高效的服务水平。

（一）进一步落实实名制，有效保障用户账户安全

为了防止在交易过程中出现一定的风险，其需要防范的环节是在用户注册过程中进行实名制的要求、用户身份信息审核、用户申请资料保存等。

（二）强化用户身份认证，防止用户信息被冒用、盗用

通过上述的一系列的实名申请后，提供安全可靠的身份验证和支付授权方式：提供密码、令牌、动态口令、安全证书、手机校验码等具体的技术手段，可充分识别是否是经过本人自己操作的过

程，来保证用户交易过程的安全性。

二、保障客户资金安全

客户的资金安全问题不仅是第三方支付平台所关心的问题，也是用户最关切的问题。第三方支付机构在处理客户资金问题时，针对银行账户管理、支付机构资金管理岗位的设置与权限、商户资金结算流程、资金的退回与交易退款的要求、手续费、资金差错处理、风险准备金计提等一系列的流程和环节进行规范。

（一）严格备付金账户管理，保障客户备付金账户资金安全

首先明确备付金账户的管理要求，其次完善备付金存管银行对客户备付金是如何进行管理，最后规范风险准备金计提制度，有效防范非法挪用或者挤占客户备付金、非法利用客户备付金进行洗钱的行为风险的发生，用来保障客户的备付金安全。

（二）规范资金管理与差错处理，保障客户合法权益

为了有效的保障客户的合法权益，在《电子支付指引》过程中对支付机构资金管理岗位的设置与权限、商户资金结算的流程、资金的退回与交易过程中的退款、资金出现差错的处理等都进行了具体的要求，进而完善制度、规范流程、保障资金服务。

（三）建立账户与交易监控系统

对支付交易全过程实施 7×24 小时监控。明确重点监控指标和异常交易的识别、调查与处置程序及要求。

三、资金沉淀风险防范

沉淀资金的所有权应当属于消费者，第三方支付平台无权享有对沉淀资金及其所产生的孳息的受益权和处分权。如果强制要求第三方支付平台将该利息返还给消费者，势必会加大第三方支付平台或相关托管银行的运营成本，不利于相关产业发展。

可以将第三方支付平台沉淀资金的利息收入在扣除了平台运营商的合理成本后,以有效的方式回馈给第三方支付用户集体。具体而言,第三方支付机构应建立风险基金,用以应对第三方支付机构不能支付或其他系统风险,保护支付系统用户的利益。沉淀资金的利息可纳入上述风险基金,将本属于第三方支付用户的权益现实地返还给用户,以便充分利用这部分资金维护社会公共利益。

第七章　互联网保险的法律透视及法律风险防范

现如今，我国早已迈入了“互联网＋”时代，所有行业都不可避免地受到信息科学技术的影响，保险业同样也不例外。处在“互联网金融”大环境下，传统的营销模式已经无法完全适应保险业的快速发展，互联网保险变由此产生，且迅逗发展、壮大起来。虽然保险行业在高速发展，但是各种法律风险也纷至沓来。本章用四节内容来阐述互联网的法律透视及法律风险防范。

第一节　互联网保险概述

与传统保险相比，互联网保险事实上属于保险业务的网络商务化，所指的是在当前的保险业务实现过程中，投保、缴费、核保、理赔等诸多环节的网络化。有些人持有这样的观点，互联网保险是对于传统保险商业模式的全方位革命，其不仅包含销售渠道的互联网化，同时包含互联网化的保险商品设计；其不但关系到产品本身，而且包含商业模式的全面创新，它的便利性和娱乐性会催生一系列新奇特的保险产品。与此同时，互联网思维的核心部分是客户至上、体验至上，必须与客户进行平等的沟通和交流，精确发现客户的多元化需求，同时提供优质的产品以及服务，给客户带来不一样的体验，这才属于互联网保险的本质所在。

一、互联网保险的定义与特点

（一）互联网保险的定义

保险业领域通常给互联网保险这样下定义：保险公司或者保险中介机构凭借互联网为使用者提供产品及服务方面的信息，完成网上投保、承保、核保、保全和理赔等一系列保险业务，且对保险产品进行在线销售和服务，同时凭借第三方机构完成保险费用方面的电子支付等诸多经营管理活动。

出台的文件《互联网保险业务监管暂行办法》（保监发[2015]69号）（下文简称《暂行办法》）中第一条进行这样规定，“互联网保险业务是指保险机构依托互联网和移动通信等技术，通过自营网络平台、第三方网络平台等订立保险合同、提供保险服务的业务”[①]。这里的保险机构则指在保险监督管理机构批准之后开设且依法登记注册的保险公司和保险专业中介机构；所谓保险专业中介机构，则指经营区域并不对注册地所在省份、自治区、直辖市中的保险专业代理公司、保险经纪公司和保险公估机构给予限制；所谓自营网络平台则指保险机构依法创建的网络平台；所谓第三方网络平台则指除了互联网平台以外，在互联网保险业务范围中为保险使用者和保险机构提供网络技术提倡辅助服务的网络平台。文件《暂行办法》针对互联网保险业务的概念有着明确的界定。总体来讲，《暂行办法》除了把保险中介机构定义成全国性的保险中介机构以外，与现在保险业领域对于互联网保险的定义大致是一致的。

（二）互联网保险的特点

1.虚拟性

与其他金融产品进行比较，保险更多地表现在风险管理

① 中国保险行业协会.互联网保险行业发展报告[M].北京：中国财政经济出版社，2014，第3页.

方面，客户更多地注重其保障功能而并非其投资功能。但是风险本身是隐性的，保险业务常常最终通过保单形式固化，而保单同样成为保险业务最关键的单据，是保险人员与被保险人员签订保险合同的正式书面证据。如果与传统的保险交易进行比较，那么互联网保险有着更加明显的虚拟性。保险人员并不需要有形的营业地点和人员配备，而是凭借由计算机软硬件构成的一个互联网交易平台完成，属于一个开放式的自动化的虚拟营业部门。每一项交易仅仅在网络中进行，不存在现实生活中的纸质单据、货币，每一项信息往来均是在互联网上通过数字化形式进行。不过，网络化虽然带来了很多便利，但是也带来了很多信息安全风险。文件《暂行办法》中有着这样的要求，只有建立了健全的互联网信息安全管理系统之后，才可以经营互联网保险业务；除此之外，还要求保险机构需要增强信息安全管理，大力保障互联网保险交易数据以及信息安全。

2.时效性

互联网的出现和运用使得信息的传播领域和处理速度大大加速，互联网保险的整个过程实质上属于一个信息获取、传输、交换的过程。互联网保险能够使得合同签订的邀请、要约、承诺环节在瞬间完成，从而使得保险公司能够随时准确、及时、简洁地为使用者提供所需的信息。与此同时，同样使得互联网保险签订出现与传统的保险合同有所区别的问题和风险。于是，保险合同签订环节的信息披露被提出了更多、更高的要求。文件《暂行办法》第三章中针对互联网保险信息披露给予相关规定，使得互联网而虚拟化的保险业务在开展环节变得更加公正透明，从而确保客户在充分了解信息的基础上进行客观理性的判断。

3.经济性

互联网将会帮助整个保险价值链降低60%以上的成本。① 通过网络销售保单,保险公司能够免去机构网点的经营费用和支付代理人员或者经纪人的佣金,从而大幅度地降低了企业的经营成本,这属于互联网保险与传统保险相比最大的优势。成本的降低可以有助于加大保险公司的盈利能力,同时有助于保险公司的保险费率下降,进而使得客户从中获取更多的利益。不过,《暂行办法》并没有对互联网保险产品有着特殊要求,也没有提出单独上报、备案"互联网专用产品"要求,却采取线上线下统一的监督管理要求,同时规定保险机构以及第三方平台通过赠送保险或其他产品的形式进行活动的,不能通过现金或者同种类型方式向投保人返还所缴纳的保险费用,这实质上就使得这些线上下降的成本不易直接反映到网上客户购买保险的价格中去。

4.交互性

互联网保险使得保险公司与客户之间的距离更近,增强了两者的交互式信息沟通、交流。一方面来讲,互联网保险能够从大数据中分析出使用者的保险需求,从而针对各个用户的特征,提供一对一个性化的保险服务。网络最大的优势之一便是能够基于海量用户积累更多的大数据。凭借这些大数据,互联网保险企业能够提升对于消费者需求和市场行情动态的敏感度,从而针对各个用户特征定制保险产品。从另一方面来讲,消费者能够方便及时地从保险公司服务系统里获知保险产品的详细情况,同时能够与保险公司的其他产品进行比较,进行自由选择,积极地参与到保险产品选择乃至设计方面来。消费者在投保之后,还能够轻松获得在线保单变化、保单验真、续保等一系列服务。这一良性交互模式使得互联网保险能够彰显以消费者为中心的服务理念。

① 证券时报网.保险业渠道革命悄然而来 互联网保险具有四大特征[EB/OL].http://kuaixun.stcn.com/2014/0225/11197756.shtml.

在《暂行办法》中也可以看到，保险机构位置努力的两个方向是：其一，保险公司应当增强对于互联网保险产品的管理，挑选出适合互联网特性的保险产品进行经营，并充分应用互联网技术、大数据分析技术等开发出与互联网经济需求相适应的新产品；其二，保险公司应该增强互联网保险业务的服务运营，开设支持咨询、投保、退保、理赔、查询和投诉的在线服务体系，探索通过短信、即时通信工具等诸多方式开展消费者回访，简化服务流程，优化服务方式，从而确保消费者的服务性和便捷性。

二、互联网保险的发展概况

美国国民第一证券银行首次凭借互联网销售保险单成为一个历史性事件，这表明最早的互联网保险在美国出现。在 1995 年 2 月，作为创始人员之一的侯赛因·安南创办了知名的第三方保险销售公司 INSWEB。在 1997 年与 1999 年之间，该网站的用户数量为 300 万，与 1997 年以前相比增加了 4 倍。

在 20 世纪 80 年代，在德国创办的网络保险公司被称作“直接销售保险商”，属于纯粹从事将互联网（或电话、电传）作为媒介进行营销业务的保险公司，并没有分支机构。在目前情况下，在德国运营的两个最大的互联网保险公司分别为隶属于 Generali 保险公司的 Cosmos 以及 ERGO 保险集团和 Arcandor 集团共同控股的 Karstadt Quell 的 Karstadt Quell Versicherungen。在 1996 年，法国安盛保险公司开始在互联网上直销保险，其中新单业务量有 8％是在互联网上实现的。在 1997 年，意大利 KAS 保险公司采取微软技术建立了一套能够在网上提供最新报价的互联网保险服务系统。在 1999 年，英国开设的“屏幕交易”网站为消费者提供了 7 家英国保险商的汽车和旅游保险产品。

在 1997 年，中国首家保险网站——中国保险网创办；同年 11 月，新华人寿保险股份有限公司促成了国内首张互联网保险单，从而实现了我国互联网保险零的保险单的突破。

在 1999 年 6 月，日本的 American Family 保险集团开始提供能够在互联网上进行申请以及结算业务的汽车保险。同年9月末,日本索尼损害保险集团开始推出电话及互联网上销售汽车保险业务。截至2000年6月19日,凭借互联网签署的保险合同数累计已经突破1万件。在2008年5月,Life Net(生命株式会社)创办,它是日本影响力最大、将网络销售作为唯一销售渠道的保险集团,同时是世界上首家能够凭借手机购买到保险的寿险公司。紧随其后,现代人寿、新韩人寿同样开始经营互联网销售业务。

时代发展到今天,国外的互联网保险行业已经发展得比较成熟,美国、英国、韩国一些保险种类的互联网交易额已经占据其总体市场的25%到50%。我国的互联网保险行业起步比较晚,而且发展得非常迅猛,呈现出井喷之势。从中国保险行业协会在2013年12月公布的《互联网保险行业发展报告》中可以看到,截至2013年末,我国从事互联网保险业务的保险公司达到60家;保费规模达到291.15亿元,与2011年进行比较,增幅总体达到了810%,年均增长率达到了201.68%;互联网保险投保消费者数上升到5437万人,增幅达到了566%,年均增长率达到了158.16%。在2014年,我国互联网财产保险保费累计收入达到505.70亿元,占据产险公司累计保费收入的7%,其中:车险达到483.39亿元,占比为95.58%;非车险达到22.31亿元,占比为4.42%。在2015年,中国互联网保险保费收入达到2223亿元,与2011年相比增长了将近69倍,互联网保险保费在总保费收入中的占比从2011年的0.2%增长到2015年的9.2%。[①] 在2016年,新增互联网保险保单达到61.65亿件,占据所有新增保单件数的64.59%。其中,退货运费险签单件数达到44.89亿件,同比上升了39.92%,签单保费达到22.36亿元,同比上升了24.97%。有117家保险机构从事互联网保险业务,其中,财产险公司就有56家,完成签单保费403.02亿元,在2006年初与2016年12月31日之间,互联网

① 中国报告大厅网.2015年互联网保险保费收入2223亿 四年增长近69倍[EB/OL]. http://www.chinabgao.com/stat/stats/48949.html.

保险行业总共有 50 家公司获取投资，将近 25%的创业公司得到资本支持，融资总额将近百亿元。① 所以，互联网保险已经彰显出强有力的生命力，且及时、方便、快速的优势成为互联网保险销售的一大优势，同时已经对传统保险行业带来了冲击和挑战。

三、我国互联网保险的发展历程

我国互联网保险自从起步以来取得了非常大的进步。在 2015 年中国从事互联网业务的保险公司数量为 110 家，是 2011 年的 4 倍，占据保险公司总数量从 2011 年的 23%上升至 74%。图 7-1 所示为 2011—2015 年经营互联网保险公司数量。

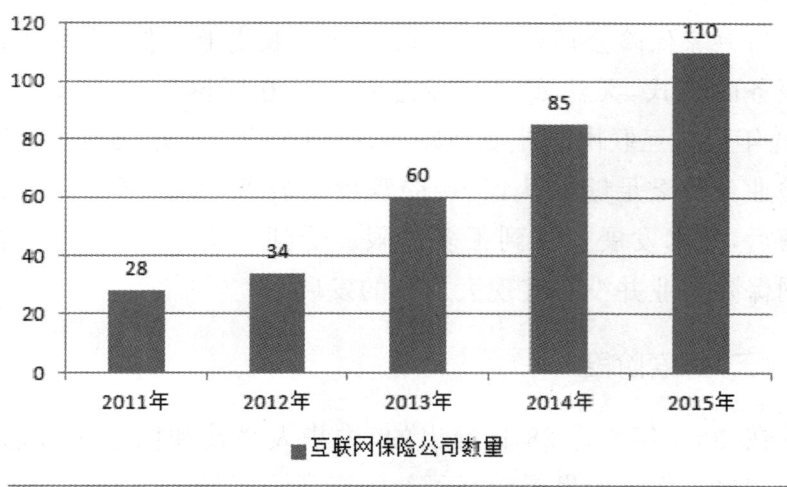

图 7-1　2011—2015 年互联网保险公司数量

从 1997 年开始，我国的互联网保险经历了艰难的萌芽阶段、飞速发展的探索阶段和保持创新的发展阶段、全面繁荣的提升阶段，持续走向成熟。

（一）萌芽阶段

在 1997 年 11 月 28 日，新华人寿保险股份有限公司承保了

① 新浪财经网.2016 年互联网保险业务实现签单保费超 2000 亿[EB/OL].http://finance.sina.com.cn/roll/2017－02－14/doc－ifyamkra7394440.shtml.

国内首张通过网络促成的保险单，从而使得我国保险业开始迈入互联网的大门，实现了我国网络保险单为零的突破。在 2000 年 8 月，中国太平洋保险（集团）股份有限公司和中国平安保险（集团）股份有限公司相继创建了自己的全国性网站。其中，太平洋保险（集团）股份有限公司建成了保险行业内首个全国领域的全国性网站。而平安保险（集团）股份有限公司则创建了全国性网站 PA18.com，此网站可以在线完成全方位的人寿保险、车险、财产险、证券、银行、个人理财等诸多金融业务，被保险行业内称作“金融超市”。在 2000 年 9 月，泰康人寿保险股份有限公司开通了“泰康在线”互联网服务，完成了投保、核保、交费的保险服务完全网络化。

每一家保险公司在这一阶段通常采取线上投保、线下代理人员服务的模式，无法实现实际意义上的互联网保险形式。因为 2000 年全球互联网泡沫遭到破灭，国内客户以及市场对于互联网保险业务缺乏足够的认识、接受程度比较低，互联网设备配置比较落后，技术发展也受到很多局限。受到一系列因素的制约，互联网保险行业并没有实现大规模的发展。

（二）探索阶段

在 2004 年 8 月 28 日推出的《中华人民共和国电子签名法》为中国电子商务的发展翻开了新的篇章，互联网保险行业逐渐迎来新的发展机遇。在 2002 年 11 月，中国人民保险集团股份有限公司互联网保险信息平台进入正式运营中。在此平台上，消费者不但能够购买各种保险产品，而且能够查询保险产品的准确性及接受理赔等诸多服务。WTO 协议有着这样的要求，中国自 2004 年 12 月 11 日以来允许外资保险企业进入中国境内经营，外资保险企业开始进入中国的保险市场。为了与外资进行竞争，我国的各大保险公司均增强了投资力度来确保适应市场的不断变化，大力发展和促进互联网保险的业务。据有关数据统计，截至 2005 年 12 月末，全国 72 家保险公司中总共有 54 家保险公司开设网站，占比达到75%，其中中资公司总共有26家创设互联网销售平台，占所有中资企业的84%；而外资保险公司中总共有28家创设中文网站，占所有外资企业的68%。由此可见，中国保险公司的网络化水平正在不断提升。

一部分将保险中介和保险信息服务作为主业的保险网站得到快速发展，慧择网、优保网、易保网、向日葵网、E家保险网、中国保险网、中国保险资讯网等诸多第三方保险服务互联网平台。这些互联网平台主要作为代理的身份出售其他保险企业的保险产品，咨询和处理保险领域的各种各样的专业问题。非保险专业出售的第三方保险互联网出售平台初具规模，市场上涌现出了淘宝网、泛华保险服务网、京东网、百度网等诸多第三方商务平台。其中规模最大的是淘宝网，其在2003年5月10日正式创办，采取C2C、B2C的方式对多家保险公司、多种保险产品给予整合，为客户提供一体化的服务平台。在2010年，泰康人寿、国华人寿、华泰保险、平安财险以及安邦保险等许多保险公司纷纷入驻淘宝网，从事保险销售活动。

在2016年6月，我国网民规模达到了7.10亿，半年新增网民达到2132万人，半年增长率达到3.1%，与2015年下半年增长率相比有所提升。互联网普及率达到51.7%，与2015年底相比上升了1.3个百分点。图7-2所示为2012年6月到2016年6月中国网民规模和互联网普及率。伴随着互联网的普及和互联网使用率的提升，人们对于互联网保险有着更加充分的认知，电子商务客户有着一定的购买能力，同时呈现出年轻化、知识化的特征，所以，日益增多的消费者通过互联网购物满足各自的需求，从而为互联网保险的销售开拓了广阔的市场前景。该阶段中，与传统销售渠道进行比较，互联网保险公司电子商务保费占据的规模比较，而且电子商务渠道的战略并没有完全体现出来，所以保险公司在互联网保险的构建方面力度不大，同时也没有切实有力的宏观政策进行扶持。

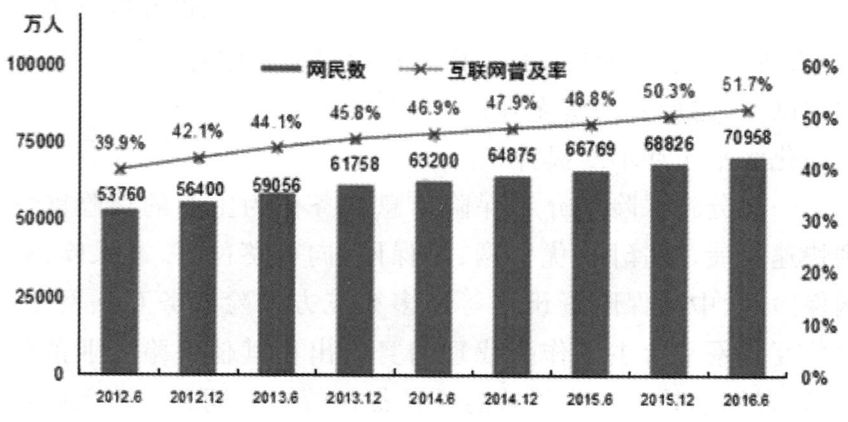

图 7-2 2012 年 6 月—2016 年 6 月中国网民规模和互联网普及率

（三）发展阶段

自从 2012 年初以来，互联网金融渐渐成为金融界热门的话题。互联网凭借自身持有有的低成本和信息共同分享优势、为传统保险行业注入了新鲜的活力，从产品设计、服务质量、运营成本到营销渠道等诸多方面深深地影响着保险行业。

在 2013 年 9 月 29 日，中国保监会正式批准中国平安保险（集团）股份有限公司、阿里巴巴集体和腾讯集体等发起创建的“众安在线财产保险股份有限公司”正式开业，这表明中国互联网财产保险公司正式进行在线业务经营活动。在 2013 年可以被称作中国互联网金融元年，因为互联网保险行业在这一年中取得突破性进展，以万能保险作为代表的理财型保险使得以淘宝网为首的第三方电子商务平台市场得到爆炸性增长。

淘宝理财的国华人寿保险股份有限公司旗下的华瑞 2 号在 2013 年“双 11”当天，10 分钟成交的金额达到一亿元，是这一年在淘宝网“双 11”活动中顺利破亿元且花费时间最少的单品单店，最后国华人寿的 2 款理财类产品和 4 款保障类产品在官方旗舰店成交额达到 5.26 亿元。

开业只一年的众安保险一年的众安保险则在 2014 年“双 11”中有着出众的表现，当天保单量突破了 1.5 亿单，保费突破了 1 亿元,件均保费为0.5元。对于“双11”来讲,众安保险把产品贯穿到物流、支付、消费者保护等诸多环节,包含保障物流方面的退货运费险、保障客户权益的同时缓解客户资金压力的参聚险、确保资金流通安全的支付宝账户安全险、确保借款者本金利息安全的招财保变现借款保证险等。截止到2014年11月9日,众安保险总共累计投保件数量已经突破6.3亿,消费者超过1.5亿人次。众安保险从事与互联网交易有着直接联系的企业或家庭财产保险、货运保险、责任保险、信用保证保险、短期健/意外伤害保险。众安保险属于国内第一家互联网保险金融公司,其业务流程全程在线,全国都不开设任何分支机构,全部凭借互联网进行承保和理赔服务。而互联网保险依靠的恰恰是DT(Data Technology)思维和技术,进行挖掘在服务传统模式下也许忽视和无法覆盖的需要。

在2015年“双11”中,众安保险获取2亿以上的保单,保费收入达到1.28亿元,而这2亿以上的保单则主要来源于退运险、货运险、信用保证险、手机意外保险等诸多险种。[①] 在2016年“双11”中,众安保险产生了6亿份用户保险保单,平均每分钟就有41万单,为400万小型、微型商家、数亿多客户提供了将近224亿元的保障金额。[②]

相对于中小保险公司采取第三方平台完成增长的方式,大型保险公司则更加注重自己创立的电子商务平台。中国平安保险集团充分利用其自身的优势,借鉴PA18网站的经验,把自有电商平台给予整合,从而发挥产险、寿险、银行、信托等各个不同业态之间的“协同效应”。

互联网保险并非简单地将保险产品放置在网络上销售那么简单,而是需要根据消费者的保险需求,满足消费者和市场的需求,从而为互联网公司、电商平台、个人提供优质的保险保障服

① 新浪财经网.“双11”保单破2亿 保险成电商交易保护伞[EB/OL].http://finance.sina.com.cn/consume/20151116/101223775915.shtml.

② 搜狐财经网.“双十一”千亿成交额6亿保单 消费保险催生一亿新保民[EB/OL].http://business.sohu.com/20161115/n473253678.shtml.

务。采取全新模式的众安保险给传统保险商业模式带来了一系列的挑战。虽然其在网络销售、运营、管理、防范、数据积累等诸多方面依然缺乏能够借鉴的经验，伴随着运营的持续积累，将会逐步探索和形成一套风险可以控制、运行可靠的体系，循环渐进地确立互联网保险的基本模式。

（四）提升阶段

应该清楚地意识到，互联网保险并非仅仅是销售渠道的创新，同样也需要遵循互联网的规则、思维方式和习惯对现有的保险行业市场、保险产品及业务、保险公司运营管理模式、内控架构、风险防范要求等给予创新和变革。互联网保险有必要重新定义股东、消费者、公司、员工、互联网平台以及有所关联各方的价值体系和运营模式；更需要探索消费者需求定制产品服务，同时基于互联网的保险互助机制开发出一套真正意义上的互联网保险产品，从而将互联网保险真正转化成一种新的业态。

伴随着移动终端设备的普及及广泛应用，互联网保险将会掀起新一轮的高潮。在 2016 年 6 月，中国手机网民规模达到 6.56 亿，与 2015 年末相比增加了 3656 万人。网民中通过手机上网的比例从 2015 年末的 90.1％上升到 92.5％，手机在上网设备中发挥着主导地位。与此同时，只通过手机上网的网民就达到了 1.73 亿，占据整个网民规模的 24.5％。[①] 如图 7-3 所示为 2012 年 6 月—2016 年 6 月中国手机网民规模及其占网民比例。移动终端不仅会打破地域限制，同时对打破物理方位的限制，在时间和空间方面给予全方位的服务。不仅如此，移动视频、移动医疗设施设备、移动支付等诸多移动金融服务正在逐步完善，互联网保险行业的移动时代已经到来。

---

① 中国产业信息网.2016 年中国互联网网民规模、手机网民规模、网民占比及互联网普及率分析[EB/OL].http://www.chyxx.com/industry/201701/490526.html.

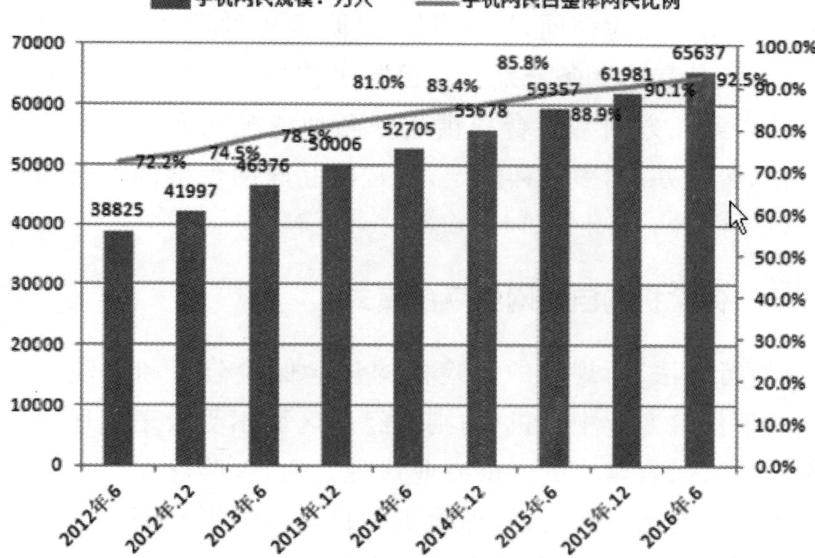

图 7-3 2012 年 6 月—2016 年 6 月中国手机网民规模及其占网民比例

第二节 互联网保险的商业模式及法律分析

经过 10 多年的发展，现如今我国互联网已经建立了将保险企业自己创建网站直销、专业保险中介互联网销售、网络兼业代理、综合性电子商务平台、专业互联网保险公司这五大模式占据主导地位的基本互联网保险营销服务体系。《暂行办法》把互联网保险业务根据保险机构自营互联网平台和保险机构凭借第三方网络平台进行业务两种情况分别给予了规定，对两者提出了各不相同的监督管理要求。以下分别针对《暂行办法》中涉及的两种情况和实践过程中互联网保险的营销服务模式给予进一步的分析。

一、《暂行办法》中的互联网保险业务模式

《暂行办法》中所提到的互联网保险业务则指保险机构基于

互联网和移动通信等诸多技术，通过自营互联网平台、第三方网络平台等制定保险合同，同时提供保险服务的业务。在《暂行办法》中第八条和第九条分别对于保险机构自营互联网平台和保险机构凭借第三方网络平台提供业务两种情况的准入门槛给予规定。在《暂行办法》中这样规定，通常将互联网保险的经营模式划分为以下两种。

（一）保险机构自营网络平台模式

《暂行办法》所规定的保险机构包含保险公司和保险中介机构。所谓保险专业中介机构，则指经营区域不受限于注册地所在省份、自治区、直辖市的保险专业代理公司、保险经纪公司和保险公估机构。与之对应的是，保险机构自营网络平台划分为两种模式，分别是保险公司自营和保险中介机构自营。

所谓保险公司自营网络平台，其实质上就是一般意义上所讲的险企自建的网站直接销售模式，泰康在线财产保险股份有限公司和平安网上商城就属于此模式的典型代表。在此模式下，保险公司应用互联网技术，直接在线与客户制定保险合同，保险公司与客户之间属于保险合同关系，法律关系与其他模式相比则更加简单。

所谓保险中介机构自营模式，则指专业的保险中介机构自己建设网络，开展保险的代理、经纪、公估等诸多业务。中民保险网、慧择保险网和新一站保险网就属于此模式的典型代表。在此模式下，保险中介机构会把本身原有的保险产品给予网络化，客户通过保险中介的平台能够选择各种保险公司的产品，凭借保险中介与保险公司制定保险合同。在此情况下，保险中介扮演着保险公司的代理人角色，代为销售其保险产品，同时在保险公司授权范围内代替办理保险业务或者以投保人员的利益为基础为投保人与保险人制定合同提供中介服务。这里保险中介机构凭借提供这样的中介服务，来获得佣金。

保险机构的自营网络平台模式属于互联网保险最重要的商

业模式，其竞争也非常激烈，经营的过程同样蕴含着巨大的风险。为了维持市场公平竞争的秩序，《暂行办法》同时为业务准入制定了门槛：一方面来讲，明确了经营主体务必属于依法登记注册的保险企业和全国范围的专业中介机构；从另一方面来讲，要求自营网络平台具备支持互联网保险业务经营的信息管理系统，完成与保险机构核心业务系统之间的无缝、实时对接，同时确保与保险机构内部诸多应用系统的对接进行有效隔离，具备健全的网络信息安全管理体系。

（二）第三方网络平台模式

《暂行办法》对第三方网络平台这样下定义："除自营网络平台以外，在互联网保险业务活动中，为保险消费者和保险机构提供网络技术支持辅助服务的网络平台。"[①]这实际上属于相对宽泛的定义。在《暂行办法》中第三条中再次规定"互联网保险业务的销售、承保、理赔、退保、投诉处理以及消费者服务等诸多保险经营行为，应该由保险机构管理和负责。而第三方网络平台从事以上所述保险业务的，应当取得相应的保险业务经营资格"[②]。这就把"第三方网络平台"基本分为"参与销售、承保、理赔退保、投诉处理及消费者服务等诸多保险经营行为需要取得相应的保险业务经营资格"和只提供"通常意义上互联网技术支持"两种情况。其中，前者最典型的代表要数京东商城、苏宁易购，而后者的典型代表则为淘宝网。

第三方网络平台在现实生活中存在各种方式，为了有效规范这些平台的经营行为，在《暂行办法》中针对第三方网络平台从事互联网保险业务提出了一些要求：其一，具备安全、合理的网络运营系统以及信息安全管理体系，完成与保险机构应用系统之间的有效隔离，从而避免信息安全风险在保险行业内外部传递与蔓

---

① 搜狐证券网.互联网保险业务监管制度出台"奇葩险"或销声匿迹[EB/OL].http://stock.sohu.com/20150729/n417729570.shtml.

② 法制网.部分互联网保险产品可跨区经营[EB/OL].http://www.legaldaily.com.cn/executive/content/2015－07/28/content_6192931.htm? node＝32119l.

延;其二,可以完整、准确、及时向保险企业提供从事保险业务所涉及的投保人员、被保险人员、获益人员的个人身份信息、地址信息、银行卡信息以及投保操作历史等信息;其三,最近两年没有受到互联网行业主管部门、工商行政管理局等诸多政府部门的重大行政处罚,没有被中国保监会划入保险行业禁止合作清单中。而且规定,如果第三方网络平台与以上所述条件不符,那么保险机构禁止与其合作从事互联网保险业务,从而在源头上遏制了与条件不符的第三方平台从事互联网保险业务。

二、实践中的互联网保险商业模式

(一)保险企业自建网站直销模式

随着电子商务朝着金融保险领域方向的渗透,各大保险公司为了能够更好地体现自身的品牌、销售服务和服务消费者,相继建立自己的网站,几乎全部的保险公司均创立了一个或多个自身的网站,其中传统保险官网模式属于最先出现的互联网保险模式,它属于《暂行办法》中涉及的保险公司自营平台类。

所谓传统保险公司官网模式,则指把传统保险产品和网络进行嫁接,凭借网络对传统保险产业给予改造升级,倾向于在内容和形式方面优化保险公司服务,从而实现保险营销。事实上,这属于将传统保险的一部分环节移到网络上面,其他流程依旧在线下实体店完成,并没有实现所有流程的互联网化。这也就需要保险公司给予线上线下资源的整合。采取网上营销、线下办理的方式,实现从线上转移到线下的过程。但是伴随着互联网保险的持续发展,针对各种保险产品,线上涉及的环节日益增多。打通线上线下环节,使得消费者方便,则成为保险公司创办网站需要实现的重要目标。

在此情况下,投保人员和保险人员(也就是保险公司)的法律关系并未发生很大的变化。仅仅是双方制定保险合同的形式有着一些变化,更多地采取线上的方式直接实现投保。不过,在网络化交易形式带来一系列便利的时候,同样带来了很大的信息安全风险。鉴于此,《暂行办法》要求只有构建了健全的互联网信息安全管理体系才有可能从事互联网业务。不仅如此,也要求保险机构增强信息安全管理,从而确保互联网保险交易数据及信息均安全。

(二)专业保险中介机构网销模式

中国保险监督管理委员会在 2012 年 2 月正式向社会公开发布了首批包含中民保险网等 19 家公司在内的获得互联网销售保险资格的网站,从此互联网保险中介网销模式就此展开。从此以后,保险中介业务规模得到快速发展。截止到 2015 年 7 月,已经有 106 家保险代理公司、经纪公司完成了互联网保险业务备案,同时在中国保险监督管理委员会网站上公示。

所谓专业保险中介机构模式,也就是《暂行办法》中提到的保险中介机构网销模式。如果与保险公司自己创建网站直销模式进行比较,则保险中介机构网销模式可以给消费者提供各不同公司的保险产品,使得消费者有更多的选择;不仅如此,还能够整理融合线下代理人员和经纪人员的销售资源,树立良好的品牌,提升效率,产生规模效应,成功步入中小保险中介的市场。在当前商业模式下,保险中介机构常常是中介服务的提供商,同时通过提供中介服务获取佣金。其发展同样面临一些问题:其一,产品同质化。各个保险中介销售的产品出现严重的同质化现象,保险中介机构对于市场缺乏足够的了解,无法满足消费者的多元化需求,很少存在针对消费者的创新产品或私人定制产品,对于保险公司的产品有着比较高的依赖性;其二,销售规模有限,消费者获取成本比较高,企业利润空间同样有限,行业对模式创新投入给予很多限制。因为消费者对保险的认识有限,积极在互联网上搜索保险的民众非常少。一旦有优质的潜在消费者,也常常被资金雄厚的保险企业的营销推广"截胡"。所以,截至目前,互联网保险行业在这一模式的投入依然停留在初期阶段;其三,运营模式创新非常有限，在业务运营过程中走的基本依然是传统线下模式。这通常表现在以下几个方面：第一，把在线平台视作业务人员的出单平台，并未脱离传统保险营销的方式；第二，电子化服务程度较低，造成大量承保消费者的问题采取人工解答的方式，效率不高，引起消费者不满；第三，运营方式创新同样有限，普遍存在数据量不大、客户二次开发成功率不高等难以跨越的障碍。而在宣传方面，大部分偏好采取搜索引擎等诸多方式给网站拉流量，从而引起成本快速飙升，转而向各大保险公司收取巨额手续费用的恶性循环状态。

（三）综合性电商平台模式

所谓综合性电商平台模式，则指独立于产品或者服务交易双方，凭借互联网服务平台，遵循一定的规范，从而为交易双方提供服务方面的电子商务企业或者网站。此类综合类网站凭借其自身的丰富的网站内容或健全的产品体系，常常拥有海量的流量和消费者。为消费者提供更优质的产品和服务属于网站生存的核心和基础部分，而金融产品属于一种虚拟产品，如果与传统生活类产品进行比较则具有得天独厚的线上优势，日益受到类似与淘宝网、天猫商城、京东商城、苏宁易购等诸多大型网站的青睐。其中，苏宁易购更是直接面向中国银行业监督管理委员会申请创办了民营银行，而且向中国保险监督管理委员会申请全国性保险销售代理企业等，全面进军互联网金融行业。新浪、搜狐等诸多以内容为主的综合类平台同样开始尝试在互联网直接销售金融产品。该模式就属于《暂行办法》中规定的非常典型的第三方网络平台模式。

如果从网站流量和用户积累方面进行分析，那么这些网站有从事互联网保险业务的优势；不过从金融监管方面进行分析，综合类电商平台模式则有着很多风险，比如是否与金融行业销售制度相符、是否持有有关部门的金融牌照以及资金流通运转是否安全等诸多突出问题。在《暂行办法》中对于第三方网络平台的职责划分给予明确规定。第三方网络平台能够为保险机构从事互联网业务提供辅助功能支持。如果第三方网络平台参与了网络业务的出售、承保、理赔等诸多关键环节，则务必取得相应的保险业务从事资格。从这项规定可以看到，哪类的综合性电商平台必须持有保险业务经营资格也就清晰明了了。

（四）专业互联网保险公司模式

在2000年7月，泰康在线财产保险股份有限公司表明专业互联网集团、专业保险互联网企业模式已经正式在中国行业内发展起来。在此之后，包含平安保险、太平洋保险、新华人寿等诸多保险巨头相继创建独立的电子商务公司。在2013年10月9日，纯互联网保险公司众安在线在上海宣告创立。从此，它开始与传统保险行业竞争争夺互联网市场。

专业互联网保险公司依然属于《暂行办法》中的保险公司范畴，需要受到《暂行办法》的调整，不过《暂行办法》同样规定了“专业互联网保险公司的经营范围和经营区域，中国保险监督管理委员会另有规定的，适用其规定”。这同样体现出对互联网专业保险公司有着更加开放的监管态度。

三、互联网保险法律关系分析

目前，国内互联网保险行业有着多种多样的业务模式，通常涉及保险使用者、保险企业、保险专业中介公司、第三方支付公司、第三方网络平台五个参与主体。各个主体之间通常采取合同、协议的方式构建法律关系，而又由于主体的纷繁复杂性和商业模式的多种多样性，其间常常构建起多重法律关系，其中最重要的便是下面三种法律关系。

（一）保险消费者与保险公司的保险合同关系

保险消费者与保险公司之间的保险合同关系属于互联网保险业务中最具重要性的法律关系。不管互联网保险的商业模式怎样改变，保险公司与投保人员之间的保险合同关系一直存在，属于互联网保险业务中最具基础性的法律关系。在《中华人民共和国保险法》(2009 年修订)(以下简称《保险法》)中第十条进行这样规定,保险合同属于投保人员与保险人员约定保险权利义务之间关系的协议。所谓投保人,则指与保险人制定保险合同,同时遵循合同约定履行负担保险费义务的人。所谓保险人,则指与投保人制定保险合同,同时遵循合同约定承担赔偿或者支付保险金责任的保险公司。因此,保险公司也就是保险合同中的保险人,而保险消费者也就是保险合同中的投保人。在从事互联网保险业务过程中,保险消费者无论是凭借保险公司官方网站还是第三方网络平台购买适合自己的保险,与其制定保险合同的只能是各大保险公司。虽然保险消费者为了获取保险合同的大力保障,在保险事故发生的时候有请求得到保险金的权利,但是也需要履行负担保险费的义务。而各大保险公司有着收取保险费用的权利,但是在保险事故发生的时候需要履行负担保险金的义务。

(二)保险公司与专业保险中介机构的委托代理法律关系

《保险法》这样规定,保险代理人是凭借保险人的委托,向保险人收取佣金,同时在保险人所授权的范围之内代替办理保险业务的机构或者个人。所谓保险经纪人,则指以投保人的利益为基础,为投保人与保险人制定保险合同提供中介服务,同时依法收取佣金的机构。在《保险法》中,针对保险代理人和保险经纪人之间的区别给予规定,然而在具体实践过程中,专业保险代理机构和保险经纪机构两者对于保险公司来讲并没有很大的差异。同样是专业保险中介机构,这两者凭借保险人的授权委托代替办理各种保险业务,从保险公司那里提取佣金,两者之间构成了委托代理法律关系。

(三)保险消费者、保险公司、保险中介机构与第三方网络平台的居间合同关系

在《中华人民共和国合同法》(以下简称为《合同法》)中第四

百二十四条里有着这样的规定，居间合同指的是居间人向委托人上报制定合同的机会或者提供制定合同的媒介服务，委托人需要支付报酬的合同。在法条表述的分析中可以得出，居间合同法律关系包括三大方面要素：其一，居间人履行的义务是为委托人提供同第三方签署合同的机会或信息，同时促使委托人与第三方交易主体成功签署合同。从互联网保险行业中第三方网络平台发展过程进行分析，保险公司最先在淘宝网等诸多电子商务平台上销售各种保险产品，的确是期望凭借淘宝网等诸多平台定位网站流量，同时获取签署合同的机会和信息；其二，居间人的中介性，也就是居间人仅仅是充当委托人与第三方之间的纽带，无法直接参与到两者之间的法律关系中，同时在交易双方当事人之间仅仅发挥了介绍、协助的作用。当前，我国第三方网络平台没有直接参与到各大保险公司和各个保险消费者之间签订保险合同的法律关系中。如果从《暂行办法》的规定进行分析，那么第三方网络平台通常是提供“网络技术支持辅助性服务”，与居间人中介性的特点相符；其三，居间人的服务属于有偿提供，也就是居间合同具备有偿性。在居间人促成合同签订以后，委托人需要向居间人负担报酬。在实践过程中，第三方网络平台凭借促使保险消费者与保险公司签署合同，可以向保险公司收取某一特定比例的服务费，该特点恰好与居间合同的特性相符。虽然大部分平台只向保险公司收取服务费，从形式上进行分析，平台与保险消费者两者的关系似乎并没有满足居间合同的有偿性，不过从实质上进行分析，平台仅仅把其本应该向各个保险消费者收取的服务费用直接转移到保险公司身上，也就是保险公司代替支付了保险消费者的服务费。

总体来讲，第三方网络平台、保险消费者与保险机构之间的关系属于两个居间合同，也就是保险消费者与第三方平台之间的居间合同以及保险机构与第三方网络平台之间的居间合同。

第三节　互联网保险的法律风险

在2015年7月22日，中国保险监督管理委员会颁布了《关于印发〈互联网保险业务监管暂行办法〉的通知》（以下简称为《暂行办法》），自从2015年10月1日开始落实。作为第一个贯彻落实的互联网金融分类监督管理细则，《暂行办法》针对参与到互联网保险业务中的各个经营主体、经营资格、经营范围、信息披露、监督管理等诸多方面给予了规定，确定了基本的经营规范和监督管理要求。不过互联网保险行业发展的速度与法律制度比较滞后之间存在一些矛盾，保险模式的纷繁复杂性与法律法规的局限性、金融监督管理的严格性与互联网的宽松自由性之间仍然存在很多固有的冲突，同时成为互联网保险行业法律风险的主要诱导因素。中国互联网保险的法律风险主要表现在以下几个方面。

一、多重法律关系的挑战

当前的互联网保险行业存在多种多样的商业模式，而且伴随着监督管理机构在“放开前端，管住后端”这一监管思路方面逐渐深化，会出现日益增多的互联网保险商业模式方面的创新。当前，我国互联网保险商业模式主要包含保险消费者、保险公司、保险专业中介机构、第三方支付机构、第三方网络平台等诸多参与主体。但是各个主体之间往往采取合同协议方式构建多重法律关系，从而使得某些法律风险凸显出来，突出地体现在各个经营主体之间的责任划分的问题方面。

与传统保险进行比较，互联网保险参与主体比较多，法律关系层次比较纷繁复杂。互联网保险纷繁复杂的参与主体状况，在各个经营主体的责任划分方面带来了许多困难和风险。典型的表现则是不易划分保险公司与第三方网络平台对于保险消费者承担的责任。

在《消费者权益保护法》中有着这样的规定：消费者通过互联网交易平台购买产品或者接受服务，他们的合法权益受到侵犯的时候，可以向销售人员或者服务人员要求赔偿。互联网交易平台提供人员无法提供销售人员或者服务人员的真实名称、地址和手机号码的，消费者也可以向互联网交易平台提供人员要求赔偿。互联网交易平台提供人员做出更加有益于消费者承诺的，应该兑现承诺。互联网交易平台提供人员赔偿以后，有权向销售人员或者服务人员追偿。为了确立保险企业与第三方网络平台之间的权利义务关系，在《暂行办法》中这样规定：保险机构与第三方网络平台需要签订合作协议，明确规定双方权利义务，从而保证分工清晰、责任明确。由于第三方网络平台原因造成保险消费者或者保险公司合法权益遭受侵害的，第三方网络平台需要承担赔偿责任，不过对于由于保险产品造成保险消费者合法权益遭到损害的时候应该怎样承担责任，该平台并没有给予明确规定。在现实生活中，第三方网络平台为了完成销售任务，通常出现夸大事实和弄虚作假的情况。不仅如此，第三方网络平台上的一些销售话术和免责条款也极易与保险承诺存在冲突，从而使得双方在对消费者的责任承担方面很难划分。鉴于此，《暂行办法》中有着这样的明确规定，第三方网络平台在为保险机构提供宣传、推广服务的时候，宣传、推广内容应该经过保险公司审核，从而确保宣传内容与有关监管规定相符。各大保险公司对于宣传、推广内容的真实性、准确性以及合法性承担相应责任。不过让各大保险公司承担起审核第三方网络平台的宣传、推广内容的责任，在实践操作上不易实现，同时很容易让消费者由于第三方网络平台的宣传、推广而让各大保险公司承担本不应该由其承担的责任。

二、保险合同效力问题

合同的本质在于当事人之间的合意，属于当事人采取协商的方式达成意思一致的结果。不过在互联网保险行业中，保险人为了能够重复使用而预先通过电子数据信息形式明确保险合同内容，投保人则通过网络点击并接受全部条款内容进行确立保险合同关系。该合同订立方式缺少传统保险销售中的交流环节，极易在投保人主体适格性、意思表达等诸多方面出现不足之处。

（一）投保人主体适格问题

在互联网保险行业中，投保人是凭借输入居民身份证号码及其出生日期或银行卡号等诸多信息进行在线投保的。根据《民法通则》中有关民事法律行为的构成要件得知，行为人需要具备相应的民事行为能力属于民事法律行为的构成要件之一。所以，假如不具备民事行为能力的人以及限制民事行为能力的人采取网络形式与保险公司签署网络保险合同，则保险公司不易核实投保人员的真实身份，也就不能确认投保行为能否通过主体适格的投保行为人员完成，则此保险合同有着被判定为无效的法律风险。因此，投保人是否适格直接关系到保险合同有没有效力。各大保险公司针对投保人的资格审查、验证一直给互联网保险商务带来技术和法律的障碍。

从《电子签名法》可以看到，可靠的电子签名同手写签名或者盖章一样具有同等的法律效力。这一法律的贯彻落实虽然有助于促进电子签名技术处理身份认证的难题，不过目前电子签名技术还不够成熟，所以仍然不能广泛应用于保险电子商务中，至于投保人的资格、审查验证，保险公司仅仅能通过非常严格的保险核保程序或者事情发生之后的回访程序给予确认。

（二）意思表示真实问题

在互联网保险业务的实际开展过程中，网站弄虚作假或者夸大宣传、推广内容容易引起消费者出现认识错误，同时做出有瑕疵的意思表示，从而使得保险合同制定过程中的信息披露被提出了更多、更高的要求。在《暂行办法》中第三章专门对于互联网保险信息披露进行明确的规定，使得由于网络而虚拟化的保险业务实际开展过程更加公平、公正透明，从而确保消费者在充分了解各种信息的基础上给予客观理性的判断。

从《民法通则》与《合同法》的相关规定中可以看到，合同的意思表示应该自愿且真实，否则此合同能够被及时撤销或变更。在互联网投保过程中，投保人也许由于本身过失引起网络传输系统或者信息处理系统出现错误，导致对保险公司发出与其真实意思表示并不相符的投保单。再比如，操作者知道他人的具体信息，在他人完全尚不知情的情况下凭借他人的名义采取互联网渠道投保，导致出现与投保人真实意愿并不相符的保险合同，上述情形均可能面临由于合同的意思表示缺乏真实性而被撤销或者变更的风险。

三、互联网保险中的隐私权保护问题

大数据对互联网保险业的重大意义体现在对海量数据的分析、研究与洞察，挖掘出存在价值的信息，从而在保险制定价格、防范保险欺诈等诸多方面发挥作用，促进整个保险业的创新。不过，互联网的宽松自由性与隐私保护之间有着天然的矛盾性，这就需要各大监督管理部门做出明确的规定来规制对消费者隐私权的侵犯行为。而互联网保险业务中对消费者隐私权的威胁主要来源于两个方面。

（一）消费者信息来源的正当性

目前，消费者信息来源的公平合法性是各个行业都无法回避的问题，保险行业对消费者开发的迫切性和行业之间竞争的激烈性更是使得该问题日益凸显出来。伴随着科学技术的快速发展，互联网保险与可以穿戴设备、行车记录仪等诸多设备结合在一起，使得这种冲突加剧。一方面来讲，利用高科技设备可以挖掘海量数据，从而完成保险商品的差异化定价以及商品销售，无论是对于保险公司还是消费者均是共赢；从另一方面来讲，海量数据背后是经营人员对消费者信息的细致掌握，非常容易引起对消费者隐私权的侵犯。

（二）网络信息安全的保护问题

网络攻击、病毒传播、互联网犯罪、不良信息泛滥等诸多情况对网络信息的安全带来严重威胁。在实际开展互联网保险过程中，假如保险公司或者网络营销缺乏科学、有效的信息安全保护机制，则非常有可能给企业带来安全隐患，导致商业机密、个人隐私遭受到非法侵害，甚至对保险公司的正常经营带来影响。

对于互联网信息安全风险比较高的特点，《暂行办法》中要求保险机构加大、增强信息安全管理，从而确保互联网保险交易数据以及信息是安全的。不仅如此，《暂行办法》针对各大保险机构不认真履行信息披露和信息安全管理职责的行为加大了惩戒力度。比如，如果各大保险机构由于内部管理不力引起销售误导、信息丢失或者披露等诸多严重事故，则保险监督机构能够及时责令停止有关商品的销售，从而确保保险机构真正承担信息披露和安全管理职责，更好地保障消费者的合法利益。不仅如此，我国的网络信息安全相关的法律规范比较分散，与网络信息安全相关的一些法律、法规和规章在数量方面虽然已经具备一定规模，但是并没有形成条理清晰、系统化的、健全的网络信息安全保障体系，同时对于构建安全管理的实际标注和业务准则方面有着模糊的标准，缺乏具体性和实际操作性，在实践过程中很容易导致风险发生。

第四节　互联网保险的法律风险防范建议

互联网保险监督管理应该将一致性原则作为立足点，将审慎监管作为导向，保持开放包容的监督管理理念，大力发挥政府监督管理和市场约束这两大重要手段的作用，紧密结合在一起实现有效监管的目标，推动互联网保险的快速发展，有效防范互联网保险的法律风险。鉴于此，主要可以从以下两个方面努力。

一、法律制度的不断健全与完善

在《暂行办法》颁布之前，我国规范互联网保险的重要法律和规范性文件均是原则性不强且比较零散，体系性不健全。

在 2015 年 7 月，中国人民银行等十大部门出台了《关于促进互联网金融健康发展的指导意见》（以下简称为《互联网金融指导意见》），提出了互联网金融需要"依法监管、适度监管、分类监管、协同监管、创新监管"的监督管理原则[①]，确立了互联网保险行业的监督管理主体，确立了各大保险公司从事互联网保险业务时应当遵循的原则，确定了各个保险机构的定位，提出了一系列互联网保险业务方面的要求，同时指出互联网行业管理在各大互联网保险机构的要求。

为了有效规范互联网保险运营行为，推动互联网保险健康、持续地发展，避免保险消费者的合法权益遭受侵害，中国保险监督管理委员会在 2015 年 7 月 22 日颁布了《互联网保险业务监管暂行办法》，从 2015 年 10 月 1 日开始实施。作为第一个贯彻落实的互联网金融分类监督管理细则，《暂行办法》不仅深化了《互联网金融指导意见》中的"依法监管、适度监管、分类监管、协同监管、创新监管"的原则，而且坚持发展与规范并重，提倡和鼓励互联网保险创新，给予适度监管，推动互联网保险业务健康、持续地发展。除此之外，《暂行办法》切切实实地保护互联网保险消费者的合法权益，并与互联网保险自主交易的特征紧密结合在一起，坚持保护互联网保险消费者合法权益，增强、深化信息披露、消费者服务，重点对于互联网保险消费者的知情权、选择权以及个人信息安全给予保护。值得注意的是，《暂行办法》不断地增强、深化市场退出管理，采取"放开前端、管住后端"这一监督管理思路，其主要是采取明确标明禁止性行为的方式，增强、深化保险公司和第三方网络平台中的市场退出管理，从而为互联网保险业务的

① 和讯网.互联网金融基本法颁布：鼓励金融创新 明确监管职责[EB/OL].http://xianhuo.hexun.com/2015－07－18/177656625.html.

快速发展创造一个良好的市场环境。①

《互联网金融指导意见》与《暂行办法》均健全了互联网保险行业的法律规范体系。不过,保险属于一种将合同作为基础的金融产品,尤其是长期性的寿险保单,更加需要良好的契约文化和适宜的政策作为保障,互联网保险发展与法律的保障有着密切的联系。我国还可以从以下三个方面推动互联网保险的法律规范体系建设:其一,在法律层面上尽可能早地颁布电子商务纲领性法律。颁布或进一步完善对于电子合同、电子签章以及认证、电子凭据及电子文件合法性、消费者合法权益保护等诸多问题的法律。其二,修订和健全保险法律体系。在《保险法》中存在有关保险代理、保险经纪等诸多方面的规定,这些规定已经全部与互联网保险实际业务中的保险中介机构具体状况脱节,应该从法律层面上更深一步界定保险中介等诸多保险机构范畴,厘定发展动态,明确行业准入门槛,知悉各个交易主体权利和义务等。其三,对专门问题颁布部门规章和国家标准。目前的互联网保险数据安全、数据保护需要与实际紧密结合起来从而制定出更为详细的规定,尽可能早地形成比较健全的互联网保险法律规范体系,从而为互联网保险行业的快速发展创造一个良好的法律环境。

二、构建互联网保险多层次监管体系

现如今,互联网精神的核心是自由互动、开放分享的,而金融交易存在安全性、私密性,两者之间存在明显的冲突,在监督管理过程中,要处理好这两者之间的关系,就需要在互联网保险创新风险方面掌控好容忍度。《互联网金融指导意见》文件对于互联网金融的监督管理原则给予明确规定,确立了互联网保险业务需要由中华人民共和国保险监督管理委员会负责监督管理,同时各个部门之间也需要协同监管。所有组织和个人开设经营互联网

---

① 中国保险监督管理委员会.《互联网保险业务监管暂行办法》答记者问[EB/OL].http://www.circ.gov.cn/web/siteo/tab5207/info3968310.html.

金融业务的网站，不但需要遵循相关规定贯彻相关金融监管程序，而且应该依法向国家电信主管部门办理网站备案手续，否则无法经营互联网金融业务。中国工业和信息化部门承担监督管理互联网金融业务有关的电信业务的责任，国家互联网信息办公室则承担监督管理金融信息服务、互联网数据信息等业务的责任，这两大部门根据职责制定出一套监督管理细则。在《暂行办法》中这样规定，中国保险监督管理委员会负责互联网保险业务方面的监督管理，各个保监局负责管辖的区域内互联网保险行业的日常监测与监管，同时可以根据中国保险监督管理委员会授权对有关保险机构进行监督检查。

《互联网金融指导意见》与《暂行办法》的规定虽然明确划分了保险监督管理委员会等诸多主要监督管理机构的职责，不过我国互联网保险多个层次的监督管理体系还没有完全建立。各大保险监督部门遵循“放开前端，管住后端”这一总思路，树立起开放分享、张弛有度的监督管理理念，遵循互联网保险的特点，对现有的监督管理规定和职责分工给予系统梳理，尽可能早地建立起监督管理和自律结合在一起、跨部门跨区域的网络监督管理体系，具体来讲，可以从以下几大方面努力。

（一）完善的自律监管体系

《互联网金融指导意见》中对于互联网金融行业有着很多自律方面的要求，且要求大力发挥行业自律管理体系在规范从业公司市场行为和保障行业合法权益等诸多方面的有效作用。中国银行业协会与相关部门一起，建立了中国互联网金融协会。该协会需要根据业务类型，制定出一套完整的运营管理细则和行业标准，促进机构之间进行业务交流和信息共享。

在 2013 年，深圳市保险中介行业协会成立了国内第一个互联网保险专业委员会，该协会由 9 家具有互联网保险业务营销资质的专业中介公司组成，且率先推出国内第一个保险互联网行业业务服务标准，针对互联网保险产品准入门槛、资质出示、技术性安全、电话服务等给予规范。当前，全国性的互联网保险行业自律组织还没有完全形成，有关的自律规范亟须颁布，应该在高级管理人员任命、组织架构、部门设备、电子合同管制、反不正当竞争、规范行业市场秩序等诸多方面切实做到有章可循、有法可依，从而为互联网保险发展提供良好的外部环境。

在2001年2月23日，中国保险行业协会正式成立，属于经过中国保险监督管理委员会审查批准并在国家民政部门登记注册的中国保险行业的全国性自律组织，属于自愿结合的非营利性社会团体法人。在《中华人民共和国保险法》中第一百八十二条有着这样的规定：保险公司应该参与到保险行业协会中。保险代理人员、保险经纪人员、保险公估机构均可以参与到保险行业协会中。在《暂行办法》中第二十三条这样规定，中国保险行业协会遵循法律法规及中国保险监督管理委员会的相关规定，针对互联网保险业务给予自律管理。中国保险行业协会应当在官方网站开设互联网保险数据、信息披露专栏，对从事互联网保险业务的保险公司以及合作的第三方网络平台等诸多信息进行披露，从而方便社会公众查询和监督。虽然中国保险监督管理委员会官方网站也对有关信息给予披露，但是《暂行办法》并未对于保险行业协会应该在互联网保险自律管理上怎样发挥作用给予规定。从今往后，应当大力发挥保险行业协会在保险业务服务准则制定等多个方面的作用，从而使得互联网保险业务在自律监管方面真正落到实处。

（二）建立全面的信息服务体系

我国互联网保险运营主体通常是保险企业、专业保险中介公司、第三方网络平台等，都属于提供产品服务的一方。因为保险产品特别是养老保险和长期健康保险在服务条款和流程环节具有复杂性、专业性，从而使得消费者客户不具有优势。《暂行办法》针对互联网保险销售页面上应该罗列表明的内容给予了具体规定。不过，保险消费者除了可以从销售页面上获取详细信息和从监督管理网站上获取主体的信息之外，其他获取信息的方法非常有限，不存在专门的网站获取详细的产品信息，更不存在进行保险产品信息对比和获取的权威性平台。互联网保险的快速发展应当构建互联网买主、卖主能够互相信任的认证准则和信任机制，完成在线的互联网服务。监督管理机构应当加快促进保险公司信息系统建设，构建起高效的、合理的保险业信息网络，增强、加大销售者资质认证、第三方互联网保险产品介绍及其价格比价网站等的建立，从而建立多种多样、服务规范的、合理的全面信息服务体系，进而为保险消费者提供全方位的信息，让各个消费者在充分了解数据、信息的基础上进行决策，不仅保护了消费者的合法权益，而且对经营主体也发挥了监督和促进的作用。除此之外，还应加快建立全国范围内的保险数据共享平台。在互联网时代，大数据在保险行业中发挥着基础性作用，同时是与行业运行效率有着紧密联系的核心要素。它具备准公共产品的性质，只有想方设法尽早搭建集中共享的官方数据平台，整理、融合、归集业内保单、险种、赔偿方案、风险因子和损失率等诸多数据信息，而且代表行业统一集成对外，同时与交通管理、社会保障、健康医疗、征信体系等多个相关领域实施对接，才可以真正实现数据共享，进而提升互联网保险行业的整体竞争力。

在《互联网金融指导意见》中这样提到，要促进信用基础设施建设，构建互联网金融配套业务体系；提倡大数据存储、互联网与信息安全维护等诸多技术方面的基础设施建设；大力鼓励从业公司依法建立数据、信用信息共享平台；促进与实际条件相符的相关从业公司接入金融信用信息基础数据库；且允许有条件的从业公司依法申请征信业务许可；还支持有着资质的信用中介机构从事互联网企业信用评级，进一步增强市场信息透明度；大力鼓励会计、审计、法律、咨询等多个中介服务公司为互联网企业提供有关的专业服务。

结合我国目前的基本国情和互联网保险的快速发展情况，对当前的资质信用评估、审计以及会计事务所、律师事务所等多个中介评级机构给予业务整合及再造，推动评级机构服务水平和诚实、信用水平的不断提高，从而确保买卖双方知悉和共享具体、有效、及时、完备的数据及信息，解决由于信息不对称而带来的法律风险。主动引入第三方销售者资质查询服务，能够有效杜绝市场弄虚作假的销售行为、不正当集资行为等，主动引进负面清单和黑名单线上查询服务，从而保护正当销售行为，防范非法销售。

（三）加强对互联网保险消费者的保护

维护保险消费者的合法权益属于各个国家保险监督管理的一项重要目标，同时应当是我国互联网保险监督管理的着力点。互联网保险消费者在市场上就不具有强势群体地位，而且互联网金融行业有着信息不对等、经营主体实力各不相同的现实情况，互联网金融行业的消费者就更加处于弱势的位置。为了改善这一现状，立法机关与监督管理部门也在持续努力。《互联网金融指导意见》明确提出了对于保险消费者合法权益维护的意见，《暂行办法》也从增强数据、信息披露、客户服务等多个角度强化了对互联网保险消费者的知情权、选择权及其信息安全的保护。为了更深一步将消费者合法权益保护落到实处，一方面来讲应该加大对于互联网金融消费者的教育力度，提升消费者的风险认知和自我保护能力；从另一方面来讲，应该更深一步从制度层面增强对互联网金融消费者合法权益的保护。具体来讲，可以从以下两个角度来贯彻落实互联网保险消费者合法权益保护的法律规范。

1.消费者隐私权的保护

互联网保险的行业业务流程以互联网假设为基础，依赖于大数据的进一步挖掘和分析，此特点决定了各个互联网保险消费者个人数据、信息权的保护面临非常大的风险。在2013年修订的《消费者权益保护法》第一次明确规定了消费者享有个人信息权利，在第二十九条中有着明确规定："经营人员收集、运用消费者个人信息的时候，应当遵循合法、合规、正当、必要的原则，明确表示收集、运用信息的目的、方法和范围，同时取得消费者同意。经营人员收集、运用消费者个人信息的时候，应当公开他们的收集、运用规则，禁止违反国家法律、法规的规定和买卖双方的约定收集、运用信息。经营人员以及工作人员对于所收集的消费者个人信息务必给予严格保密，禁止泄露、出售或者违法向其他人提供。经营人员应当采取技术措施以及其他必要措施，确保数据、信息安全，防止出现消费者个人数据信息泄露、丢失的情况发生。在已经发生或者可能发生数据信息泄露、丢失的情况的时候，应当及时采取补救措施。如果经营人员没有取得消费者同意或者请求的时候，或者消费者已经明确表示拒绝的，则不得向其发送任何商业性信息。”《暂行办法》同样规定了互联网保险机构应当加大增强业务数据的安全管理，使用防火墙隔离、数据备份、故障恢复等多种技术手段，从而确保与互联网保险业务有所关联的交易数据和信息是安全、合法、真实、准确、有效的；要加大增强消费者信息的管理，确保消费者资料信息真实有效，从而保证信息收集、处理及使用是安全的。在从事互联网保险业务中收集的消费者信息，保险机构应给予严格保密，禁止泄露，没有经过消费者同意的，不得将消费者信息使用在所提供服务之外方面。

不过，当前有关个人信息保护的法律法规依然缺乏系统梳理，比较零散，可操作性比较弱。我们应当适时颁布保护互联网保险消费者合法权益的法律规范，进一步细化信息安全管理的规范，从而使其可操作性更强。

2.消费者知情权和选择权的保护

公开透明的信息传递属于互联网的核心优势，同时是互联网保险能够不断健康发展的重要保障。在《暂行办法》中第三章在经营主体履行数据、信息披露和告知义务方面给予了比较详尽、具体的要求：其一，要求在相关互联网平台的“显著位置”罗列标明诸多必要信息，诸如承保的保险机构司和消费者投诉渠道等。保险机构无法刻意隐瞒以上所述信息，也无法采取各种手段诱导消费者忽视以上所述信息。要能够让各个消费者注意到且十分方便地找到这些信息，进而确保消费者可以进行客观、理性的判断；其二，要求在互联网保险产品的“销售页面”领域罗列标明充分的提示或者警示信息，进而防止各种销售误导，诸如要求经营主体着重强调提示和说明豁免保险公司责任的条款，同时通过适当的方式强调提示理赔要求、保险合同里的犹豫期、资金扣除、退保损失、保险单现金价值等多项重点内容；需要经营主体应向消费者明确提示其经营区域，凭借消费者对重要保险条款给予确认等诸多关键内容，从而最大限度保障各个消费者的知情权利和自主选择权利；其三，这些信息务必由保险公司统一制作、授予权利发布，一旦出现任何问题，则保险公司需要承担相应的责任。

《暂行办法》中针对数据、信息披露的有关规定使得由于网络而虚拟化的保险业务从事过程更加公正、透明，确保各个消费者在充分知悉信息的基础上进行客观理性的判断，从而保护了各个消费者的知情权和选择权。不过，如果想要更深一步使得各个消费者知情权和选择权得到保护，还需要激发行业市场主体活力，进一步细化互联网保险产品的数据、信息披露规则，在保险责任、告知义务、免责条款、退保的权利义务等多个方面明确披露要求。同时在投保、查询、理赔等多个方面建立信息透明化标准，防止避重就易、销售误导，持续提升市场透明度。

第八章　互联网金融法律监管制度探索

随着互联网金融的不断发展，也涌现出不少问题，为了保证行业的健康稳定发展就需要对其进行科学合理的监管，而互联网金融法律监管制度的建设是促进互联网金融健康发展必不可少的一部分内容。互联网金融是新兴行业且具有极强的创新能力，对其进行监管要保证监管制度自身的前沿性。目前，互联网金融法律监管方面仍然存在很多问题，这也是该行业急需解决的一个重要问题。

第一节　构建互联网金融法律监管制度的必要性与特殊性

一、互联网金融监管的必要性

经过 2008 年的全球金融危机，在金融界和学术界产生了一种普遍看法，即认为自由放任的监管理念只适用于金融市场有效的理想情景。所以将该理想情景作为参照点，对互联网金融监管的必要性进行讨论和研究。

当处于市场有效的理想情景下，市场参与者处于理性状态，个体自利行为可以通过“看不见的手”自动实现市场均衡，产生的均衡市场价格可以全面且正确地反映出所有市场信息。在这样的情境下，采用自由放任理念开展金融监管活动，其主要目标在于排除造成市场非有效的因素，以便使市场机制更好地发挥作用，少监管或不监管，具体包括以下三点内容。第一，因为市场价格信号是正确的，因此可以将其作为依据依靠市场纪律对有害的风险承担行为进行有效控制；第二，使存在严重问题的金融机构破产清算，以此实现市场竞争的自动调节，完成优胜劣汰的过程；第三，不需要对金融创新进行监管，市场竞争和市场纪律会自动淘汰那些没有必要或不创造价值的金融创新，具有良好管理的金融机构并不会开发风险过高的产品，同时可以获取充分信息的消费者只会选择满足自己需求的产品。就判断金融创新是否创造价值的问题来说，实际上相对于市场，监管当局并不具有优势，不恰当的监管反而会抑制金融创新的健康发展。

互联网金融在达到该理想情景之前，仍然会存在一定的问题，如信息不对称和交易成本等问题，这就不适用于自由放任的监管理念。

（一）互联网金融中，个体行为可能非理性

这是指在非理想状态下，参与市场活动的市场主体可以采取一些非理性行为。例如，在 P2P 网络借贷模式下，投资者购买的实际是针对借款者个人的信用贷款。即使 P2P 平台有能力对借款者信用风险进行准确评估，也有能力进行投资分散，不可否认的是个人信用贷款仍然存在较高的风险，一些投资者可能并不能对投资失败带来的个人影响具有充分认识。

（二）个体理性，不意味着集体理性

这是指个体的理性只代表其个体行为，而不能代表整个集体的行为具有理性。例如，在以余额宝为代表的“第三方支付＋货币市场基金”合作产品中，投资者通过投资购买的为货币市场基金份额。投资者可以将其资金随时赎回，但是货币市场基金的头寸通常都会有比较长的期限，或者需要通过折扣的方式才能在二级市场上卖出。可以看出，这就存在期限错配和流动性转换问题。如果货币市场出现了较大幅度的波动，从个体行为来看，投资者想合理的控制自身面临风险而赎回资金的行为属于完全理

性行为;但是从集体角度来看,大规模赎回资金就可能造成货币市场基金遭遇挤兑,也就说明该行为是非理性的,而这就是所谓的个体理性不代表集体理性。

(三)市场纪律不一定能控制有害的风险承担行为

在我国的金融市场中,存在大量针对投资风险的各种隐性或显性担保,如隐性的存款保险、银行对柜台销售的理财产品的隐性承诺等,而人们对这种现象已经逐渐习惯,默认了“刚性兑付”的常态,这就导致风险定价机制出现了一定程度上的失效。

(四)难以通过市场出清的方式解决问题

当互联网金融机构达到了一定资金规模,或者其业务涉及了大量用户,当发生问题时就很难通过市场出清的方式解决问题。当出现问题的互联网金融机构还涉及支付清算等基础业务,机构的破产还可能对金融系统的基础设施造成一定损害,从而形成系统性风险。例如,支付宝和余额宝涉及的用户数量以及业务规模十分庞大,一旦其出现一定问题,就很可能引起整个金融系统的损失。

(五)互联网金融创新可能存在重大缺陷

虽然互联网金融创新是时代的要求,但是在这个过程中仍然存在一定问题。例如,我国 P2P 网络借贷已经出现了较大问题。一些 P2P 平台中,并没有有效的隔离客户资金与平台资金,从而出现了资金混乱使用的情况,发生了众多平台负责人卷款“跑路”事件的发生;一些 P2P 平台采取激进的营销方式,为了自身利益将高风险产品销售给不具有风险识别和承担能力的人群,如老年人群体。

(六)互联网金融消费中可能存在欺诈和非理性行为

一些互联网金融机构可能开发和推销一些风险过高的金融

产品,而消费者则可能不了解金融产品的情况就购买。例如,很多互联网金融产品在销售过程中,只是笼统的披露该产品的预期收益率,而关于该产品获取收益率的具体策略、投资该产品面临的风险等问题则很少提及。而很大一部分消费者不具备充分的金融知识,并且已经习惯了"刚性兑付",所以不能充分理解一些互联网金融产品和存款、银行理财产品之间的区别,从而做出一些非理性行为。

所以,不可以因为互联网金融发展不成熟对其采取自由放任的监管理念,而是应该通过合理监管促进行业发展,在一定的负面清单、底线思维和监管红线下,鼓励互联网金融创新。

二、互联网金融监管的特殊性

(一)信息科技风险

在互联网金融中,信息科技风险是一个十分突出的特点,这有别于传统金融。这类风险包括计算机病毒、电脑黑客攻击、支付安全隐患、互联网金融诈骗、金融钓鱼网站、个人信息泄露等。

按照不同方式可以对信息科技风险进行分类。将风险来源作为依据,可以将其分为自然原因导致的风险、信息系统风险、管理缺陷导致的风险、人员的违规操作引起的风险;将风险影响的对象作为依据可以将其分为数据风险、运行平台风险、物理环境风险;将其对组织产生的影响作为依据可以分为安全风险、可用性风险、绩效风险、合规风险;将主要监管手段作为依据可以将其分为非现场监管、现场检查、风险评估与监管评级、前瞻性风险控制措施。此外,可以利用数理模型对信息技术风险进行科学计量。

(二)"长尾"风险

互联网金融有效地拓展了交易可能性边界,相较于传统金融,互联网金融覆盖了更多人群,这使其具有了不同于传统金融的风险特征。第一,互联网金融服务人群缺乏金融知识、风险识别能力、风险承担能力,在金融领域中属于弱势群体,在互联网金融活动中容易遭受误导、欺诈等不公正待遇。第二,这些投资者的投资额小且分散,作为个体投入精力监督互联网金融机构的成本远高于收益,这就导致"搭便车"问题比较突出,这也导致针对互联网金融的市场纪律相较于传统金融更容易失效。第三,更容易出现个体非理性和集体非理性的现象。第四,互联网金融涉及的人数较多,一旦发生风险,对社会的负外部性更大。

因为互联网金融存在"长尾"风险,这就导致必须对其进行强制性的、以专业知识为基础的、持续性的金融监管,这也可以有效提高对金融消费者的保护。

第二节　现行互联网金融法律监管制度基础

一、互联网金融监管措施

(一)互联网金融监管内容

对互联网金融的监管包括互联网金融的域名注册监管、互联网金融的金融服务程式和真实性监管、互联网金融的记录交易稽核监管、互联网金融的系统安全与责任分摊监管、互联网金融的金融犯罪监管和互联网金融的前瞻性立法监管等。

金融监管当局主要对互联网金融机构经营的各类虚拟金融服务的价格进行一定的监管。政府对互联网金融机构的监管,一方面是对互联网金融机构的监管,也就是对这些机构经营的互联网金融服务进行监管;另一方面是对互联网金融行业进行监管,也就是针对互联网金融机构对国家金融安全和其他管理领域形成的影响进行监管。

1.企业级的监管内容

在实际监管中,政府对互联网金融机构的监管并不体现在对互联网金融机构提供的虚拟金融服务价格方面的监管,而是体现在几个具有全局性的互联网金融问题方面,包括加密技术及制度、电子签名技术及制度、公共钥匙基础设施(PKI)、税收中立制度、标准化、保护消费者权益以及隐私及知识产权保护。

金融监管当局对互联网金融机构从事业务的监管包括以下三个方面。第一,对互联网金融机构具有的安全性能进行监管,包括对公共钥匙基础设施(PKI)、加密技术及制度和电子签名技术及制度的监管等。第二,向企业和各级相关政府部门提供电子商务和互联网金融的国内以及国际标准化框架,为其提供标准化的税收中立制度。监管互联网金融的标准化水平,以此为基础促进全国各金融企业之间电子信息的互联互通的实现。对互联网金融的网络交易实行税收中立政策,免征网络交易税,积极促进民族电子商务的发展。第三,对互联网金融消费者的合法权益进行监管。通过合理监管防止互联网金融机构利用自身的隐蔽行动优势向其消费者推销各种不合格的服务或者那些风险过高的金融产品,防止消费者的合法利益遭受损害。保护消费者的隐私权及维护知识产权在网络中不会受到侵犯,同时也对开展网上交易活动的消费者权益进行广泛保护。为了实现其保护目标,监管部门有必要向互联网金融机构以及消费者权益保护组织提供保护网上交易消费者的非强制性商业指导规则。

除此以外,金融监管当局将互联网金融机构的网上广告作为其监管的主要内容之一,以此保护消费者不会因为一些虚假或过于夸大的广告所蒙蔽和欺骗。

2.行业级的监管内容

(1)科学评估互联网金融机构的金融风险和金融安全问题,以及其可能对国家经济安全造成的影响,并对其进行严格监管。

也就是评估互联网金融机构风险可能对国家金融造成的风险以及其影响程度，确定金融监管当局对互联网金融机构各种虚拟金融服务品种的监管内容。

(2)对互联网金融机构系统风险的监管。对可能产生系统风险的各类环境及技术条件进行科学监管，尤其强调对系统安全性的监管。

(3)对互联网金融的一些违法行为进行监管，如非法避税、洗钱等行为。对于互联网金融监管当局来说，保证绝对安全是一个十分重要的课题，因为不论是对于互联网，还是互联网金融机构，都存在一定的安全问题。但是，政府管制又涉及避税和洗钱等问题。由于以上这些因素，政府监管部门坚持反对私人采用牢固的电子加密方式保护网站的安全。但是政府监管当局又不能为那些合法网站提供具有高安全性的有效加密技术援助。

(4)互联网金融再造金融监管新理念。互联网金融既为银行业带来了挑战，也为其带来了机遇。对当前形势没有充足认识、行动力不强的银行，在愈发激烈的竞争市场中将会面临越来越艰难的局面，因为平台建设的后发劣势日益难以扭转。但还有一些银行成功把握了互联网金融趋势，对于它们来说其接触客户的渠道能力将显著增强，大数据技术为其信用风险管理等业务能力带来了持续有效的提高，这些优势为银行带来了进一步挖掘小微信贷、消费信贷这些蓝海业务创造了更多机会。随着互联网金融的发展，其对银行业的影响也会更加深远，这样的环境进一步加深了银行业内的优胜劣汰竞争机制，而这种机制的运行有利于行业的市场化。

为了迎合这种大趋势，很多银行做出了反应，如华夏银行现金增利货币基金在百度金融中心理财平台正式上线。起初是传统金融机构在互联网上进行一定的延伸，随后便是P2P、众筹模式的兴起，之后又开展了阿里巴巴、百度等互联网企业与金融业主动融合寻求共同发展，使我国互联网金融呈现出蓬勃发展的态势，而这也对传统金融监管理念提出了更高的要求。

互联网金融发展具有得天独厚的优势。传统金融业的兴起与发展,很大程度上是为了缓解信息不对称所引发的信用问题。随着互联网技术的不断发展以及推广,尤其是随着大数据技术的不断成熟,可以有效地降低信用交易成本,在这方面互联网金融具有传统金融无可比拟的成本优势。随着互联网技术的发展,很多国家的互联网金融行业发展势头迅猛,传统金融将其触角伸至互联网领域,网上银行、网上证券、网上保险、网上支付等业务日趋成熟。目前已经有大多数的银行开始提供互联网金融服务。随着互联网金融的不断发展,已经不再局限于传统金融机构的互联网领域延伸,开始出现专门从事金融业务的互联网公司,如美国的SFB、NET BANK等,德国的Entrium等,这些金融互联网公司是随着互联网金融发展不断深入的一种结果。据统计,2016年全球手机电子商务的市场规模总额已经达到9722.5亿美元,并且预计到2021年,全球移动支付交易规模将达到3万亿[①]。

近年来,我国互联网金融也高速发展,电子银行、手机银行、互联网支付等各类互联网金融业务都得到了迅速发展。P2P和众筹等新兴业务也取得了一定成果,但同时也存在一定的问题。为了拓展互联网金融业务,一些商业银行充分利用大数据时代的信息处理成本优势,发展网络贷款业务,推进互联网金融商城建设。

虽然互联网技术为人们提供了更为方便快捷的服务,但是其也使得金融风险传播的速度与范围更难控制,这也要求传统金融监管理念必须适应时代潮流进行革新。在传统金融模式下,机构监管是审慎监管的基础;在互联网金融模式下,金融机构的中介作用有一定淡化,对金融消费权益的保护成为监管的重要基础。在互联网上开展金融业务,导致金融消费者的个人信息以及商业机密更容易被泄露并传递。排除互联网金融的影响,传统金融业也已经出现了一定混业经营的发展趋势。而互联网金融的产生

---

① 2016年全球移动支付的5大趋势分析[EB/OL]. http://www.linkshop.com.cn/(kwthrmauciseeriqsdu1ui55)/web/Article_News.aspx? ArticleId=361550.

和发展加快了金融业内的融合，并且导致非金融业与金融业之间的界限也越发模糊，传统的分业监管体制不再适合当前的监管要求，无法充分发挥其监管作用。在这种模式下，基于功能监管的大金融监管将逐渐成为监管的主流。网上交易实现了无纸化，并且可以不留痕迹的对交易记录进行修改，业务数据的瞬时波动十分大，所以单纯依靠传统的查询书面凭证、业务数据监测的监管方式已经不适用这种模式，这类传统监管方式已经失去了效力。在传统金融模式下，还有一定方法可以预测和处理系统性、区域性金融风险，但是在互联网金融模式下却很难对这类风险进行预警，因为表面上与金融无关的病毒、网上诈骗，均有可能蔓延并转化为系统性金融风险。除此以外，互联网金融跨国交易也更为隐蔽、快捷，监管当局很难对其进行全面控制，全球金融危机突然爆发的可能性大增。

随着互联网金融发生了跨越式的发展，极大的增加了金融风险监管的难度。金融监管当局一方面需要结合实际参照传统监管标准，对互联网金融实施一般性风险监管；另一方面需要结合互联网金融业务的实际模式与特点，针对网络技术与安全加强监管，保证互联网金融的交易过程具有安全性，保证与网络业务相关的数据可靠。虽然一些国家先于我国发展起了互联网金融，但对于该行业的监管都没有建立起十分完善的监管制度。根据各国的研究情况来看，监管的主要对象是金融消费者的合法权益，以及对个人信息及隐私的保护，同时也对互联网金融涉及的安全技术提出了更高要求。以美国为代表的互联网金融监管，重点放在补充新法律，力求将原有监管规则改造为适用于网络电子环境的新规则。欧洲监管当局的监管不同于美国，这些国家更注重于提供一个清晰、透明的法律环境，坚持适度审慎和金融消费权益保护。

互联网金融是一个新兴行业，在其发展道路上不可能一帆风顺，发展的过程中面临波折是不可避免的。网购的模式也是先在国外流行的，起初在我国发展遇到了“水土不服”的情况，但是在经过不停地磨合与发展后，网购已经成为我国最为普遍的一种购物模式，同时还造就了淘宝、京东等行业龙头企业。因此，监管部门应该有效加强互联网金融业务的调查研究，合理借鉴国外相对成熟的经验，通过借鉴与结合实际探索适用于我国的互联网金融监管制度，允许监管规则为了更好发挥作用进行适当突破，目标是促进互联网金融更好地发展。

（二）互联网金融监管措施

金融监管当局对互联网金融机构的监管，主要包括三个方面，即完善法律和司法制度、制定相应的行业性激励机制、不断形成创造性的具有替代效应的实施手段。

1.完善法律和司法制度

完善法律和司法制度可以从两个层面理解。一是建立和健全与互联网金融机构相关的各种法律及管制措施；二是建立和健全保证这些法律及管制措施可以顺利执行的执法系统。

(1)互联网金融监管主体应该按照相关法律规定互联网金融产业的市场准入条件、范围和程序，监管主体还需要对其具体运作以及监管负责。在这种情形下，网络银行产业的门槛和基点就会受到互联网金融监督制度的管理和限制。

(2)互联网金融监管主体有责任对网络银行产业的具体经营、服务与管理活动进行合理监管。在一定程度上，互联网金融监督制度会对互联网金融产业的具体经营业绩、安全与发展状况、风险防范与客户利益保护等反面形成限制。

(3)互联网金融监管主体需要对网络银行产业的退出、退出条件和程序、退出需要承担的责任和后果等进行规定和监管。也就是说，互联网金融监督制度建设状态决定互联网金融产业的退出状态。

(4)互联网金融监督制度也对互联网金融产业的利益协调、纠纷处理产生直接作用。互联网金融监督制度很大程度上决定了互联网金融产业利益协调机制与纠纷处理机制。由此可见，为了促进互联网金融的发展，有必要建立和完善互联网金融监督制度。

我国国内互联网金融机构通常都选择使用类似会员守则形式的协议对客户的行为进行一定的约束。互联网金融机构首先应该向客户说明其权利和义务，以及和银行之间的关系，签署协议时必须遵循自愿原则，需要注意的是此类协议并不具备真正的法律约束力。虽然我国《合同法》中已经承认了电子合同与纸张式的书面合同具有同等的法律效力，但是对于数字签名的技术问题并没有完全解决，以及与之相应的制度也没有建立起来。根据我国的《电子签名法》以及《合同法》中的相关规定，对电子签名的法律效力有具体规定，所以电子签名并不能保证完全具有法律效力。如果普遍认可对电子签名的法律效力，就可以虚拟金融服务市场得到一个被法律有效保护的发展空间，并在此基础上不断创造出新的虚拟金融产品。对于互联网金融机构的破产、相关合同的执行情况、市场信誉问题、互联网金融机构资产负债情况和反欺诈行为等方面，政府相关部门制定的互联网金融法或管制条例可以在一定程度上产生管理和监督的作用。但是通过建立全面、有效的网络信息市场上的信息披露制度可以将各种可能诉诸法律的事件降低到相当低的水平。因此，政府在制定各种关于互联网金融的法律法规及管制措施中，最高的惩罚就是将违规的互联网金融机构的“劣迹”在网上公开。

2.制定相应的行业性激励机制

实际上，互联网金融模式下形成的虚拟金融服务市场存在严重的信息不对称情况，因为通过网上交易并无法见到客户实体，很难对客户的风险水平有一个准确的把握。同样的，金融监管当局也无法在网络上看到其监管对象及其活动的实体，随着信息技术的不断进步和发展，监管对象采取各种各样的方法躲避监管当局的监管，如利用屏蔽技术阻拦监管当局的实时监管等。所以，有必要建立相应的行业性激励机制,这是保证或鼓励在最低限度上将互联网金融机构推上法庭诉诸法律的有效制度。依据信息经济学激励机制设计原理,金融监管当局并不是主动的掌握互联网金融机构的行为,而是通过有效的政策选择尽力地去诱导互联网金融机构采取监管当局希望的行动。对互联网金融机构进行有效诱导的基本原理是成本选择。例如,监管当局的期望是在现阶段,互联网金融机构不可以将某种金融产品推向市场,在其制定监管政策时就需要包含符合目标需求的成本选择结果,也就是,在现阶段互联网金融机构推出该金融产品需要付出的成本高于不推出该金融产品的成本。换一种说法,就是在现阶段互联网金融机构推出该金融产品的收益低于不推出该金融产品的收益。在这样的政策下,监管当局通过制定相应政策就完成了对互联网金融机构行为的诱导,不必担心他们通过隐蔽信息欺骗监管人员。

3.不断形成创造性的具有替代效应的实施手段

将科学合理的法律制度作为保障,有效的激励机制作为基础,可以实现较为有效地达到监管当局的监管目标。但是为了实现更好地监管效果,应该在此基础上不断形成创造性的具有替代效应的实施手段。

金融监管当局可以创造出多种监管方式,例如,对于互联网金融机构的网络行为,可以制定相应规则安排警察巡逻抽查,可以对其运行状况进行抽查,一旦抽查发现违规行为,则按照制定的规则进行惩罚。或者要求互联网金融机构定期将自身情况向监管当局进行汇报,或者监管当局随机对网站进行抽样调查等。但需要注意的是,不论采取什么样的监管方式,都必须将互联网市场的信息不对称问题作为中心问题,围绕该问题进行设计。从传统的柜台式的金融服务到电子化的 ATM 和 POS 金融服务,再到互联网上的虚拟金融服务,为了维持有效的信息监管都需要不断创造适应当前状况的信息披露方法。互联网金融监管的一个基本观念是通过制度的安排使互联网金融机构“自觉地”在被监管的平台上履行职能并确保履约。经济体系中各个利益集团之间存在着各种矛盾和冲突，而监管当局就可以充分利用这些矛盾关系创造出多种有效的监管效果。例如，可以利用各个互联网金融机构之间的竞争关系，使他们进行相互监管；利用消费者和互联网金融机构之间的关系，对金融机构的服务质量及价格进行监管；利用独立的市场调查公司以及会计咨询公司和互联网金融机构之间的关系，对其服务进行监管等。

总而言之，依靠网络技术建立的互联网金融机构突破了传统的地理边界，从而实现了全球范围内的信息资源共享。将网络信息种技术作为基础进行的市场拓展活动可以轻松跨越有形的国界，这种便利性同时为互联网金融带来了一系列风险。虽然国际银行业务也面临着跨国交易带来的风险，但是基于互联网金融机构的电子货币和虚拟金融服务面临的问题更为普遍和严重。对于互联网金融相关部门以及监管当局来说，研究和解决这些问题成了它们的重要任务。尤其对于我国来说，在该领域的研究刚刚起步，所以需要相关部门和人员耗费更多精力和时间，以促进互联网金融行业的健康发展。

二、互联网金融的功能监管

功能监管主要是针对风险的监管，其基础为风险识别、计量、防范、预警和处置。在互联网金融领域，风险是指互联网金融活动中还未遭受而未来可能遭受的损失的可能性。互联网金融环境下，仍然存在市场风险、信用风险、流动性风险、操作风险、声誉风险和法律合规风险等，仍然有金融机构通过各种方式误导消费者、欺诈消费者等。因此，审慎监管、行为监管、金融消费者保护等监管方式同样适用于互联网金融监管。

（一）审慎监管

审慎监管的目标是对互联网金融的外部性进行有效控制，以此保护公众利益。审慎监管的基本方法为，在对风险进行有效识别的基础上，引入一系列合理有效的风险管理手段，对互联网金融机构的风险承担行为以及负外部性进行合理控制，尤其是事前控制，以此实现外部性行为达到社会最优水平。

就目前而言，互联网金融的外部性主要是信用风险的外部性和流动性风险的外部性。

1.监管信用风险的外部性

有一部分互联网金融机构从事信用中介活动。例如，一些P2P平台直接介入借贷链条，或者直接为借贷活动提供担保，整体上来说都是承担了与借贷有关的信用风险。从事这类活动的互联网金融机构就会产生信用风险的外部性，这类金融机构一旦破产，不仅会使相关债权人、交易对手的利益受到一定损害，同时会对具有类似业务或风险的互联网金融机构的债权人、交易对手产生影响，这些相关机构可能对自己的清偿能力产生怀疑，从而形成信息上的传染效应。

对信用风险的外部性，互联网金融监管可以参考银行业的监管方法。在 Basel Ⅱ和 Basel Ⅲ下，银行为了保证其在承受信用风险的冲击时仍然有能力继续经营，会适当的计提资产损失准备金和资本，主要体现为不良资产拨备覆盖率、资本充足率等监管指标，风险计量是其依据的具体监管标准。例如，8%的资本充足率，这就相当于保障在99.9%的情况下，银行的资产损失不会超过资本。

一些 P2P 网络借贷平台将其部分收入划拨到风险储备池中，以此使投资者的本金有所保障。实际上，从功能以及经济内涵的角度来看，风险储备池与银行资产损失准备金、资本具有相同作用。如果允许 P2P 平台从其风险储备池中提供投资者的本金保障，那么应该依据科学的风险计量作为风险储备池的充足标准。

2.监管针对流动性风险的外部性

一些互联网金融机构进行了流动性或期限转换。在信用中介活动中通常会伴有一定的流动性或期限转换。从事信用中介业务的互联网金融机构就会产生流动性风险的外部性，这类机构一旦遭遇流动性危机，首先就会对其债权人、交易对手的流动性产生影响。如果货币市场基金集中、大量提取协议存款，就会对存款银行的流动性造成直接冲击。其次，遭遇这类危机会对具有类似业务或风险的互联网金融机构的债权人、交易对手产生影响，相关机构会对自身的流动性状况产生怀疑，从而会产生信息上的传染效果。除此以外，当金融机构面临一定流动性危机，一般情况下会通过出售资产的方式开展现金回收活动，以此满足流动性需求。而在短时间内大量出售资产则会导致资产价格的一定降低。在公允价值会计制度下，一些持有类似资产的其他金融机构也会因此受到一定损害，也会受损。甚至在极端情况下，可能出现“资产价格下跌→引发抛→资产价格进一步下跌”的恶性循环。

对互联网金融的流动性风险的外部性监管，同样可以将银行业的监管做法作为有效参考。Basel Ⅲ 引入了两个流动性监管指标，即流动性覆盖比率和净稳定融资比率。当流动性覆盖比率已经开始实施，要求银行必须在资产方留有充足的优质流动性资产储备，将通过流动性压力测试得到的数据作为依据，需要保证优质流动性资产储备可以满足未来 30 天内净现金流出量。

将以上做法作为参考，针对“第三方支付＋货币市场基金”合作产品，在特殊时段应该进行科学的压力测试，以保证在特殊情境下可以赎回金额，如大型购物季、货币市场大幅波动等情景，将测试得出的数据结果作为依据对货币市场基金的头寸分布进行限制，保证有足够比例的高流动性头寸。

（二）行为监管

行为监管，包括对互联网金融基础设施、互联网金融机构以及相关参与者行为的监管，行为监管的主要目的是保证互联网金融交易可以更为安全、公平和有效。

1.对互联网金融机构的股东、管理者的监管

在进行准入审查时，应该将那些不审慎、能力欠缺、有不良记录、不遵守诚实守信原则的股东和管理者排除在外；在互联网金融机构持续经营阶段，对股东、管理者与互联网金融机构之间的关联交易进行严格控制，避免股东、管理者通过资产占用等方式对互联网金融机构或客户的合法权益造成损害。

2.对互联网金融有关资金及证券的托管、交易和清算系统的监管

第一，尽可能提高互联网金融的交易效率，有效地控制互联网金融过程中的操作风险；第二，对于平台型的互联网金融机构，必须保证对机构资金与客户资金之间的有效隔离，防止擅自挪用客户资金、卷款“跑路”等风险的发生。

3.对互联网金融机构管理的监管

互联网金融机构必须保证自身具有健全的组织结构、内控制度以及风险管理措施，并保证金融机构具有符合要求的营业场所、IT 基础设施以及安全保障措施。

（三）金融消费者保护

金融消费者保护，也就是保护金融消费者在互联网金融活动过程中的合法权益。金融消费者保护和行为监管之间具有密切联系，有一些学者认为金融消费者保护实际上也是一种行为监管。这里单独对金融消费者保护进行介绍，因为其主要针对人群为互联网金融服务中的“长尾”人群，而互联网金融的行为监管主要监管对象为互联网金融机构。

在互联网金融实际活动过程中，可能存在互联网金融机构与金融消费者之间的利益存在冲突和矛盾，而互联网金融机构健康发展不足以完全保障金融消费者权益，这就导致了金融消费者保护的必然存在。

在实践过程中，很大一部分金融消费者并不具备全面的金融专业知识，导致它们对金融产品的成本、风险、收益等方面的情况不甚了解，更无法与互联网金融机构的理解相提并论，他们在专业知识水平方面处于劣势，也没有能力支付这方面的学习成本。这就导致互联网金融机构掌握金融产品内部信息和定价的主导权，针对金融消费者的信息劣势对其开展不公平的交易。

此外，互联网金融机构对金融消费者有“锁定效应”，也就是说这种欺诈行为通常不能被市场竞争自动消除。

可以通过自律监管的方式开展金融消费者保护。但是金融消费者如果并不拥有很好的低成本维权渠道，或者互联网金融机构在市场中占有过于强势的地位，并且自律监管机构没有行之有效的措施，那么欺诈行为通常难以被制止和处罚，甚至对于一些欺诈都无法被披露。在这种情况下，自律监管则无法发挥效用，则由政府监管机构作为金融消费者的代理人实施强制监管，主要监管措施有以下三类。第一，要求互联网金融机构加强其信息透明度，进一步进行信息披露，保证产品条款简单明了、信息透明，保证金融消费者可以明确了解金融产品风险和收益的关系；第二，应该开通金融消费者有效的维权的渠道，其中包括赔偿机制和诉讼机制；第三，合理利用金融消费者的投诉以便及时发现监管漏洞。需要注意的是，功能监管要保证体现一致性原则。如果互联网金融机构具有类似于传统金融的功能，理应受到与传统金融相同的金融监管；如果不同的互联网金融机构开展相同的金融业务，产生了相同风险，这些机构应该受到一样的监管。如果不进行恰当的监管，就可能造成监管套利，这不利于开展公平的市场竞争，同时很可能产生风险盲区。

三、互联网金融的机构监管和监管协调

互联网金融的机构监管具有一定的隐含前提，就是可以按照机构和业务类型对互联网金融机构进行合理划分，对于从事类似业务、产生类似风险的金融机构，采取类似监管。但是有一些互

联网金融活动呈现出混业特征。对于这类情况，就需要将互联网金融机构具体的业务、风险作为依据，从功能监管角度制定监管措施，并加强监管协调。

（一）互联网金融的机构监管

根据各种互联网金融机构在支付、信息处理、资源配置上存在的差异，可以将互联网金融机构大致分为五种主要类型。第一，金融互联网化，如网络银行、网络证券公司、金融产品的网络销售等；第二，移动支付与第三方支付，如支付宝、财付通等；第三，以大数据为依托的网络贷款，如阿里小贷等；第四，P2P 网络借贷，如人人贷、钱多多等；第五，众筹融资。

1.对金融互联网化、基于大数据的网络贷款的监管

在金融互联网化方面，如网络银行、网络证券公司、互联网金融交易平台等，其主要体现的是一种物理网点和人工服务的代替，通过互联网技术代替在银行、证券公司、保险公司等机构的物理网点和人工服务。对于以大数据为依托的网络贷款，不论载体是银行还是小贷公司，其主要进行改进的为贷款评估过程中的信息处理环节。在金融功能和风险特征方面，互联网金融与传统金融并不存在本质差异，所以传统金融中针对中介和市场的监管框架同样更适用于互联网金融，但是在此基础上必须加强对信息科技风险的监管。对于金融产品的网络销售，应该将监管重点放在金融消费者保护方面。

2.对移动支付与第三方支付的监管

对于移动支付以及第三方支付，我国目前已经建立起一定的监管框架，其中包括《反洗钱法》《电子签名法》《关于规范商业预付卡管理的意见》等法律法规，以及中国人民银行颁布的《非金融机构支付服务管理办法》《银行卡收单业务管理办法》《支付机构预付卡业务管理办法》等规章制度。

对于“第三方支付＋货币市场基金”合作产品，如余额宝，具有较强的流动性风险，所以可以参考在2008年全球金融危机后美国对货币市场基金的监管措施。第一，要求互联网金融机构必须如实告知投资者这类产品存在的风险，以免投资者会存在货币市场基金不会出现亏损的错误认识；第二，要求金融机构对这类产品的头寸分布信息如实披露，包括证券品种、发行人、金额、期限、评级等维度等信息，以及资金申购、赎回信息；第三，要求金融机构在设计这类产品时保证其满足平均期限、评级和投资集中度等方面的限制条件，保证机构有充足的良好的流动性储备可以应对特殊情况下投资者的大额赎回。

3.对P2P网络贷款的监管

如果P2P网络贷款采取纯粹平台模式，并且投资者风险足够分散，那么对于这类P2P平台本身并不需要进行审慎监管。这种情况下的监管主要代表为美国。美国这类P2P网络贷款平台具有以下几个特点。第一，平台上的投资人和借款人之间并不存在直接的债权债务关系，P2P平台按美国证券法的规定注册发行票据，投资人通过购买该票据进行投资，平台上借款人的贷款则先由第三方银行提供，之后再转让给P2P平台；第二，发行的票据和贷款之间存在镜像关系，也就是说借款人每个月对贷款本息偿付的资金，就是P2P平台向持有对应票据的投资人支付的资金；第三，如果借款人对其贷款存在违约行为，对应票据的持有人则不会从P2P平台处收到相应的资金支付，这类情况下不存在P2P平台的自身违约；第四，个人征信信息发达，不需要P2P平台在线下开展大规模的个人信息调查。对于这种情况下的金融机构，美国SEC为P2P网络贷款的主要监管者，SEC主要对P2P平台的信息披露进行有效监管，平台的运营情况并不是重点。P2P平台必须按照对规定对其每一笔票据的信息进行更新，包括对应贷款的条款、借款人的匿名信息等。

我国P2P平台和美国的P2P平台存在显著差异。第一，不具备完善的个人征信系统，信用评估所需要的信息不可以完全通过线上获取，P2P 平台普遍开展线下尽职调查；第二，我国大众普遍习惯于“刚性兑付”，对于没有担保的金融产品并不具有强烈吸引力，P2P 平台通常都会划拨一部分收入资金到风险储备池，以此为投资者的本金提供保障；第三，一些 P2P 平台采用“专业放贷人＋债权转让”模式，这种模式是为了更好地实现借款者的资金需求以及投资者的理财需求的高效匹配，通过主动、批量的形式开展业务，而非被动等待各自匹配，但这种形式很可能演变成为“资金池”；第四，大量开展线下推广活动，对于金融消费者的保护不够完善。整体来看，我国 P2P 网络贷款更像是在互联网平台上开展的民间借贷。目前，我国 P2P 网络贷款在机构数量以及涉及的贷款金额方面都已经超过其他国家，但是缺乏完善监管体制造成了行业的鱼龙混杂，风险事件频发。在对 P2P 网络贷款进行金融监管时，应该遵循“放开准入，活动留痕，事后追责”的理念。

第一，准入监管。应该对 P2P 平台的经营条件、股东、董监事和管理层等方面设置基本的准入标准。应该建立起具有明确责任分工的监管机制。

第二，运营监管。P2P 平台只可以开展金融信息服务业务，内容是建立投资者和借款者之间直接对应的借贷关系，平台自身不可以直接参与借贷活动。如果 P2P 平台通过风险储备池等方式承担了贷款的信用风险，则必须符合与银行资产损失准备金、资本相当的审慎标准。P2P 平台必须将自身资金和客户资金进行确实的隔离，应该充分了解自己的客户，建立科学有效的合格投资者制度，不可以进行虚假宣传或误导陈述。

第三，信息监管。P2P 平台必须将客户和借贷交易信息进行完整真实地保存，这样可以为事后追责提供有效根据，并且不能利用客户信息从事超出法律许可或未经客户授权的活动。P2P 平台有责任充分披露信息和揭示风险，使客户的知情权和选择权得到合理保证。P2P 平台的股东或员工在该平台上开展融资活动，也需要如实披露，以防利益冲突和关联交易。

4.对众筹融资的监管

由于我国证券法对投资人数有一定的限制，所以众筹融资的模式更接近于“预售＋团购”，不能服务于中小企业的股权融资，同时也不会产生很大的金融风险。但随着股权众筹在我国的发展，目前也产生了一些股权众筹项目。虽然在2014年我国证监会明确了对众筹的监管，但在股权众筹方面一直存在一些矛盾。

在这个方面，美国《JOBS法案》有一些值得我们借鉴的地方，主要包括三方面限制。第一，对发行人有一定限制，发行人需要在美国证券交易委员会备案，要按规定向投资者和众筹融资平台披露规定信息，并且每年通过众筹融资平台募资的总额不超过100万美元。第二，对众筹融资平台有一定限制，众筹平台必须在美国证券交易委员会登记为经纪商或“融资门户”，必须在相应的自律监管组织进行合法注册；如果融资预定目标没有实现，不可以将所筹资金给予发行人。第三，对投资者有一定限制，如果个人投资者年收入或净资产低于10万美元，则其投资限额为2000美元或者年收入或净资产5％中的高者；如果个人投资者的年收入或净资产中某项达到或高于10万美元，则其投资限额为该年收入或净资产的10％。

（二）互联网金融的监管协调

目前，我国采取银行、证券、保险行业分业经营、分业监管的框架，且金融监管权高度集中在中央政府。但是有一些互联网金融活动已经显现出混业特征。例如，在金融产品的网络销售过程中，可以通过同一平台销售银行理财产品、证券投资产品、信托产品等不同种类的金融产品。

随着互联网金融的发展，涌现出一大批规模小而分散的互联网金融机构，业务模式花样百出，集中在中央金融监管机构手中的监管权可能无法充分发挥作用。对于互联网金融机构的牌照发放、日常监管和风险处置责任等方面的职责分工，是一个十分复杂的问题。

2013 年 8 月，我国国务院为了进一步加强金融监管协调，保障金融业的稳健运行，同意建立由中国人民银行牵头的金融监管协调部际联系会议制度，该制度的一项重要职责就是对交叉性金融产品、跨市场金融创新进行科学合理的协调。实际上这也是为互联网金融的监管协调搭建了制度框架。

第三节　完善互联网金融法律监管制度的建议

一、我国互联网金融经营模式及存在的问题

（一）我国互联网金融经营模式

目前并没有统一的标准对互联网金融的模式进行分类，一般情况下都是按照具体的业务类型进行分类的。

1.传统金融业务的互联网化

传统金融业务需要在固定的物理点上进行，需要较高的服务成本并且还有一定时间限制。随着网络技术的不断发展，现在可以借助互联网平台开展金融业务，实现传统金融业务的互联网化，包括网上银行、证券和保险产品的网络销售、网上基金等形态。这类互联网金融的运行模式将互联网作为运行手段为客户提供各种在线服务，包括金融产品销售、交易结算、信息查询等业务。随着技术的不断发展和逐渐成熟，很多传统金融业务将在很大程度上依赖于互联网技术，实现传统金融交易在时间和地点上的限制突破，提高金融服务的速度、效率，降低其成本。

2.基于互联网平台开展金融服务

金融业务的发展对现实提出了新的要求，互联网开始被当作

运行平台引入金融业务当中，在这个全新平台上为交易双方提供金融服务。这类模式最具代表性的是第三方支付平台，第三方支付平台是顺应电子商务的发展需求，并且和支付结算功能紧密结合的产物，但是第三方支付平台并不是金融机构，它只是搭建在卖家、运营商以及买家之间的一个中介平台，其使用便捷、成本低。根据我国《非金融机构支付服务管理办法》的相关规定，第三方支付的服务包括网络支付、预付卡发行以及管理、银行卡收单以及中国人民银行规定的其他支付服务。第三方支付也具有不同的运行模式，一种是独立运营，另一种是依附于平台运营。独立运营的第三方支付平台，是指和其他互联网企业进行合作，为其提供除担保功能外的支付功能的平台；依附于平台运营的第三方支付平台，是指依靠电子商务网站提供支付结算与信用中介功能的平台。此外，将第三方支付平台作为基础还产生了很多创新型的金融业务，这些业务可以为客户提供理财和资金融通服务，如余额宝等。

3.全新的互联网金融模式

全新的互联网金融模式完全不同于传统金融业务模式，它是在金融业务中引进了全新的互联网思维与技术，通过利用网络与信息将各种投资机会的分散投资者集中在同一平台上，帮助资金供需双方可以更方便、透明、平等地参与投融资活动。这种模式下的互联网金融业务对网络技术的依赖度更强，因为涉及的所有金融业务流程都在网络上进行，实现了线上对线下的全过程取代，该模式的典型代表是P2P网络借贷和众筹融资。P2P网络借贷，是指在第三方网络融资平台上实现资金拥有者和资金需求者之间的资金匹配，通过这种方式进行融资和投资可以获得较高收益率，并且这种模式的互联网金融具有进入门槛低、交易方式灵活的特点，且不需要抵押担保，在利率、期限方面的选择范围也比较大。众筹融资是指在网络融资平台上，融资者面向众多投资者开展融资活动，即使投资者的投资金额较低，也可以按照其投资数额获取相应的回报。其中,商品众筹平台和股权众筹平台是最常见的众筹方式。

4.金融支持的互联网化

金融支持的互联联网化实质上并不能算作金融业务,它是为金融产品的网络销售、投资等业务提供服务的第三方服务平台,其主要表现为将线下的金融中介服务功能通过“搜索+比价”的形式转移到线上进行,这种模式的互联网金融业务可以提供产品和业务咨询、搜索、理财教育、保险与信贷信息咨询等服务。用户通过这些功能可以更好地了解金融产品和业务,可以有效地提高金融机构与客户之间融合效率。主要可以分为三种模式,即资讯类、搜索类以及金融产品超市类。这种类型的互联网金融业务发展十分迅速,它可以有效缓解投资者和金融机构之间存在的信息不对称问题,是互联网金融未来发展的重要方向。

(二)我国互联网金融发展中存在的问题

1.虚假操作和欺诈问题

虚假操作和欺诈问题一直是金融行业面临的一个主要问题,在互联网金融模式中也不例外,这类问题主要存在于基于互联网平台的金融业务、全新的互联网金融以及金融支持的互联网化这三类经营模式中,其中该问题最为突出的为 P2P 平台和众筹融资。因为平台的信息透明度低,一些互联网金融机构为了吸引投资者、吸纳更多资金流量,会对平台融资规模、融资来源以及资金用途等信息进行虚假介绍和包装,过分夸大项目优点进行虚假宣传。一些违规互联网金融平台还会向投资者许诺非常高的收益率,使其保证的投资收益率远高出社会资金平均收益率,这样就会对平台的稳健运行造成非常大的威胁。

2.分散投资者的利益保护问题

金融市场在我国的发展历史比较短,尤其是互联网金融行业更是属于新兴行业，我国很大一部分投资者缺乏投资理性和投资经验，这就导致投资者很可能采取非理性行为，容易出现“羊群效应”等。个体投资者严重缺乏对互联网金融知识的了解，他们的风险承担能力也比较低，这就使得这部分投资者的利益很容易在互联网金融的投资活动中受到损害。

3.交易信息安全问题

互联网金融需要依靠大量数据与信息开展业务，而海量的交易信息会通过互联网进行传输，这就需要进一步提高网络信息安全。如果没有强力的互联网信息保护，一旦有不法分子窃取用户信息资料进行非法操作，或违规的操作人员为牟利导致交易双方交易信息泄露，就会对用户、投融资者以及互联网金融本身造成极其严重的损害，严重情况下很可能导致互联网金融坍塌。

4.信用风险问题

互联网金融平台在选择其融资对象时，会将其个人信息作为重要参考，如身份信息、财产证明、信用记录等。目前我国还没有建立起完善的互联网征信系统，所以金融平台对借款人的信用判断主要会依据央行的个人征信系统。因为没有建立有效的征信系统，互联网金融平台很难对借款人的全部信息进行了解和掌握，这就很大程度上增加了信用风险。此外，投资者的信用问题也需要金融平台的高度注意，例如，投资者在做出投资回应后会先行投入一部分资金，等到平台展开一系列业务并且项目也处于平稳进行状态时，却无法从该投资者处获得允诺的后续资金，投资人对此不做回应甚至消失，这就会导致项目受到一定损害或直接引起项目失败。

5.产品及平台机构的法律地位问题

随着互联网金融的不断发展，涌现出大量互联网金融产品、机构和平台，但是在这些产品、机构和平台中也存在一些非法情况。一般情况下,在互联网金融机构的成立初期,都会对自身的业务范围进行一定的划定。但随着规模的不断扩展,业务范围不再局限于划定内的范围,开始向外延伸,这就导致实际业务和最初划定产生较大差距,对超出的业务范围及其合法性未做说明,投资者就很难对其进行明确判断。另外,我国缺乏对互联网金融的全面监管,各监管部门之间的职责分配并不明确,对互联网金融机构、平台及产品的合法性无法进行有效追踪。

二、我国互联网金融监管分析

自 2014 年以来,我国互联网金融行业开始暴露出很多问题,但是对互联网金融的监管在思路、范围、措施等各个方面的研究都还处于初始阶段。总的来说,目前我国互联网金融监管现状以及存在的问题主要包括以下几个方面。

(一)相关监管机构立法滞后,难成统一的监管体系

互联网金融具有很强的创新能力,这就导致了大量多种多样的互联网金融产品、经营模式和从业机构的产生,而监管机构的立法相对于互联网金融的迅速发展具有一定的滞后性,并不能迅速囊括所有的互联网金融产品,很难建立起统一的监管体系。监管机构难以在提前预测到风险的发生,所以对互联网金融风险采取密切关注的态度,而并不能对其进行实际监管。例如,P2P 平台随着发展出现了大量问题,在 2015 年 7 月人民银行等部门颁布了《关于促进互联网金融健康发展的指导意见》,其中明确规定了 P2P 平台的监管主体为银监会,但是却并没有进一步的具体监管措施。

(二)传统监管主体的监管立场不适应互联网金融业态

在传统金融模式下,有很多法律规章对其进行各方面的严格监管,以此保证金融的安全运行和稳定发展,对金融运行过程中的非法行为、违规操作、惩罚措施以及预防等都做出了明确规定。

虽然对传统金融的监管法规已经相对成熟，但是不能将其套用于互联网金融模式，因为这并不适用。相较于传统金融，互联网金融具有极强的创新性，它在类型、经营方式上不断创新，在范围、环境等方面也不断延伸变化，传统金融的监管体制并不能覆盖互联网金融的监管对象、主体等要素的范围，传统金融对于金融监管的监管立场并不适用于互联网金融环境。在行业的交叉、混合层面上，互联网金融比传统金融复杂得多，所以对其进行有效监管必须站在互联网金融的角度和立场上建立监管体制，这样才能提高监管效率、消除监管的真空地带。

（三）对互联网金融监管的力度强弱难以把握

在互联网金融运行过程中，市场机制具有十分重要的作用，这就导致即使行政监管可以对互联网金融的监管产生一定作用，但是通过法律法规来监管约束各类互联网金融主体的市场行为会很大程度上提高交易机制的有效性。但是在这个问题上需要注意采取合适的法律监管力度，也就是说保证互联网金融可以有一定自由的空间来实现发展。如果法律监管的力度过小则不能产生良好的监管作用，就会造成互联网金融的野蛮生长，从而对整个金融体系产生威胁，甚至会影响社会的安全稳定；法律监管力度过大则会对互联网金融产生过大的压力，会影响互联网金融的健康发展。对于监管当局来说，对互联网金融监管适度性的把握是一个关键问题。

（四）互联网金融监管的范围界定困难

互联网金融业务数据全部是通过互联网进行传输、交换和保存的，并且没有完全固定的业务范围，而是随着实际情况不断表化的。在监管部门划定监管的业务范围后，再出现新业务就导致其必须更新和完善相关法律法规。如果法律的更新难以跟上互联网金融的发展创新，就很可能在互联网金融发展过程中埋下隐患，这些隐患会导致互联网金融体系的稳定。

三、我国互联网金融法律监管制度体系的构建

美国在建立互联网金融监管体系时，主要思路是将互联网金融看作一个新兴金融业态，将其合理的添加到传统监管框架中，同时实行分头监管与行业自律相结合的监管模式。我国金融市场同时具有新兴和转轨这两个特点，现行的监管体系并不完善，并且存在立法程序滞后等问题，对互联网金融的监管有着十分迫切的需求。为了规范我国的互联网金融的健康发展，应该在合理借鉴美国互联网金融法律监管经验的基础上，充分结合我国实际情况，建立和完善适用于我国互联网金融的监管框架。下面从五个层面设计我国互联网金融法律监管体系，即监管主体、监管模式与原则、内外部控制与协调制度、动态监管机制、风险保护机制。

（一）明确互联网金融的监管主体及监管立场

2015 年 7 月颁布了《关于促进互联网金融健康发展的指导意见》，其中按照互联网金融的业务品种对监管责任进行了划分，但是没有对详细的监管实施细则进行规定。在这样的背景下，各监管主体必须积极主动地对互联网金融产品的发展动向加以研究，充分了解可能发生的潜在的风险，并针对不同问题建立相应的预警和防范机制，将事前防范和事后监管有机结合起来。具体来说，互联网金融产业具有分散化、规模小的特点，所以使用完全统一的思路对该行业进行监管并不能发挥出充分的作用。因此，在监管主体的责任分配上可以借鉴美国的做法，也就是采用双线多头监管的形式。具体来说，是指中央层面以央行、银监会、证监会、保监会为主导；地方层面以地方政府部门、财政、司法等机构和中央监管机构在地方的分支为主导；此外，在中央层面和地方层面都要建立起相应的互联网金融工作办公室，保证不论在哪个层面互联网金融都具有明确的监管主体，以此解决监管缺失的问题。与此同时，要在现行的监管分工体制基础上，清晰明确的对

互联网金融业务模式进行梳理，将那些存在争议的互联网金融业务和机构交由专门的核心监管机构进行监管，以免发生问题时各监管主体相互推卸责任。

（二）确立我国互联网金融的监管模式和原则

我国的互联网金融监管模式也可以采取双线多头的方式。就我国目前的发展现状来说，存在经济发展不平衡、地区差异大等问题，所以在全国范围内实行集中统一监管可能导致监管缺失。并且互联网金融具有复杂性和交叉性的特点，这就决定了对其监管不可能仅有单一部门完成，所以应该采取“中央＋地方”的共同监管模式。建立统一的监管框架，在此背景下制定具有地区特色的监管方法，明确监管的目标是保证互联网金融在一个公正、合法、透明、安全的环境中健康发展；互联网金融具有极强的创新性，所以保证其发展不可以消除其创新能力，而是通过合适的方法对其发展进行规范。不同国家和地区会采取不同方法，英国采取适当宽松的审慎监管原则，美国则采取先规范后开放的监管政策。我国目前的经济发展情况存在明显的地域差异，所以在建立全国性统一的监管制度框架下，应该充分结合不同地区的区域经济的发展特点，制定适用于当地的互联网金融准入、退出、登记和经营许可制度。

（三）建立健全互联网金融内外控制度和监管主体的协调机制

我国现有金融监管中对传统金融机构的准入、退出、业务范围、内控机制等都有相关的规定，但是互联网金融不能直接套用传统金融的相关规定，它们之间存在很大差别，监管机构应根据互联网金融不同的经营模式与特点，结合实际制定适当的准入和退出制度。在对互联网金融机构的业务范围进行界定时，可以借鉴美国对众筹融资的法律监管方法，也就是《JOBS 法案》的做法，通过《互联网金融禁止业务条例》规定各类互联网金融平台不可以进行、禁止涉猎的业务。

在开展内控时可以从现有监管法律出发，在此基础上加入《互联网金融交易法》《公平交易法》，并通过《刑法》规定那些违反法律规定的不公平、欺诈等非法互联网金融行为的惩罚标准；按照我国《保密法》《网络信息安全法》等的相关规定实施对互联网金融相关从业人员的有效监管，以此保证互联网金融的信息安全。同时，互联网金融具有跨区域、跨行业和跨市场的特点，这就要求各监管机构需要实行协调合作，应该进一步开展各方面的信息交流和分享，要重视其他监管机构提出的指导性监管建议，了解自身监管的不足并不断进行完善和修改，进一步提高监管的效率。中央、地方的监管机构要协调一致，形成全面、无缝隙的互联网金融监管网，以此保证风险和潜在问题可以置于可解决的框架内。

（四）建立全面的动态监管机制

互联网金融处于不断创新和发展的运动状态中，所以固定的监管框架并不能保证互联网金融的可持续发展，这就要求监管主体要建立科学合理的动态监管机制。建立动态监管机制首先要对监管责任进行合理分配，以补充规定的形式可以定期更新各个监管主体的责任分工，可以及时将新产生的互联网金融业务加入有效的监管框架下，以此保证监管的完整性。监管机构应该对互联网金融的动态和发展进行实时监控和研究，及时发现和识别该动态过程中存在的问题和风险，以便做好风险防范和预警机制；为了保证互联网金融信息和数据的真实可靠，应该充分利用互联网技术对互联网金融机构的交易过程及交易资金的流向、用途进行有效监控，保证其安全合法；加强监管机构之间的国际合作，积极借鉴国外在互联网金融监管上的经验，做到对没有预见到的互联网金融问题的提前防范。

（五）完善互联网金融信息披露、征信与风险提示制度，加强金融消费者权益保护

监管机构有义务和责任对互联网金融机构和平台进行实时监督，并开展不定期审查，强制要求互联网金融机构和平台按照规定进行信息披露和风险提示。监管机构可以对互联网金融机构平台的风险提示合理的划分等级，监督并核实风险提示的真实性以及风险程度，对于那些不按规定要求进行风险提示的机构或平台给予警示、惩罚并公告。同时，可以联合权威性的信用评估机构，定期公布信用评级报告，对互联网金融机构的各项信用状况进行有效的实时监督。监管机构应该对互联网金融从业人员进行一定监管，对其工作绩效、行为和信用进行科学评价，在此方面可以适当借鉴美国的《诚实借贷法》，要求信贷业务提供者公开信息，使消费者可以对比各个平台和机构发放的相似信贷条款，从而找到最适合自己的信贷，这样可以有效消除或降低不合理信用交易的出现。

互联网金融监管机构的一项重要任务就是保护消费者合法权益，因为很多投资者不具备充分的互联网金融知识，风险辨别能力和风险承担能力都较低。可以通过各种渠道向投资者普及互联网金融知识，同时应该设立专门的互联网金融纠纷调解部门，以此保护消费者的合法权益；在《消费者权益保护法》中应该适当加入针对互联网金融方面的内容，规定损害消费者权益的行为应该受到的处罚，制定消费者补偿办法；联合保险机构对互联网金融中投资者的资金进行托管和保护，以此保证投资者的资金不会遭受非法挪用等违规行为造成的损害。

参考文献

[1]黄震，邓建鹏.互联网金融法律与风险控制[M].2 版.北京：机械工业出版社，2017.

[2]刘然.互联网金融监管法律制度研究[M].北京：中国检察出版社，2017.

[3]陈小辉.从喧嚣到理性：互联网金融全面风险管理手册[M].北京：电子工业出版社，2017.

[4]左胜高.互联网金融：法律风险与防控策略[M].北京：法律出版社，2016.

[5]刘飞宇.互联网金融法律风险防范与监管[M].北京：中国人民大学出版社，2016.

[6]刘建刚，董琳.互联网金融消费者权益保护法律实务[M].北京：中国财富出版社，2016.

[7]武长海.互联网金融监管基础理论研究[M].北京：中国政法大学出版社，2016.

[8]李多奇.互联网金融法律评论[M].北京：法律出版社，2016.

[9]曹国岭，陈晓华.互联网金融风险控制[M].北京：人民邮电出版社，2016.

[10]马晓楠，张宏铭，原军.互联网金融风险应对及犯罪侦防[M].北京：中国人民公安大学出版社，2016.

[11]罗明雄，桂曙光，侯少开.P2P 网贷[M].北京：中国财政经济出版社，2016.

[12]董希淼.互联网金融风险与应对策略研究报告[M].北京：中国金融出版社，2016.

[13]罗党论.互联网金融[M].北京:北京大学出版社,2016.

[14]杨东,文诚公.互联网金融风险与安全治理[M].北京:机械工业出版社,2016.

[15]杨涛.真实的 P2P 网贷:创新、风险与监管[M].北京:经济管理出版社,2016.

[16]聂辰.互联网金融的法律风险分析[J].经济研究导刊,2016(24).

[17]奚玉莉.互联网保险新模式[M].北京:中信出版社,2016.

[18]李爱君:互联网金融法律与实务[M].北京:机械工业出版社,2015.

[19]何松琦.互联网金融中国实践的法律透析[M].上海:上海联东出版社,2015.

[20]蔡海宁.互联网金融原理与法律实务[M].上海:上海交通大学出版社,2015.

[21]刘永斌.互联网金融法律风险防范实务指导[M].北京:中国法制出版社,2015.

[22]刘志彪.经济全球化与中国产业发展[M].南京:译林出版社,2015.

[23]鲁小兰.互联网金融发展模式和风险防范[M].广州:中山大学出版社,2015.

[24]付佳.互联网金融弄潮儿——第三方支付[M].北京:电子工业出版社,2015.

[25]赵占波,吴志峰.互联网+:保险营销[M].北京:首都经济贸易大学出版社,2015.

[26]陈红梅.互联网信贷风险与大数据——如何开始互联网金融的实践[M].北京:清华大学出版社,2015.

[27]坚鹏.互联网金融——信用撬动财富[M].北京:北京理工大学出版社,2014.

[28]刘伟毅.互联网金融:大数据时代的金融革命[M].北京:

中国经济出版社,2014.

[29]李莉莎.第三方电子支付法律问题研究[M].北京:法律出版社,2014.

[30]白洁,刘洪国.互联网金融法律集[M].北京:世界知识出版社,2014.

[31]盛佳.互联网金融:众筹崛起[M].北京:中国铁道出版社,2014.

[32]新浪财经.互联网金融[M].北京:东方出版社,2014.

[33]骆汉东,徐晓芝.我国互联网金融风险防范问题研究[J].经营管理者,2017(13).

[34]李小龙.互联网金融的风险及其防范研究[J].时代金融,2017(6).

[35]唐婷.互联网金融法律风险与风险防范对策[J].山西省政法管理干部学院学报,2016(2).

[36]丁仲德,韩帅,尤希.互联网金融的风险及其法律监管[J].法制与社会,2016(34).

[37]翁英超.互联网金融法律风险的防范研究[J].福建法学,2015(2).

[38]赵静.互联网金融的法律风险[J].金融经济,2014(16).

[39]邓建鹏.互联网金融的法律风险的思考[J].科技与法律,2014(3).

[40]邓建鹏.互联网金融时代众筹模式的法律风险分析[J].江苏行政学院学报,2014(3).

[41]李真.互联网金融体系:本质、风险与法律监管进路[J].经济与管理,2014(5).